죽음과 교육

D e a t h E d u c a t i o n

죽음과 교육

강선보 · 마은종 · 심민수 · 심승환 · 이동윤 · 이유정 · 이응모 · 이진영 · 이화식 · 최승현 공저

동문사

머리말

모든 인간은 죽음을 피할 수 없다. 인간에게 삶이 필연적인 것처럼 죽음도 필연적인 것이다. '피할 수 없으면 즐겨라'는 말이 있듯이, 죽음을 피할 수 없다면 우리는 즐길 수는 없을지언정 불행하지 않은, 의미 있는 죽음을 맞아야 할 것이다.

죽음은 불현듯 우리에게 찾아온다. 그러나 대부분의 사람들은 일상에 쫓겨 살아오면서 죽음이란 무엇인가, 특히 나의 죽음이 어떤 의미를 갖는가에 대해 잘 알지 못한다. 아울러 갑자기 죽음의 안 좋은 소식을 접할 때, 거의 대부분의 사람들은 큰 충격에 휩싸인다. 심지어 노인들도 얼마 안 있어 죽는다는 것을 알게 되면 우울증이 찾아온다. 이때 사람들은 일상과의 관계에서 의욕이 없어지고 여생의 하루하루를 의미 없는 고통의 시간으로 보내게 된다. 우리는 어떻게 죽음을 고통과 슬픔이 아닌, 의미 있는 것으로 맞이할 수 있겠는가?

인간이 삶을 살아갈 때 보다 성숙된 좋은 삶을 살기 위해 교육이 필요하듯 죽음을 맞을 때도 교육이 필요하다. 교육이란 미성숙한 인간을 지적, 정서적, 의지적 차원에서 보다 성숙한 인간으로 이끌어 주는 상호적 행위이다. 마찬가지로 죽음교육은 인간이 죽음이라는 필연적 현상 앞에서 지적, 정서적, 의지적 차원에서 보다 성숙할 수 있도록 이끌어주는 인간 활동이다. 삶은 죽음으로 연결되며, 죽음은 삶과 연결되어 있다. 인간이 죽음에 대해 성숙한 인식과 태도와 의지를 지니고 있지 못하다면, 그 삶도 온전할 수 없다. 죽음이란 무엇인가를 깊이 성찰하고 죽음을 평온하고 의연히 받아들이며, 그 앞에서 더욱 절실하고 의미 있는 삶과 인간관계를 추구할 수 있다면, 우리의 삶은 오히려 더욱 풍성하고 행복해질 것이다.

북미, 유럽, 일본 등 세계 선진국들은 이러한 죽음교육에 대한 중요성을 일찍이 인식하고 학문적, 실제적으로 상당한 발전을 이루고 체계를 갖추고 있다. 이에 비해 한국은 죽음학의 영역에서는 어느 정도 진전을 이루고 있으나, 죽음교육 분야에서는 이론적으로나 실제적으로 아직 그 발전이 미미한 실정이다. 이 책은 죽음교육의 사상과 실제를 다양한 관점에서 조명하면서 죽음과 교육의 관련성, 죽음교육의 의미, 필요성, 목적, 내용, 방법 등을 논의함으로써 한국의 죽음교육에 대한 인식을 고양시키고, 죽음교육이 실제적으로도 발전해가기를 희망하는 취지에서 기획되었다. 이 책은 1996년도부터 대학원에서 죽음교육을 강의해왔던 강선보 교수의 정년퇴임을 기념하며 스승과 제자들이 관련 주제들을 함께 집필하였다.

이 책은 총 8장으로 구성되었다. 제 1장은 죽음교육의 필요성에 대하여 논의하였다. 여기서는 죽음이란 무엇인가를 다양한 철학적 관점으로 조명하고, 이를 바탕으로 죽음교육의 필요성을 죽음의 이해, 자아실현의 개인적 측면과 가족구조의 변화, 윤리문제의 사회적 측면으로 나누어 고찰하였다.

제 2장은 죽음교육 분야에서 선구적인 발전을 이루었던 미국의 죽음교육의 이론과 실제를 다루었다. 여기서는 미국 죽음교육 이론이 역사적으로 어떠한 발전과정을 겪었는지 개관하고, 미국 죽음교육의 목적론과 미국의 대표적인 죽음교육 학자 퀴블러 로스와 '죽음이란 무엇인가'의 명 강좌로 유명한 예일대학 셸

리 케이건의 이론을 고찰한 후, 미네소타 주와 뉴욕시의 죽음교육과정의 실제를 소개하였다.

제 3장은 기독교의 죽음이해와 기독교 교육사상가인 코메니우스의 죽음교육사상을 논의하였다. 먼저 기독교의 죽음관을 하나님과의 단절, 그리스도의 특별한 죽음 그리고 역설적 의미의 죽음으로 고찰한 후 코메니우스의 '범교육론'을 중심으로 죽음의 의미를 조명하고, 인생 단계별로 죽음교육의 방향과 내용을 논의하였다.

제 4장은 들뢰즈의 시간론을 통해 현대 죽음교육의 의미를 고찰한다. 프랑스의 철학자 질 들뢰즈(Gilles Deleuze, 1925~1995)는 현재와 과거 그리고 미래가 공존하는 시간의 역설론을 통해 베르그송의 경험 중심 시간론과 맥태거트의 시간의 논리학을 종합한다. 이 종합에서 죽음은 무한성과 영구성을 지닌 동시에 현재와 공존하는 역설의 형태로 이해된다. 얼마 전 작고한 철학자 김진영의 『애도일기』는 들뢰즈의 시간론을 구체화한 사례로서, 우리는 이를 바탕으로 삶과 죽음을 이분법적으로 이해하는 죽음교육 패러다임을 벗어나, 사회적이고 공적인 이슈로서의 죽음교육에 대한 새로운 이론적 근거와 사례를 접할 수 있다.

제 5장은 유대교의 죽음사상과 교육적 의미를 다루었다. 여기서는 먼저 유대인의 죽음사상 형성의 근간으로서 토라와 타나크 그리고 탈무드를 설명하고, 유대인 종교문화와 죽음사상으로서 유대교 경전의 내용, 죽음과 사후에 대한 유대교 가르침, 장례절차와 죽은 자에 대한 예우, 사후 영혼의 심판과 불멸, 고귀한 죽음인 순교, 죽음사상의 교육적 의미를 논의하였다.

제 6장은 죽음의 의미와 교육적 전이를 고등학교 미술교과를 중심으로 실제적으로 살펴보았다. 여기서는 먼저 죽음에 대한

인식을 종교적 차원과 세속적 차원으로 고찰하고, 이를 바탕으로 미술교과서에 나타난 죽음을 분석하고 해석한 후, 표현과 감상 등 구체적인 교수학습방법을 제시하면서 미술을 통한 죽음교육의 실제를 다루었다. 제 7장은 『예기禮記』에 나타난 죽음론과 교육적 의의를 고찰하였다. 여기서는 먼저 선진유가의 상례와 제례 속에 나타난 죽음관을 영혼관과 생사관의 측면에서 고찰한 후, 상례와 제례의 교육적 기능으로서 비탄의 표출과 조절, 종교적 체험을 통한 도덕성 확충, 의례를 통한 규제와 분별을 논의하였다.

마지막으로 제 8장은 공자의 '지천명知天命'의 사상에 닮긴 죽음교육관을 조명하였다. 여기서는 공자의 생사관과 죽음의 도덕성을 논의한 후 천天과 명命의 성격과 합일점을 고찰하면서 지천명知天命의 죽음교육사상을 논의하였다.

이 책은 다양한 관점에서 죽음에 대한 인식을 심화시키고, 인간이 어떻게 죽음을 대비하여 살아가며, 주변인들은 또한 죽음을 앞둔 사람에게, 또 죽은 자에게 어떠한 방식으로 접근해야 할지에 대한 근본적이며 실제적인 차원의 죽음교육의 방향에 대해 생각의 지평을 확장해주리라 기대한다. 끝으로 이 책이 출간될 수 있도록 여러모로 지원해주고 노고를 아끼지 않은 동문사에 감사의 뜻을 전한다.

2019년 9월

저자 대표 강선보

차례

머리말 _ 5

1 죽음교육의 필요성 _ 이동윤/강선보

01 들어가며 13
02 죽음의 철학적 관점 14
03 죽음교육의 필요성 28
04 나오며 41

2 미국의 죽음교육 이론과 실제 _ 심승환

01 들어가며 49
02 미국 죽음교육의 이론 50
03 미국 죽음교육의 실제 78
04 맺음말 84

3 기독교의 죽음이해와 코메니우스의 죽음교육 _ 마은종/이응모

01 들어가는 말 91
02 기독교에서 바라본 죽음 93
03 코메니우스의 죽음교육 109
04 맺음말 121

4 들뢰즈의 시간론과 죽음교육의 의미 _ 최승현

01 들어가는 말 131
02 죽음을 배우는 시간 137
03 탈근대적 죽음교육 152
04 맺음말 166

5 유대교의 죽음사상과 교육적 의미 _ 심민수

01 유대인의 죽음사상 형성의 근간 176
02 유대인 종교문화와 죽음사상 내용 179
03 죽음 이후 영혼의 심판과 불멸 194
04 유대교에서 보는 고귀한 죽음, 순교 197
05 유대교의 죽음사상이 주는 교육적 의미 203

6 죽음의 의미와 교육적 전이: 고등학교 미술교과를 중심으로 _ 이화식

01 들어가며 213
02 죽음에 대한 인식 216
03 미술교과서에 나타난 죽음 231
04 미술을 통한 죽음교육의 실제 251
05 미술을 통한 죽음교육에 대한 마무리 257

7 예기(禮記)의 죽음론과 교육적 의의 _ 이유정/강선보

01 서론 265
02 상례 · 제례의 죽음관 269
03 상례 · 제례의 교육적 기능 280
04 결론 299

8 공자 '지천명(知天命)'의 죽음교육 의의 _ 이진영/강선보

01 들어가며 309
02 공자의 생사관 312
03 공자의 지천명 인식 322
04 지천명의 죽음교육 의의 336
05 맺음말 340

찾아보기 _ 345

Death Education

01 죽음교육의 필요성

이동윤/강선보

이 글은 저자가 『교육문제연구』(고려대학교 교육문제연구소) 제29권 1호에 게재했던 논문을 수정·보완한 것임.

01 들어가며

고대에서부터 현대에 이르기까지 인간에게 있어 죽음은 언제나 철학적인 영감을 고양시키는 주제 중 하나였다(Tapio Puolimatka & Ulla Solasaari, 2006: 201). 그동안 동서고금을 막론하고 무수히 많은 철학자들이 죽음에 관한 자신의 견해를 피력해 왔다. 왜냐하면 죽음의 문제는 한 철학자의 사유가 응축되는 결절점이자 그 사유의 특색이 두드러지게 드러나는 대목이기 때문이다(정동호 외, 2012: 263). 이에 여러 철학자들은 죽음에 대한 견해를 피력함으로써 자신의 인식론과 존재론을 견지하였다.

죽음학이 하나의 학문으로 자리잡기 시작한 것은 파이펠Herman Feifel의 『죽음의 의미The Meaning of Death(1959)』가 출간되면서부터이다. 그 후로 죽음에 대한 학문적 연구가 활발히 일어났으며, 학교현장에서는 죽음을 가르치는 죽음교육이 자리잡기 시작했다. 1970년대 후반 이후로 국내에서도 죽음학에 대한 관심이 부분적으로 일어나기 시작했다. 교육학 분야에서는 1990년대 들어 죽음교육을 다루기 시작했다. 1990년대의 연구는 죽음교육을 소개하고 그 중요성을 제기하는 추세였으며(최숙향: 1995, 강선보: 1997, 최옥선: 1996 등), 2000년대 이후는 특정 철학 사조 또는 사상가들의 이론을 바탕으로 죽음교육을 연구하는 경향이 강했다(강선보: 2003, 신교남·이병승: 2014, 마은종: 2015 등). 그럼에도 불구하고, 죽음에 관하여 교육학적으로 고민하는 연구자는 여전히 부족한 편이다.

이미 1997년에 죽음의 문제가 삶의 문제이고, 삶의 문제가 인간의 문제라면 그것은 결국 교육의 문제이므로 교육 속에서 이를 수용하여야 한다는 보다 적극적인 제언이 있었으나(강선보,

1997: 15), 20여년이 지난 오늘날까지도 죽음에 관한 교육학적 연구는 활발하지 않은 것이 사실이다.

죽음교육이 교육학의 영역에서 심도 있게 지속적으로 다뤄지지 않는 이유는 사회 전반적으로 죽음 자체에 대한 관심이 부족하여, 죽음교육의 필요성에 대한 교육학적 공감대가 충분히 형성되지 않았기 때문인 것으로 사료된다. 따라서 여기에서는 죽음의 철학적 관점에 대한 분류를 통해 죽음에 대한 관심을 환기시키고, 이를 바탕으로 죽음교육의 필요성을 개인적 측면과 사회적 측면에서 도출해보고자 한다.

02 죽음의 철학적 관점

비록 죽음학이 상대적으로 최근의 학문이기는 하지만, 죽음은 언제나 인간에게 흥미 있는 주제였다(Fonseca & Testoni, 2011: 158). 여러 학문들 중에서 죽음에 대하여 가장 오랜 시간동안 탐구한 학문 영역은 단연 철학일 것이다. 사유의 학문인 철학에 있어 사유할 수 없는 상태인 죽음은 특별한 의미를 지니므로, 고대에서부터 현대에 이르는 많은 철학자들은 죽음에 대한 사유의 '차이와 반복'을 거듭해왔다.

죽음은 철학자들에게도 피할 수 없는 사건이었으므로, 많은 철학자들은 '죽음 앞에 선 단독자'로서 죽음에 대하여 고민해왔다. 이어지는 글에서는 이러한 철학자들의 방대한 죽음에 대한 사유를 크게 세 가지의 관점으로 분류하여 살펴보고자 한다.

1) 내세의 관문으로서의 죽음

죽음을 내세의 관문으로 보는 관점은 죽음을 다음 세상을 위한 일종의 통로로 여긴다. 현세의 삶은 그 자체로 어떠한 의미를 가지지 못하며, 단지 다음 세상으로 가기 위한 하나의 단계에 불과하다는 것이다. 그러기에 이들의 삶의 관심은 현세가 아닌 내세에 집중되어 있으며, 죽음이 곧 소멸을 의미하지 않는다. 다시 말해 죽음을 내세의 관문으로 보는 관점에서는, 존재의 공간과 양태가 변환될 뿐 영혼은 불멸한다.

죽음을 내세의 관문으로 보는 입장은 크게 고대의 이데아론에 입각한 세계관과 기독교적 내세관으로 나눌 수 있다. 소크라테스의 이데아론에서 현세는 이데아 세계의 기억의 편린을 상기하는 곳에 불과하다. 그의 존재론에 따르면 인간의 영혼은 출생 전에 이데아의 세계에서 영혼의 형태로 이미 존재하였으나, 세상에 태어나면서 육체라는 껍데기를 입으며 이데아의 세계를 망각하게 된다. 인간은 순간적인 기억을 통하여 원래 알고 있었던 이데아의 세계를 간헐적으로 상기할 수 있을 뿐, 온전한 이데아의 세계로는 갈 수 없다. 죽음은 그 유일한 방법으로, 죽음 후에 육체를 세상에 벗어놓고, 영혼만 이데아의 세계로 돌아가는 것이다. 즉, 죽음은 영혼이 본래의 세상으로 돌아갈 수 있는 출구가 되는 것이다. 이에 소크라테스는 기꺼이 죽음을 맞이할 수 있었으며, 플라톤은 '철학하는 것은 죽음을 배우는 것'이라고 말할 수 있었다. 소크라테스에게서 발견되는 이데아적 세계관에 입각한 죽음론은 『파이돈Phaidon』(Plato; 박종현 역주, 2003)에 다음과 같이 나타나 있다.

우리가 기억하고 있는 오래된 하나의 설이 있는데, 이는 이승에서 저승에 도착한 혼들이 거기에 있다가, 다시 이리로 와서는 죽은 자들에게서 다시 태어난다는 걸세. 만약에 이게 이러하다면, 즉 산 자들이 죽은 자들에게서 다시 태어난다는 것은 우리의 혼들이 거기에 있다는 게 아니겠는가?(70c-d)

선생님께서는 우리에게 있어서 배움이란 상기함 이외의 다른 것이 아니라고 하시는데, 그게 사실이라면 그 주장에 따라서도 지금 우리가 상기하게 되는 것들을 이전에 어느 땐가 우리가 알게 되었을 것임이 짐작건대 필연적입니다. 그러나 이는 만일에 우리의 혼이 지금의 이런 인간적인 모습으로 태어나기 이전에 어디엔가 있었지 않았다면 불가능한 일입니다. 따라서 이런 면에서도 혼은 죽지 않은 어떤 것인 것 같습니다(72e-73a).

소크라테스는 모든 존재는 대립되는 것으로부터 생성된다는 대립론을 근거로 자신의 죽음관을 설파하였다. 그의 말에 따르면 아름다움에서 추함이 오고 작은 것에서 큰 것이 오듯이 세상 모든 것은 그 대척점에 있는 것으로부터만 형성될 수 있다. 따라서 죽음에서 삶이 오고, 삶에서 죽음이 온다. 또한 소크라테스의 상기설은 필연적으로 현세 이전의 삶을 상정한다. 예컨대, 무언가를 떠올렸을 때 그것의 시비를 가르는 기준은 탄생 이전에 나의 영혼이 이미 알고 있던 사실과의 적합도이다. 탄생 이전에 영혼이 존재한다는 것은, 죽음 이후에도 영혼이 소멸되지 않음을 의미한다. 다시 말해 살아 있는 것은 죽어 있는 것으로부터 오기 때문에, 살아 있음에 앞선 상태에 영혼이 이미 있었다는 것은 우리가 죽어 있음이라고 부르는 상태에 영혼이 존재함을 의미한다(정동호 외, 2012: 116).

반면 기독교에서의 죽음은 최초 인간의 원죄에 대한 형벌이자 사후의 영원한 세계로 진입하는 관문으로서의 의미가 강하다(우정길, 1997: 13). 아우구스티누스나 토마스 아퀴나스의 기독교적 교리에 따르면, 인간은 현세에서의 그리스도에 대한 믿음과 십계명의 이행 여부에 따라 내세에 갈 곳이 정해진다. 기독교의 교리에 있어 인간은 태어나는 순간 누구나 원죄를 가지고 태어나며, 이 원죄를 탈피하기 위해서는 세례를 받고 율법에 따라 생활하여 죄를 짓지 말아야 한다. 따라서 기독교적 내세관에서 죽음은 지난한 참회의 여정인 삶의 마지막 순간으로, 이데아적 세계관과 마찬가지로 영혼과 육체의 분리의 순간이다. 하지만 이 지점에서 기독교적 내세관과 이데아적 세계관은 차이를 보이게 된다.

> 신약성서에서는 죽음에 대한 승리를 설파한다. 여기에서 죽음의 문제에 대한 대답은 죽음은 최후의 거대한 적이지만 이미 정복된 적이라는 것이다. 기독교 교리는 최후 심판의 날의 부활을 가르친다. 심판의 날에는 무덤의 문이 열리고, 선인과 악인들이 주님의 아들 앞에 서서 판결을 받을 것이다. 기독교에서의 부활은 육체의 부활을 의미한다(Chron, 1963: 84). 아퀴나스의 관점에 의하면 영혼은 육체와 분리된 후 계속 생존하긴 하지만 육체 없이는 불완전하기 때문에 육체도 부활해야 한다. 최후의 심판 후 최종적인 부활은 육체의 부활로써 계획되어 있으며, 이 부활은 동시에 불멸성을 의미한다. …… 천국에서는 성욕이 사라질 것이며 음식물을 섭취할 필요도 없어진다. 신을 직관하는 능력에 의해 더없는 행복이 주어져 있기 때문이다(Lacina, 2009/김혜숙 역, 2014: 51).

인용문에서 나타나듯이 죽음으로 인해 육체와 분리된 영혼은 속세에서의 세례나 율법 준수 여부에 따라 천국이나 지옥에 머무르게 된다. 주목할 점은 육체와 영혼이 분리되었음에도 불구하고 여전히 신체적 감각은 존재하는 것으로 상정하고 있다는 것이다. 그들의 교리에 따르면 지옥에서는 화염의 뜨거움을 통각할 수 있으며, 천국에서는 신을 직관하는 즐거움에 가려져 있으나 인간의 기본 욕구가 존재한다. 일반적으로 감각이나 기본 욕구들은 온전히 신체의 영역으로 간주한다는 것을 감안하면, 기독교적 내세관에서의 죽음은 사실상 영혼과 육체의 완전한 분리라고 할 수 없다.

또한 기독교의 내세관에서는 천국에 있더라도 육체 없이 영혼만 존재하는 모습은 불완전한 양태로 본다. 따라서 천국에서의 시간은 기본적으로 그리스도의 재현으로 시작될 최후의 심판에서 자신의 육체가 부활될 것을 기다리는 순간들이다. 다시 말해 기독교적 내세관은 현세에서는 죽음 이후의 영혼의 부활을 기다리고, 내세에서는 최후의 심판을 통한 육체의 부활을 기다리는 구조로, 육체와 영혼이 모두 부활해야 비로소 완전한 부활이 되는 것으로 본다.

이처럼 죽음을 내세의 관문으로 보는 입장은, 죽음을 현세의 삶의 마지막과 새로운 내세의 시작을 이어주는 하나의 문으로 본다. 하지만 이데아적 세계관이 죽음을 영혼과 육체의 완전한 분리로 보고 영혼만 있는 상태를 가장 완벽한 존재의 모습으로 보았던 반면에, 기독교적 내세관은 죽음 후에 영혼만 있는 형태를 불완전한 모습으로 여기고, 최후의 심판에 있을 육체의 부활을 기다리는 입장을 견지한다.

2) 불가지의 대상으로서의 죽음

불가지의 대상으로서의 죽음의 관점은 죽음을 인간이 알 수 없는 대상으로 보는 견해이다. 인간에게 삶과 죽음은 동전의 양면과 같다. 동전을 바닥에 던졌을 때 반드시 어느 한쪽 면의 모습밖에 볼 수 없듯이, 인간의 존재 또한 살아있거나 죽어있는 둘 중의 한 형태로 밖에 존재할 수 없다. 동전의 양면처럼 인간에게 있어 삶과 죽음은 양립불가능하다. 에피쿠로스Epikuros는 이러한 삶과 죽음의 양립불가능성에 일찌감치 주목하였다. 그가 2,300여 년 전에 쓴 『메네케오스에게 보내는 편지Letters to Menoeceus』는 죽음의 불가지성을 논하는데 있어 여전히 가장 중요한 문헌으로 다루어지고 있다.

> 가장 두려운 악인 죽음은 우리에게 아무것도 아니다. 왜냐하면 우리가 존재하는 한 죽음은 우리와 함께 있지 않으며, 죽음이 오면 이미 우리는 존재하지 않기 때문이다. 그렇다면 죽음은 산 사람이나 죽은 사람 모두와 아무런 상관이 없다. 산 사람에게는 아직 죽음이 오지 않았고, 죽은 사람은 이미 존재하지 않기 때문이다.(Epikuros, 연도 미상/오유석 역, 1998: 44)

에피쿠로스는 삶과 죽음의 양립불가능성을 토대로 죽음을 두려워 할 필요가 없다고 하였다. 그의 논리에 따르면 살아 있는 동안은 죽음을 경험할 수 없고, 죽은 후에는 죽음을 경험할 주체가 소멸된다. 다시 말해 나의 삶과 죽음 사이에는 접점이 존재하지 않으므로, 살아있는 나에게 죽음은 고민의 대상이 될 수 없다. 따라서 내가 알 수 없는 나의 죽음은 신경쓰지 말고, 현재의 쾌락에 집중하자는 것이 에피쿠로스의 주장이다. 그러나 죽음에 대한 그의 견해를 보다 본질적으로 이해하기 위해서는 그의 전반적인 철학에 대한 이해가 필요하다.

에피쿠로스학파의 쾌락만을 지향하는 철학은 에피쿠로스 자신의 것과는 반대의 것이었다. 초기 에피쿠로스의 관심은 불교에서처럼 고통을 피하는 것으로, 쾌락만을 좇는 행위는 자멸하는 것으로 보았다. 이에 대해 에피쿠로스는 불교와 다른 방법으로 문제를 해결하려 하였다. 그는 욕망을 줄이는 것보다 소소한 쾌락(맛있는 음식, 편안한 잠자리, 친구와의 우정 등)을 찾음으로써 삶이 행복해 질 것이라고 보았다.

그러나 에피쿠로스는 식욕과 수면욕, 생존 욕구와 같은 인간의 기본적인 욕구의 결핍에 대한 공포는 쾌락으로 대체되지 않는 것으로 보았다. 이러한 욕구들은 욕구가 충족되어야만 고통이 사라진다. 에피쿠로스는 인간의 태생적 고통 중 하나인 죽음의 공포에 굴복하지 않고 당당히 마주할 수 있는 방법은, 죽음은 우리에게 아무것도 아니라는 인식을 갖는 것임을 지각했다(May, 2006: 23-25).

여기에서 우리는 에피쿠로스가 쾌락주의자로 알려진 것과는 다르게 애초에 쾌락보다는 고통에 관심을 가지고 있었으며, 쾌락은 고통을 경감시키기 위한 수단으로 사용되었을 뿐임을 알 수 있다. 다시 말해 그는 쾌락 자체에 대한 탐닉을 추구한 것이 아니라 '고통'이라는 삶의 멍에를 해소하기 위한 방편으로 쾌락을 제시한 것이다. 결국 에피쿠로스 철학의 근원적인 물음은 '고통의 제거'가 되며, 죽음에 대한 그의 관점 역시 이러한 맥락에서 이해되어야 한다. 에피쿠로스는 '죽음에 대한 두려움'이라는 인간의 보편적인 고통을 제거하기 위한 탐구 끝에, 죽음과 삶의 양립불가능성을 발견하였다. 이러한 양립불가능성을 바탕으로 죽음을 불가지의 대상으로 규정하면서, 죽음의 공포를 논리적으로 소멸시키고자 하였다. 로마의 철학자인 루크레티우스Lucretius 또한 『사물과 본성에 관하여De rerum natura』에서 불가지론을 주장하였다. 그는 죽음 이후에도 영혼은 존재한다고 믿었던 이데아론자들과는 다르게, 인간은 육체가 죽는 순간 영혼도 동시에 소멸되는 것으로 보았다. 이러한 심신일원론은 죽음의 불가지론을 뒷받침하는 중요한 이론적 근거가 된다.

> 이성은 인간의 한 부분이며, 정해진 자리에 고정되어 머무르므로, 마치 귀와 눈과 생명을 방향 잡는 다른 감각들이 그러하듯이, 또 손과 눈 또는 코가 우리로부터 나뉘어 떨어져서는 감각할 수도, 존재할 수도 없고, 짧은 시간에 썩은 채 남듯이 그처럼 정신도 자체적으로 육체 없이, 사람 자체도 없이 존재할 수는 없다. 그것은 이 정신의 그릇 같은 것임이 분명해서다.
>
> 죽음은 우리에게 아무것도 아니고 우리와 전혀 관련이 없다. …… 우리가 존재하지 않게 될 때, 서로 하나로 합쳐져 우리의 존재를 이루고 있는 바 육체와 영혼의 분리가 일어날 때, 그때는 분명코 이미 존재하지 않을 우리에게, 전혀 아무 일도 일어날 수 없을 것이며, 그 무엇도 감각을 일으킬 수 없으리라(Lucretius, 연도 미상/강대진 역, 2012: 230-249).

이처럼 루크레티우스는 육체를 영혼을 담는 그릇으로 보는 동시에, 영혼을 육체의 일부로 본다. 그는 사람이 술에 취할 때 초점이 흐려지고, 혀가 꼬이고, 다리에 힘이 풀리는 등의 일련의 육체적인 변화와 동시에, 판단력과 기억력 등의 저하와 같은 정신적 혼미함이 동시에 온다는 점을 들어 심신일원론을 주장하였다. 그런 그에게 있어 죽음은 우리가 탄생하기 전 육체도 영혼도 없었던 자아의 무(無)의 상태로 회귀하는 것에 불과하다. 이처럼 그는 탄생 전의 무한의 시간을 사후의 영원성과 병렬시키는 대칭논거를 주장하였는데, 이는 출생 전의 시간에 대한 표상은 마치 거울상처럼 사후의 시간에 일치한다는 것이다(Lacina, 2009/김혜숙 역, 2014: 42-43). 루크레티우스의 논리에 따르면 우리가 출생 전의 시간이 기억은 없지만 좋지도 나쁘지도 않은 무(無)의 시간이었듯이, 죽음 너머의 시간도 그렇게 될 것이니 걱정할 필요가 없다는 것이다.

세네카Seneca 역시 앞선 세대인 에피쿠로스나 루크레티우스와 마찬가지로 죽음을 두려워 할 필요가 없다고 보았다. 특히 세네카는 '나'라는 존재 역시 인간들 중의 한 명이고, 인간은 수많은 생명 종種의 하나일 뿐이라고 여겼다. 따라서 무수한 생명체들의 탄생과 죽음이 빈번하게 일어나는 세계에서, 하나의 생명체에 불과한 나의 죽음은 특별한 의미가 없다는 것이 그의 주장이다.

> 나는 이 조그마한 육신의 멸망을 무엇 때문에 그처럼 두려워해야 하는가? 어차피 죽을 수밖에 없는 목숨이며, 주위의 모든 생물들도 다 사멸할 운명에 놓여 있는 이상 나에게 마지막 숨을 거둘 순번이 돌아왔다고 해서 어찌 그것을 두려워하겠는가.
>
> 우리가 이 세상에 태어나려면 상당히 오랜 시일이 걸리지만 이 세상을 떠날 때는 실로 잠깐이다. 우리 생애에서 어느 때 죽든지 그것을 부당하게 생각할 수는 없다. 실로 신체와 영혼이 작별하는 것은 1분 동안이면 흡족하다. 이토록 짧은 시간 내에 끝마치는 일을 오랫동안 두려워한다는 것은 얼마나 부끄러운 일인가(Seneca, 연도 미상/이성학 역, 1990: 194-195).

세네카는 공포와 후회 없이 죽는 방법에 대해서 배우기를 원했다(Chron, 1963: 68). 이를 위해 그는 죽음을 개별적인 인간의 고유한 죽음으로 보는 대신, 보편적인 생물의 죽음으로 보는 관점을 선택하였다. 이러한 관점에서는 '나' 역시 자연에 속한 하나의 생명체에 불과하므로, 나의 죽음은 특별할 것이 없는 자연의 섭리일 뿐이다. 단 1분도 채 안 돼 끝나게 되는 죽음의 순간을 평생에 걸쳐 공포에 사로잡힐 필요가 전혀 없다는 것이 세네카의 주장이다.

지금까지 살펴본 에피쿠로스·루크레티우스·세네카의 죽음에 대한 인식들이 바로 죽음을 불가지의 대상으로 보는 입장이다. 이들은 기본적으로 죽음은 우리가 알 수 없는 영역이니 이에 대해 두려워할 필요가 없다고 보았다. 또한 죽음 이후의 모습은 어차피 우리가 알 수도 없지만, 굳이 말하자면 아마도 출생 전과 마찬가지로 아무것도 인식할 수도 느낄 수도 없는 무의 순간일 것으로 예상한다. 따라서 이들은 죽음은 우리가 알 수 없는 것이므로, 현재의 삶에 아무런 영향도 끼치지 않는다고 여긴다. 죽음에 대한 불가지의 입장에서는 죽음에 대해 번뇌하는 것은 무의미한 시간 낭비일 뿐이다.

3) 삶의 동인動因으로서의 죽음

삶의 동인으로서 죽음을 보는 입장은 주로 실존주의 철학자들의 견해이다. 이는 죽음을 떠올리며 존재의 유한성을 자각하는 순간 삶에 대한 의미가 더욱 새로워지고 강렬해진다는 견해로, 죽음은 존재가 삶을 부단히 살게 하는 직접적인 동인이 된다는 것이다.

삶의 동인으로 죽음을 보는 관점은 앞서 살펴본 두 관점들과는 죽음에 대한 인식 자체가 근본적으로 다르다. 죽음을 내세의 관문으로 보는 관점은 현세를 내세를 위한 수단으로밖에 보지 않았으며, 불가지의 대상으로 보는 관점에서는 죽음을 자아와 분리된 무의 상태로 여겨 알 수 없는 대상으로 보았다. 이처럼 기존의 죽음에 대한 관점들은 죽음을 하나의 수단이나 회피의 대상으로 여긴 반면, 죽음을 삶의 동인으로 보는 관점에서는 죽음을 있는 그대로 인정하고, 나아가 죽음의 자각을 통해 보다 가열한 삶을 살 수 있다고 여겼다.

실존의 개념을 제창한 사람은 키르케고어Soeren Kierkegaard다. 그는 "모든 인간은 죽어야만 한다"는 것을 아는 인간은 일반적으로 인간에 관한 추상적·이론적 진리를 알지만, 실제로 중요하고 철학적으로도 중요한 것은 구체적인 개별 인간이 그 스스로 "나 또한 죽어야만 한다"는 실존적 진리를 자각하는 것으로 보았다(강선보, 1997: 6). 이처럼 실존주의에서 주목하는 죽음은 보편적인 인간의 죽음이 아닌 구체적인 '나의 죽음'이다. 따라서 에피쿠로스처럼 죽음을 나와 상관없는 것으로 규정하는 것은 키르케고어에게는 일종의 '농담'이다(Lacina, 2009/김혜숙 역, 2014: 67). 죽음에 대한 불안을 중요한 삶의 요소로 여겼던 키르케고어에게 자신의 죽음을 강 건너 불구경 하듯 대하는 태도는 어불성설이며, 시나브로 다가오고 있는 죽음에 대해 늘 진지하게 생각하고 절박하게 살아야 한다는 것이 그의 주장이다.

야스퍼스Karl Jaspers는 죽음을 '한계상황boundary situation'이라고 규정하였다(Jaspers, 1932/trans. Ashton, 1970: 178). 그가 말하는 한계상황이란 인간의 노력으로 극복 불가능한 상황들로, 죽음은 한계상황의 대표적인 예 중의 하나이다. 야스퍼스는 인간이 단순히 죽음에 관해 아는 것 또는 자기 자신의 죽음에 관심을 갖는 것으로는 충분하지 않다는 것을 깨닫는 것이 중요하며, 죽음을 하나의 한계상황으로 이해하기 위해서는 그것을 '궁극적 난파absolute failure'로서 체험해야 한다고 주장하였다(강선보, 2003: 7). 죽음이 객관적이고 추상적인 형태가 아닌 주관적이고 구체적인 형태로 사고될 때, 그 사고의 끝에 인간의 역량으로는 도저히 어찌할 수 없는 궁극적 난파를 겪게 되며, 이것이 곧 한계상황이라는 것이다. 야스퍼스는 이러한 한계상황을 회피하지 말고, 죽음을 직시할 것을 요청한다. 왜냐하면 한계상황에 대한 답은 내 실존의 존재의식에서 요구되며, 우리의 죽음에 대한 지식이 비로소 죽음을 현실적인 것으로 만들어 주기 때문이다(Jaspers, 1965/전양범 역, 2013: 141).

또 다른 실존주의 철학자인 하이데거Martin Heidegger는 죽음을 철학의 중심테제로 부상시켰다. 하이데거는 그의 주저 『존재와 시간Sein und Zeit』을 통해 일약 세계적인 실존주의 철학자로 주목받게 되었다. 그는 인간이 죽음을 생각하면서 자신의 인생의 의미를 물을 수 있다는 것, 다시 말해 '자신의 존재에 있어서 자신의 존재를 문제 삼는다'는 인간의 본질적 성격을 실존이라고 하였다(정동호 외, 2012: 194).

그의 말대로 '인간은 죽음을 향해 나아가는 존재'이다. 태어나는 순간부터 인간의 시간은 죽음을 향해 흐르기 시작한다. 이처럼 인간은 유한한 필멸의 존재다. 문제는 많은 사람들이 자신들의 유한성을 망각한 채 살아간다는 것이다. 하이데거는 이런 사람들을 '세인das man'이라 하였는데, 세인은 자신의 유한성에 대하여 사유하지 않고, 세상에 '던져진' 관성 그대로 시간에 끌려가며 살아가는 사람들이다. 반면 자신의 죽음을 자각한 사람들은 '현존재[da sein]'라고 하였다.

하이데거의 죽음에 대한 관점이 가지는 독특한 측면은, 바로 그가 죽음을 부정적으로 인식하기보다는 긍정적으로 이해하려고 한다는 점이다(신교남·이병승, 2014: 223). 일반적으로 죽음은 존재의 소멸이며, 이는 곧 존재의 모든 '가능성의 불가능성'을 의미한다. 다시 말해 죽음은 존재에 있어 모든 가능성의 박탈을 의미한다. 이에 기존의 철학에서는 가능성의 불가능성이라는 커다란 벽을 넘지 못하고, 죽음 너머의 세상에 주목하거나 침묵하는 경우가 많았다. 그러나 하이데거는 역설적으로 죽음의 '불가능성의 가능성'에 주목한다.

> 죽음은 현존재 자신이 각기 그때마다 떠맡아야 할 존재가능성이다. 죽음과 더불어 현존재 자신이 그의 가장 고유한 존재가능에서 자기 앞에 닥쳐 〔서〕 있는 것이다. 이러한 가능성에서 현존재에게 문제가 되는 것은 단적으로 그의 세계-내-존재이다. 그의 죽음은 곧 더 이상-거기에-존재하지-않는다[더 이상 현존재일 수 없다]는 가능성이다. 현존재가 자기 자신의 이러한 가능성으로서 자기 앞에 닥쳐 [서] 있다면, 그는 전적으로 그의 가장 고유한 존재가능으로 지시되어 있는 셈이다. 그렇게 자기 앞에 닥쳐 〔서〕 있을 때 현존재에서는 다른 현존재에 대한 모든 연관들이 끊어진다. 이러한 가장 고유한, 무연관적 가능성은 동시에 극단적인 가능성이다. 현존재는 존재가능성으로서 죽음의 가능성을 건너뛸 수는 없다. 죽음은 현존재의 단적인 불가능성의 가능성인 것이다(Heidegger, 1927/이기상 역, 1998: 335-336).

죽음에 대한 자각을 통해 존재의 유한성을 깨달은 현존재는 세상에 자신을 '던지며' 시간을 이끌며 살아간다. 현존재는 존재의 '가능성의 불가능성'에 좌절하지 않고, 유한한 삶을 보다 성기게 살아가고자 노력한다. 다시 말해 죽음이라는 존재의 유한성의 자각을 통해 '불가능성의 가능성'에 눈 뜨게 되는 것이다.

이처럼 하이데거 역시 다른 실존주의자들처럼 죽음의 자각을 존재의 시발점으로 보았다. 그러나 하이데거는 여기에서 한 발 더 나아가 죽음에 대한 자각을 개아 형성의 중요한 요인으로 꼽았다(Warren, 1981: 33). 세인은 '나의 죽음'이라는 거대한 벽과 마주하는 순간 비로소 현존재로 거듭나며, 바로 그 순간부터 존재의 시간은 흐르기 시작한다. 죽음 앞에 마주함으로써 생성된 시간은 세인들의 보편적인 시간과는 달리 유한하고 고유한 시간이다. 죽음의 자각을 통해 나의 죽음을 누구도 대신할 수 없다는 사실을 깨닫는 동시에, 나의 삶 역시 누구도 대체 불가능하다는 사실을 깨달은 것이다. 이를 통해 하이데거는 불가능성의 가능성에 당도하게 된다.

지금까지 살펴보았듯이, 실존주의자들은 죽음을 삶 속에 내재된 하나의 사건으로 파악한다. 따라서 죽음 없는 실존은 없으며, 죽음의식이 없는 실존 이해는 불가능하다고 본다(강선보, 1997: 8). 그러기에 끊임없이 '나'의 죽음을 떠올렸을 때 비로소 자신의 실존에 직면할 수 있으며, 죽음이라는 불가능성의 가능성을 동인으로 하여 유한한 삶을 보다 견실하게 살 수 있는 것이다. 이와 같은 관점에서 봤을 때 지속적으로 죽음을 자각하는 죽음의 의식화 작업은 매우 중요하다. 그러나 실제적으로는 죽음에 관한 직접적인 경험을 가진 사람 중 일부를 제외하고는, 일상적인 삶 속에서 죽음을 자각하기란 어려운 일이다. 바로 이 지점에서 죽음교육의 필요성이 부각된다.

03 죽음교육의 필요성

철학은 '인간과 세계에 대한 근본 원리와 삶의 본질 따위를 연구하는 학문(표준국어대사전, 1999)'이라고 정의된다. 그러나 '인간과 세계에 대한 근본 원리와 삶의 본질'은 일반적인 교육의 내용이기도 하다. 따라서 많은 부분에 있어 철학의 대상은 곧 교육의 대상이 된다. 철학에서 죽음을 중심테제로 다루고 있다면, 마땅히 교육의 영역에서도 죽음을 심도 있게 다루어야 한다.

죽음은 인간의 삶에서 빼놓을 수 없는 사건이라는 점에서 인간에 대한 이해를 바탕으로 하는 교육학과 교육론에서 빠질 수 없는 주제이다(장지원, 2014: 149). 그럼에도 불구하고 오늘날 교육학계에서는 죽음교육에 대한 논의가 좀처럼 일어나지 않고 있으며, 이에 따라 초중등학교에서도 죽음교육이 실시되는 경우를 찾기 힘든 것이 현실이다. 죽음교육이 죽어있는 데에는 여러 이유가 있겠지만, 기본적으로 죽음교육의 필요성을 간과하고 있는 부분이 크다고 볼 수 있다. 이에 일각에서는 죽음과 교육이 불가분의 관계임에 주목하고, 죽음교육의 필요성을 주장하였다.

> 죽음은 삶에 영향을 미친다. 죽음에 대한 태도 또한 삶에 대한 태도에 영향을 미친다. 결국 죽음의 철학은 삶의 철학에 영향을 미치며, 그 역의 경우도 마찬가지이다. 죽음의 문제가 삶의 문제이고, 삶의 문제가 인간의 문제라면 그것은 결국 교육의 문제이므로 교육 속에서 이를 수용하여야 할 것이다(강선보, 1997: 15).
>
> 죽음은 인간의 삶에서 피할 수 없는 사실이기 때문에, 교육에서는 죽음에 대해 관심을 가져야 한다. 아이들은 죽음에 대해 진지하게 생

각할 때 생기는 의문에 대해서 진지한 답변을 들을 수 있어야 한다 (Puolimatka & Solasaari, 2006: 201).

죽음은 인간발달의 마지막 단계로, 이에 대해 학생들이 궁금해 하는 것은 지당한 일이며, 교사는 죽음을 가르쳐야만 한다. 샤릴 호크(Sharryl Hawke, 1974)에 따르면 죽음을 삶의 하나의 사건으로 다루도록 배웠던 학생들이 죽음을 덜 두려워하고 삶에는 더 감사해한다는 사실이 밝혀졌다(Auten, 1982: 602, 재인용). 물론 죽음을 가르치는 것이 학생의 죽음에 대한 공포를 완전히 제거하지는 못할 것이며, 아이들이 사랑하는 사람의 죽음을 겪을 때의 고통을 없애주지는 못할 것이다(Higgins, 1999: 82). 그러나 아이들이 죽음에 대해 말하는 것을 두려워하지 않고 교실 안밖에서 죽음에 대하여 편하게 이야기할 수 있다면, 자신의 죽음에 대한 반추를 통해 삶을 진지하게 조망할 수 있을 것이며, 언젠가 겪게 될 비탄의 고통을 극복하기가 수월해질 것은 분명하다.

1) 개인적 측면

(1) 죽음의 이해

성sex과 죽음death은 오랫동안 금기의 대상이었다. 그러나 성교육을 통해 사람들은 성에 대한 이해를 하게 되었고, 더 이상 금기의 대상이 아닌 것이 되었다. 이에 반해 우리나라에서 죽음교육은 여전히 실시되지 않고 있으며, 죽음은 여전히 금기의 대상이다. 따라서 많은 사람들은 죽음에 대한 이해의 필요성도 느끼지 못한 채, 그저 죽음을 자신과 상관없는 것으로 여길 뿐이다. 앞에서 고대의 철학자들이 죽음을 불가지의 대상으로 보는 관점을 다루었지만, 보다 엄밀하게 말하자면 죽음 자체는 불가지의 대상이 아니다. 불가지의 대상은 죽음 이후의 존재에 관한 것일 뿐, 죽음 자체는 명백한 불변의 진리이다. 그럼에도 많은 사람들이 죽음을 불가지의 대상으로 인식하는 건 죽음의 예측 불가능한 특성 때문일 것이다. 죽음은 그 속성상 예측 불가능한 특성을 가지고 있긴 하지만, 결국엔 '인간은 죽는다'는 명제로 수렴된다. 출생과 마찬가지로 죽음 또한 인간이 겪어야만 하는 삶의 여정의 한 부분이다. 인간의 생애주기의 첫 단계가 출생이듯이, 죽음은 생애주기의 마지막 단계일 뿐이다(Glazer & Landreth, 1993: 98). 그러므로 삶의 자연스러운 발달단계의 하나인 죽음을 회피하고 두려워해야 할 그 무엇으로 간주할 필요는 없는 것이다. 죽음 또한 출생과 마찬가지로 삶의 한 여정일 뿐만 아니라 자연의 섭리이므로 우리는 죽음을 지극히 자연스러운 삶의 과정으로 받아들여야 한다. 따라서 죽음이라는 자연의 섭리는 '죽음교육'이라는 체계적인 교육과정을 통하여 이해하고 내면화되어야 한다.

일반적으로 인간은 죽음에 대한 부정적 인식 때문에 죽음을 두려워해 왔다. 죽음은 불길한 것이며 좋지 못한 것이라는 전래 이야기들, 귀신과 연관된 부정적 이미지의 죽음 이야기들, 각종 영상매체를 통해 접하게 되는 잔혹한 죽음 등을 통해서 우리는 죽음에 대해 자연스럽게 부정적 인식을 갖게 된다. 디켄(Deeken, 2001)은 이러한 인간이 죽음에 대해 갖게 되는 공포와 불안의 9가지 유형을 정리한 바 있다.

① 고통에 대한 공포, ② 고독에 대한 공포, ③ 불쾌한 체험에 대한 공포: 존엄을 잃는다는 것에 대한 두려움, ④ 가족이나 사회에 부담을 준다는 것에 대한 공포, ⑤ 미지의 세계를 눈앞에 둔 심경으로서의 불안, ⑥ 인생에 대한 불안과 연결된 죽음에 대한 불안, ⑦ 인생을 미완성인 채로 끝낸다는 것에 대한 불안, ⑧ 자기 소멸에 대한 불안, ⑨ 사후의 심판이나 벌에 대한 불안(Deeken, 2001/전성곤 역, 2008: 48-53).

이와 함께 그는 '죽음교육'을 통해 죽음을 이해하고, 죽음에 대한 공포를 냉정하게 분석할 수 있다면, 앞에서 언급한 죽음의 공포와 불안으로부터 어느 정도 벗어날 수 있다고 보았다.

이처럼 죽음은 우리에게 두려움을 주는 동시에 긍정적인 측면도 제공한다. 그러나 우리는 대부분 죽음에 대해 아예 알려고 하지 않거나 두려워하는 데 그치고 만다. 하지만 우리가 어떤 태도를 견지하든 확실한 사실은 우리 모두는 죽는다는 것이며, 이는 인간의 삶에 있어 유일하게 예언 가능한 진리이다. 따라서 우리는 필연적으로 죽음에 대해 알기 위한 노력이 필요하다. 우리가 죽음에 대해 얼마나 알고, 어떻게 대처하느냐에 따라 죽음은 달의 뒷면처럼 컴컴할 수도 있고 앞면처럼 밝게 빛날 수도 있다. 결국 죽음의 공포를 긍정적인 삶의 에너지로 바꾸게 하기 위해서는 다른 무엇보다 죽음 그 자체에 대한 이해가 선행되어야 하며, 이는 죽음교육의 형태로 가능하다.

(2) 자아실현

모든 인간은 행복을 추구한다. 아리스토텔레스는 『니코마코스 윤리학Ethika Nikomacheia』에서 누구나 어떤 종류의 배움과 노력을 통해 행복을 성취할 수 있다고 하였다(Aristoteles, 연도 미상/강상진·김재홍·이창우 역, 2012: 36). 아리스토텔레스가 꼽는 행복의 주요 인사가 탁월성이었다는 것을 감안하면 그가 말하는 행복이란 '자신이 배우고 싶은 영역을 선택하고 노력하여 탁월성을 갖고 행하는 것'이며, 이는 곧 '자아실현'이라고 할 수 있을 것이다.

상담심리학자 칼 로저스Carl Rogers는 모든 인간은 본성적으로 자기를 보전·유지하고 향상시켜서 마침내 자기를 실현하고자 하는 성향, 즉 자아실현 경향성을 가진다고 보았는데, 이 성향은 인간 유기체를 유지하고 고양시키는 힘으로 외부의 통제가 없이 자유로운 분위기만 형성되면 촉진된다고 보았다(양명숙 외, 2014: 204). 다시 말해 '인간은 외부적인 통제만 없으면 스스로 자아실현을 하려고 노력한다'는 것이다. 이에 대한 대우명제를 제시하면 '스스로 자아실현을 하려고 노력하지 않는 것은 외부적인 통제가 있기 때문이다'가 된다. 오늘날 우리의 많은 학생들이 자아실현을 못하고 있는 실정을 이에 대입해보면, '학생들의 자아실현을 방해하는 외부적인 어떤 통제가 있다'라는 명제가 성립된다.

비단 이런 논리적인 증명을 해보이지 않더라도, 오늘날 우리의 교육환경에서 학생들이 자아실현을 하는데 외부적인 제한점이 있다는 점은 누구도 부인하기 어려울 것이다. 대다수 학생들은 '성적지상주의'를 강요받고 있으며, 부모를 비롯한 주변 어른들의 관심은 학생들의 적성이나 흥미는 상관없이 오직 좋은 성적에만 고정되어 있다. 초중등학교에서 여러 교과를 가르치는 이유는 해당 교과들에 대한 기본 지식이 인간다운 삶을 영위하는데 필요하기 때문이기도 하지만, 다양한 교과를 통해 학생의 적성과 흥미가 어느 영역에 있는지를 파악해 보라는 의미도 있다. 교과별 성적 분포를 통해 아이가 어느 과목에 흥미가 있고 없는지를 파악하여, 아이의 진로를 어느 정도 가늠해보라는 것이다. 그러나 대다수 어른들의 관심은 '평균 점수'에만 경도되어 있다. 이런 외부적인 통제가 극심한 상황에서 학생 스스로 자아실현을 해나가기는 너무도 요원한 일이다.

한편 윤리학에 있어 자아실현은 자기의 진정한 본질, 곧 자아를 인식하고 실현하며 이룩해 나가는 것이다(Sahakian, 1974; 48). 이 정의에서 나타나듯이 자아실현은 자아에 대한 인식을 그 전제로 한다. '나'라는 존재에 대한 분명한 인식을 한 후에야 비로소 내가 원하는 일을 할 수 있기 때문이다. 그러나 전술한 작금의 우리 교육환경에서는 자아실현은 고사하고, 자아에 대한 인식에 대한 시도조차 이루어지지 않고 있는 것이 냉정한 현실이다. 그럼에도 불구하고 모든 존재의 시간은 지금 이 순간에도 죽음을 향해 흐르고 있기에, 언제까지 자아실현을 미룰 수도 없는 노릇이다.

자아에 대한 기본 인식은 자신의 존재에 대한 인식으로부터 시작되며, 존재는 탄생과 죽음 사이의 간극에 존재한다. 따라서 자아에 대한 존재론적 기본 인식은 탄생과 죽음에 대한 이해를 기반으로 한다. 탄생이 이미 규명된 과거의 사건임을 감안한다면 자아의 인식은 결국 나의 죽음에 대한 관심으로부터 시작됨을 알 수 있다. 결국 죽음은 생의 마지막에 찾아오는 하나의 사건이 아니라, 존재가 존재하는 내내 존재를 추동하는 근원이 된다. 죽음에 대한 고찰을 통해 존재는 비로소 참된 자아를 인식하게 되고, 이는 자아실현으로 이어진다. 결국 죽음에 대한 이해는 자아실현을 이루기 위한 커다란 촉매의 역할을 하게 되며, 이는 교육의 장에서 왜 죽음을 다루어야 하는지를 방증한다.

2) 사회적 측면

(1) 가족구조의 변화

우리나라는 한국전쟁 이후 사회 전반적으로 비약적인 발전을 했다. 특히 경제와 의료 분야에 있어 급격한 발전이 일어남에 따라, 사회 구조 및 주거 형태가 빠른 속도로 변화하였다. 대가족 구조에서 핵가족 구조로 바뀐 것은 이미 오래 전이며, 핵가족이 다시 1인 가구 형태로 분화하고 있다.[1)] 디스펠더와 스트릭랜드(Despelder & Strickland, 1987)는 이러한 형태의 변화가 우리로 하여금 죽음과 멀어지게 한 원인이라고 밝히며, 그 주된 요인들을 다음과 같이 제시했다.

죽음과 임종의 친밀감을 감소시키는 요인들

① 기대 수명과 사망률, ② 지리적 이동, ③ 죽음의 원인 변화, ④ 줄어든 세대 간 접촉, ⑤ 집안에서 집밖으로의 죽음 장소 이동, ⑥ 생명을 연장시키는 기술들(Despelder & Strickland, 1987: 7-15).

위의 요인들은 국내에서도 유효한 요인들로 보인다. 모든 가족이 함께 살면서 지역공동체를 이루었던 농경사회에서는 마을에 부고가 있으면, 모든 구성원들이 함께 하여 장례를 지냈다. 따라서 어린아이에게도 장례는 매우 익숙한 일 중의 하나였다. 하지만 근래에는 세대 간에 지리적으로 멀리 떨어져 살다보니, 가족의 임종 소식을 듣고도 임종을 지키지 못하는 일이 많아졌

1) 2000년 15.5%였던 1인 가구 비율은 2017년 28.6%로 급증하였다.

다. 또한 의학의 발달로 생명을 연장시키는 기술들이 개발됨에 따라, 기대 수명은 높아지고 사망률은 낮아졌다. 이에 따라 성장 과정 중에 가족의 죽음을 경험하는 절대적인 빈도 자체가 낮아졌으며, 죽음의 장소가 집안에서 집밖으로 이동됨에 따라 가족의 장례조차도 '손'이 아닌 '돈'으로 치르게 되는 경우가 많아졌다. 이에 따라 가정에서 죽음을 경험하고, 죽음을 배우는 기회가 현저하게 줄어들었다. 그 결과 더 이상 죽음은 우리의 공통된 경험의 한 부분이 아니게 됐다(Despelder & Strickland, 1987: 16).

죽음교육의 많은 부분을 담당하던 가정이 그 기능을 상실하여 죽음에 대하여 침묵하게 되면서(Fonseca & Testoni, 2011: 163-164), 죽음교육은 사실상 중단되었다. 교육의 세 마당(가정, 학교, 사회)에서 죽음교육의 가장 많은 부분을 담당했던 가정이 그 역할을 수행하지 못하게 되면 학교나 사회에서 이를 보완해주어야 했지만, 죽음교육이 형식적 교육으로 다루어져야 할 필요성이 미미하게 여겨지던 터라 학교에서의 죽음교육은 이루어지지 않았다. 따라서 죽음교육은 오로지 사회의 영역, 그중에서도 특히 대중매체의 몫으로 돌아갔다.

우리 대부분이 더 이상 죽음을 직접적으로 경험할 수 없기 때문에, 죽음에 대한 우리의 사고는 대중매체를 통한 간접경험에 의해 형성된다. 신문, 잡지, 책, 영화, 텔레비전을 통하여 우리는 죽음과 임종에 대하여 배우게 되었다(Despelder & Strickland, 1987: 20-21).

오늘날 대중매체는 죽음교육에 근본적인 영향을 미치고 있다. 죽음교육의 필요성이 인식됨에 따라, 죽음교육은 미디어의 공식적인 주제가 되었다(Fonseca & Testoni, 2011: 164).

그러나 대중매체는 대중의 관심을 끌기 위해 죽음의 가학적인 모습만을 노출한다. 영화와 드라마에서는 죽음이 일상화되었고, 게임에서는 끊임없이 무언가를 죽여야만 내가 살 수 있다. 심지어 뉴스에서조차 연예인의 죽음이나 엽기적인 살인 등과 같은 자극적인 죽음의 소식만 전하고 있다.

TV에서는 만화나 뉴스를 통해 죽음을 나타낸다. 하지만 TV에 나타나는 죽음은 아이들에게 비현실적이고 멀게 느껴진다. TV에서는 악인들만 죽을 뿐만 아니라 많은 경우 죽었다가 곧 살아서 돌아온다. 아이들은 이에 혼란스러워한다. 무엇이 현실이고, 무엇이 환상인지 배우는 것은 중요하다(Glazer & Landreth, 1993: 101).

이처럼 대중매체는 죽음교육의 본래 역할을 전혀 하지 못하는 것은 물론, 사람들에게 죽음의 나쁜 이미지만을 투영하고 있다. 그러나 이는 자극적인 내용으로 대중의 주목을 끌어야 하는 대중매체의 태생적 한계일지도 모른다.

앞서 언급했듯이 죽음교육 부재의 근원은 가족 구조 및 주거 형태의 급격한 변화이다. 사회가 급격히 변화하여 많은 가구가 핵가족의 형태로 살게 된데다, 평균 수명의 가파른 증가로 인해 가족의 죽음을 경험하는 빈도 자체도 낮아졌다. 이러한 변화로 인해 가정은 더 이상 죽음교육에 대한 비형식적 교육을 담당할 수 없었으며, 학교교육의 무관심 속에 사회교육의 장으로 전가되었는데, 대중매체로 대표되는 사회교육에서는 죽음교육은 커녕 외려 죽음에 대한 오개념을 조장하고 있는 현실이다.

많은 선진국에서는 사회적 변화에 잘 대처하여, 가정에서의 비형식적 죽음교육을 학교에서의 형식적 죽음교육으로 전환하였다. 그러나 우리는 급변하는 사회적 변화에 영민하게 대응하지 못해 죽음교육이 여전히 부재한 상황이다. 그러나 단순히 죽음교육이 부재하다는 사실만으로 죽음교육의 필요성이 확보되지는 않는다. 죽음교육의 부재로 인해 어떤 문제가 야기되거나 증대되고, 죽음교육이 존재함으로써 그 문제를 예방하거나 경감시킬 수 있을 때 비로소 죽음교육의 필요성이 인지된다. 최근에 대두되고 있는 죽음에 관한 윤리적 문제들은 죽음교육의 부재로 발생하거나 심화되는 대표적인 현상들이다.

(2) 윤리문제의 대두

안락사나 자살과 같은 죽음에 관한 윤리문제들은 자신의 생명유지에 관한 실존적 선택의 문제라는 점에서는 개인적이라고 볼 수 있으나, 동시에 사회적 문제이기도 하다. 카뮈Albert Camus는 "자살이 사회현상이 아닌 다른 것으로 다루어진 적은 지금까지 한 번도 없었다(Camus. 1942/이혜윤 역, 2014: 372)"고 말했다. 이처럼 죽음윤리에 관한 문제들은 개인적 문제로 다뤄지기보다 주로 사회적 문제로 다루어지는 경우가 많다.

죽음에 관한 윤리적 문제들 중 대표적인 것은 자살과 안락사이다. 이들은 죽음의 윤리적 문제라는 점에서 궤를 같이하지만, 자살이 인류의 역사와 공존해 온 오래된 윤리문제인 반면, 안락사는 의학의 발달과 더불어 비교적 최근에 본격적으로 출현하기 시작한 윤리문제라는 차이가 있다.

안락사의 문제[2]는 죽음의 의학적 기준이 심장정지설에서 뇌

---

2) 안락사는 적극적 안락사와 소극적 안락사로 나눌 수 있다. 적극적 안락사는 환자의 고통을 경감시키기 위해 독극물 주사 등과 같은 "죽음의 순간을 앞으로 당기는 것"

사설로 전환되는 시점에 활발하게 제기되었다. 뇌가 죽어 인간 고유의 사유능력이 사라진 사람이 인공호흡장치에 의존해 간신히 심정지만 면하고 있는 상황이나 말기 암에 걸린 환자가 진통제에 의존하여 지독한 고통 속에 하루하루를 버텨나가는 상황을 두고 보기보다는, 삶을 좀 더 쉽게 마감할 수 있도록 도와주는 것이 낫지 않느냐는 것이다. 그러나 안락사에 대한 의견은 국가에 따라, 심지어 같은 국가 안에서도 지역에 따라 관련법이 다를 정도로 의견이 분분한 가치판단 문제이다. 따라서 죽음교육을 통해 안락사에 대해 지속적이고 반복적으로 생각할 수 있는 기회를 제공하여 이 문제에 대해 학생 개개인의 가치관을 형성할 수 있도록 해야 한다.

한편 자살의 문제는 안락사의 문제보다 죽음교육의 필요성을 보다 시급하게 요청하고 있다. 자살은 가장 오래된 철학적 문제들 중 하나로, 혹자들은 "자살을 인간만의 고유한 행위요, 스스로 존재·비존재 여부를 결정할 수 있는 자유의 지고한 증거"라고 보았다(Minois, 1995/이세진 역, 2014: 11). 카뮈는 다음과 같이 말함으로써 자살에 대한 숙고가 어떤 철학적 관념보다 우위에 있음을 지적했다.

> 참으로 진지한 철학적 문제는 오직 하나뿐이다. 그것은 자살이다. 인생이라는 것이 경험할 만한 가치가 있느냐 없느냐를 판단하는 것이야말로 철학의 본질적인 물음에 대한 답이다. 그밖에 세계가 3차원으로 되어

이며, 소극적 안락사는 인공호흡기나 약물치료 등과 같은 생명연장을 위한 의료적 처방을 거부하여 "죽음의 순간을 뒤로 미루지 않는 것"으로 흔히 '존엄사'라고도 한다. 대부분의 국가에서 적극적 안락사는 금지하고 있는 반면, 소극적 안락사는 엄격한 조건 아래 점차 허용하고 있는 추세이다.

> 있는지, 정신의 범주가 9가지인지 12가지인지 등의 문제들은 그 다음의 일이다(Camus, 1942/이혜윤 역, 2014: 371)

철학적으로 자살보다 중요한 문제는 없다는 카뮈의 말은 타당하다. 형이상학이든, 인식론이든, 가치론이든 기본적으로 이를 사유하는 주체인 존재가 있을 때만 존립 가능하며, 존재가 소멸된 후에는 자연스레 모든 사유가 중단되기 때문이다. 자연사가 자의와 상관없이 소멸되어 삶을 영위하지 못하는데 반해, 자살은 삶을 영위할 가치를 못 느껴 스스로 소멸을 택한다. 다시 말해 자살은 존재가 자신이 계속해서 생존할 경우에 겪게 될 모든 경험들을 예상하고, 이 예상값이 존재를 연명해 나가는 수고로움보다 덜 매력적일 경우에 사유하는 존재를 스스로 해체하는 것이다.

자살에 대한 모든 철학적 담론에는 공통된 하나의 전제가 있다. 그것은 자살에 대해 충분히 숙고한 후에 결정해야 한다는 것이다. 이는 곧 삶과 죽음에 대한 풍부한 통찰과 혜안을 가진 후에야 자살의 윤리적 정당성에 대해서 고민하고 선택할 수 있다는 말로, 니체의 사상을 빌리자면 이는 이성적 죽음에 해당한다. 우리가 여기에서 주목해야 할 점은 니체에게 자살이란 사실상 '적극적 안락사'의 개념에 가깝다는 것이다. 니체Nietzsche는 『우상의 황혼Die Götzen Dämmerung』에서 '이성적 죽음'의 유형으로 안락사를 전제하고 있으며, 이런 맥락에서 안락사를 수행하거나 돕는 일을 의사들의 도덕적 의무로 제시하고 있다(정동호 외, 2012: 177 참조). 여기에서 그는 자살은 사실상 안락사라는 입장을 견지하고 있다. 이 지점에서 중요한 것은 자살은 심신이 노쇠하여 이성적 사고가 힘들어진 경우에만 허용되며, 젊은이들의 자살은 용납되지 않는다는 점이다. 이는 『차라투스라는 이렇게 말했다 Also sprach Zarathustra』에서 보다 명료하게 제시된다.

> "알맞은 때에 죽어라" 하고 차라투스라는 가르친다. 하지만 때에 맞게 살아보지도 못한 자가 어떻게 알맞은 때에 죽을 수 있겠는가? 차라리 이러한 자는 태어나지 말았어야 했다(Nietzsche, 1885/장희창 역, 2014: 124).

여기에서 니체는 삶을 제대로 살아보지 않고, 자살을 선택하는 젊은이들을 강한 어조로 비난하고 있다. 자살은 죽음을 정확하게 이해하는 사람이 죽음에 대해 실존적으로 충분히 고민했음에도 불구하고, 더 이상 그 어떤 삶의 동인도 남아있지 않을 경우에만 검토의 대상이 된다는 것이다. 같은 맥락에서 독일의 철학자 빌헬름 캄라(Wilhelm Kamlah, 1976)는 다음과 같이 말했다.

> 한 인간이 충분한 숙고 후에 자신의 삶을 떠나고 싶어 한다면 그를 방해해서는 안 된다. 그러나 실연당한 젊은 사람의 경우와는 다른 것이다. 실연 때문에 죽으려는 젊은 사람이 있다면 자살하지 못하도록 저지하는 것이 도덕적 의무다(Lacina, 2009/김혜숙 역, 2014: 67).

따라서 자신의 삶에 대한 철학적 반추가 일천하고 얼마 사용하지도 않은 지력을 가진 건강한 젊은이가 자살을 선택한다는 것은 가당치 않다. 뒤르켐Durkheim이 말했듯이 "자살은 희생자가 그 행동의 통상적 결과를 확실히 알면서도 치명적인 행동을 할 때에만 성립된다(Durkheim, 1897/황보종우 역, 2008: 23)." 그러나 청소년들은 삶과 죽음의 의미를 가늠하고 선택할 정도로 충분히 성숙하지 않은데다, 죽음교육의 부재로 죽음에 대한 이해 또한 턱없이 부족하다. 결국 그들의 자살은 실존적 결단이 아닌 성장과정 중에 발생하는 일종의 일탈행동으로 볼 수 있다. 흡연, 음주, 가출 등과 같은 다른 일탈행동은 이에 대한 예방교육이 충분히 이루어지고 있으며, 설령 일탈행동을 한다 해도 이에 대한 후속교육이 가능하다. 그러나 자살은 원천적으로 후속교육이 불가능한 일탈행동으로, 한 번 일탈행동이 발생할 경우 존재의 소멸과 더불어 모든 교육적 가능성 또한 사라진다. 따라서 죽음교육에 있어서 자살예방교육은 그 첫 번째 교육목표가 된다(Morgan, 1990; 2). 그럼에도 불구하고 여전히 우리 교육의 장에서는 죽음을 교육의 대상으로 보고 있지 않다. 지금 이 순간에도 많은 학생들이 대중매체에 의해 생성된 왜곡된 죽음의 이미지에 현혹되어 자살이라는 돌아올 수 없는 강을 건너고 있음에도 말이다. 죽음교육은 청소년 자살 문제 해결을 위한 가장 기본적인 대책이다. 우리나라의 높은 청소년 자살률을 감안한다면 더 이상 지체하지 말고 죽음교육을 일선 학교에서 실시해야 할 것이다.

04 나오며

죽음은 인간발달의 마지막 부분으로 어느 누구도 피할 수 없다. 그러기에 고대로부터 많은 철학자들은 죽음에 대한 자신의 견해를 밝혀 왔다. 그러나 현대에 이르러 자본주의가 대두되면서 인간을 점차 '사고의 주체'가 아닌 '소비의 주체'로 여기기 시작했으며, 이러한 사회적 풍조 속에서 죽음은 점점 더 금기시되고 있다. 하지만 자본주의가 아무리 발달하고 이에 경도된 우리가 죽음을 외면하려 한다 해도, 우리 모두는 반드시 죽는다. 이에 이 글에서는 죽음에 대한 철학적 관점을 알아봄으로써 망각되고 있는 죽음에 대한 생각을 환기시키고, 이를 바탕으로 죽음교육이 필요한 이유를 살펴보고자 하였다.

먼저 죽음을 보는 철학적 관점은 죽음을 내세의 관문으로 보는 관점, 불가지의 대상으로 보는 관점, 삶의 동인으로 보는 관점으로 분류하였다. 첫째, 죽음을 내세의 관문으로 보는 관점은 죽음을 현세와 내세를 연결하는 하나의 문으로 보며, 현재의 삶은 내세를 위한 하나의 과정일 뿐 그 자체로는 큰 의미를 가지지 못하는 것으로 본다. 둘째, 죽음을 불가지의 대상으로 보는 관점에서는 삶과 죽음은 양립 불가능하므로 살아 있는 우리가 죽음을 걱정하는 것은 무의미하다고 여긴다. 셋째, 죽음을 삶의 동인動因이 된다고 보는 관점에서는 '죽음에 대한 자각'이 삶에 부정적인 영향보다 긍정적인 영향을 더 줄 수 있다고 본다. 그러나 죽음을 경험하기 힘든 현대사회에서는 죽음에 대한 자각은 쉽게 이루어지지 않는다. 따라서 교육을 통하여 죽음에 대한 자각을 할 수 있도록 해야 한다.

죽음교육은 개인적 측면과 사회적 측면 모두에서 그 필요성이 요청된다. 개인적 측면에서는 죽음을 감싸고 있는 금기의 장막을 걷어내고 죽음 자체에 대한 객관적인 이해가 선행되어야 한다. 죽음에 대한 이해를 통해 자아에 대한 인식을 할 수 있으며, 이를 바탕으로 자아실현을 할 수 있다. 사회적 측면에서는 사회구조의 급격한 변화로 죽음교육이 사실상 부재한 상황 하에 안락사와 자살과 같은 윤리적 문제들을 경감시키기 위해 죽음교육이 필요하다.

죽음교육은 그 중요성과 필요성에 있어 다른 어떤 교육에 견주어도 떨어지지 않는다. 그러나 우리나라의 교육계에서는 여전히 죽음을 금기로 보는 시선이 지배적이다. 죽음은 더 이상 금기가 아닌 이해의 대상으로 여겨져야 하며, 교육의 장에서 다루어져야 한다. 이를 위해서는 다른 무엇보다 교육과정 안에 죽음교육을 포함시키는 것이 선행되어야 할 것이다.

참고문헌 REFERENCE

강선보(1997). “죽음에 관한 교육적 논의”. 「사대논총」 제21권, 1-17.

국립국어연구원(1999). 『표준국어대사전』. 서울: 두산동아.

신교남·이병승(2014). “하이데거 존재론에 나타난 죽음의 현상학적 의미와 죽음교육”. 「교육철학」 제50집, 221-244.

양명숙 외(2014). 『상담이론과 실제』. 서울: 학지사.

우정길(1997). “죽음교육에 대한 실존주의적 고찰”. 석사학위논문. 고려대학교 일반대학원.

윤선인(2009). “하이데거의 존재론에서 죽음의 의미와 교육학적 함의”. 석사학위논문. 고려대학교 일반대학원.

장지원(2014). “플라톤 철학에서 죽음의 교육적 함의”. 「교육학연구」 제52권 제2호, 147-166.

정동호 외(2012). 『철학 죽음을 말하다』. 경기: 산해.

Aristoteles(연도 미상). *Ethika Nikomacheia*. 강상진·김재홍·이창우 역(2012). 『니코마코스 윤리학』. 서울: 도서출판 길.

Auten, A.(1982). Why teach death education?. *Journal of Reading*. 25(6), 602-605.

Camus, A(1942). *Le Mythe de Sisyphe*. 이혜윤 역(2014). 『이방인/페스트/시지프 신화』. 서울: 동서문화사.

Chron, J.(1963). *Death and western thought*. N.Y.: Collier Books.

Cox, H.(1984). *Later life: The realities of aging*. N.J.: Prentice-Hall Inc.

Deeken, A.(2001). *生と死の教育*. 전성곤 역(2008). 『인문학으로서의 죽음교육』. 경기: 인간사랑.

Epikuros(연도 미상). *Letters to Menoeceus*. 오유석 역(1998). 『쾌락』. 서울: 문학과지성사.

Despelder, L.A. & Strickland, A.L.(1987). *The last dance*. TX: Mayfield Publishing Co.

Durkheim, E.(1897). Suicide: A study of in sociology. 황보종우 역(2008). 『자살론』. 경기: 청아출판사.

Fonseca, L.M. & Testoni, I.(2011). The emergence of Thanatology and current practice in death education. *Omega*. 64(2), 157-169.

Glazer, H. R. & Landreth, G. L.(1993). A developmental concept of dying in a child's life. *Journal of Humanistic Education and Development*. 31, 98-105.

Heidegger, M.(1927). *Sein und Zeit*. 이기상 역(2013). 『존재와 시간』. 서울: 까치.

Higgins, S.(1999). Death Education in the Primary School. *International Journal of Children's Spirituality.* 4(1), 77-90.

Jaspers, K.(1965). *Kleine schule des philosophischen denken.* 전양범 역(2013). 『철학학교/비극론/철학입문/위대한 철학자들』. 서울: 동서문화사.

Jaspers, K.(1932). *Philosophie.* Translated by Ashton, E.B(1970). *Philosophy II.* Chicago: University of Chicago Press.

Kagan, S.(2012). *Death.* 박세연 역(2012). 『DEATH, 죽음이란 무엇인가』. 서울: 엘도라도.

Lacina, K.(2009). *Tod.* 김혜숙 역(2014). 『죽음』. 서울: 이론과 실천.

Lucretius(연도 미상). *De rerum natura.* 강대진 역(2012). 『사물과 본성에 관하여』. 서울: 아카넷.

May, T.(2006). *Death.* UK: Acumen.

Minois, G.(1995). *Histoire du suicide.* 이세진 역(2014). 『자살의 역사』. 서울: 그린비 출판사.

Morgan, J.D.(1990). *The dying & The bereaved teenager.* PA: The Charles Press.

Nietzsche, F.W(1888). *Also sprach Zarathustra.* 장희창 역(2014). 『차라투스라는 이렇게 말했다』. 서울: 민음사.

Plato(연도 미상). *Phaidon.* 박종현 역(2003). 『플라톤의 네 대화편: 에우티프론, 소크라테스의 변론, 크리톤, 파이돈』. 경기: 서광사.

Puolimatka, T. & Solasaari, U.(2006). Education for death. *Educational Philosophy and Theory.* 38(2), 201-213.

Sahakian, W.S.(1974). Ethics: An introduction to theories and problems. N.Y.: Barness & Noble books.

Seneca(연도 미상). *De Vita Beata.* 이성학 역(1990). 『세네카의 행복이야기』. 서울: 예문당.

Warren, W(1981). Death education an outline and some critical observations. *British journal of educational studies.* Vol. XXIX. No. 1 February, 29-41.

DEATH EDUCATION

02 미국의 죽음교육 이론과 실제

심승환

01 들어가며

퀴블러로스는 "우리 모두는 죽는다. 그리고 더 일찍 우리가 죽음의 실재를 수용할수록 더 일찍 진실한 삶을 시작할 수 있다"고 지적하였다(Kubler-Ross, 1974: 156). 우리가 죽음을 진실로 인식할 때 삶을 더욱 진실하게 살아갈 수 있다. 죽음이 필연적으로 닥치는 현상임에도 많은 사람들은 일상 속에서 이를 의식하지 못하고 적절한 준비를 하지 못한다. 그에 따라 본인의 죽음이나 가족, 주변인, 지인의 죽음에 직면하여서 극심한 두려움과 상실감 등으로 힘겨워 하는 경우가 많다. 죽음도 필연적인 인간의 삶의 일부라면, 이를 온전히 이해하고 적절히 대응하는 것은 좋은 삶을 위한 중대한 과제임이 분명하다. 죽음에 대한 많은 연구와 실제 사례들은 죽음에 관한 가치관이 적절히 정립되고 충분한 지적·실무적 준비가 되어 있을 때 삶의 질이 훨씬 개선될 수 있음을 제시한다.

상기한 사유로 인해 선진국들은 일찍이 죽음에 대한 연구와 죽음교육을 체계적으로 진행하여 왔다. 미국은 죽음 연구 및 죽음교육 분야에 있어서 선구적인 역사와 풍성한 체계를 갖춘 나라이다. 이 장에서는 미국의 죽음교육의 이론과 실제의 주요한 내용과 특징을 큰 틀에서 고찰해 보고자 한다. 첫째, '죽음학thanatology'이란 용어가 사용되기 시작한 이래 미국에서 죽음연구 및 죽음교육이론이 역사적으로 어떻게 발전되었는지 탐색기-발전기-대중화기-성숙기로 나누어 개관한다. 둘째, 미국에서 죽음교육은 어떠한 의의를 지니며 구체적으로 어떠한 목표들을 지향하는지 미국 죽음교육이론의 목적론을 살펴본다. 셋째, 미국 죽음교육이론에서 매우 중요한 영향을 미쳤던 두 학자, 퀴블러로스의 죽음 단계이론과 셸리 케이건의 철학적 관점의 죽음이론의 주요힌 내용을 소개한다. 넷째, 미국 죽음교육의 실제와 관련하여 미네소타 주의 비탄교육과정 및 뉴욕시 고등학교 죽음교육과정의 주요 내용과 활동을 살펴본다. 죽음은 국경을 초월하여 인류의 공통된 문제로서, 죽음교육의 선진국인 미국의 이론과 실제에 대한 이해는 한국의 죽음교육의 발전에 기여할 수 있을 것이다.

02 미국 죽음교육의 이론

1) 개관: 역사적 발전 과정

죽음은 전 세계, 모든 인류에게 중대한 문제이지만 현대에 죽음의 문제와 그에 대한 대처를 학술적으로 체계화한 것은, 1960년대에서 70년대에 걸쳐 미국을 중심으로 한 '죽음학thanatology'이라는 연구영역의 발전이 중대한 기반이 되었다. 죽음학이라는 용어는 이미 1903년에 메치니코프Metchnikoff가 그의 저서 『*The Nature of Man*』에서 제안한 것으로 죽음과 노인 연구를 통하여 인간이 받을 고통의 과정을 감소시키고 인간 생명의 본질을 개선함을 목적으로 한다고 하였다. 이후 페이펠(Feifel, 1951)은 『*Meaning of Death*』에서 죽음학이 인류학, 예술, 문학, 의학, 철학, 생리학, 심리분석, 정신의학 및 종교학 등의 다양한 학문 영역을 통하여 죽음현상을 학제적으로 연구하는 분야라고 제언하였다. 죽음학은 죽음 역시 인간 성장의 마지막 단계로 접근한다. 죽음학이 본격적으로 발전하기 전, 많은 미국인들은 죽음을 올바로 대면하지 못하여 평화롭게 죽음을 맞이하지 못하였고, 이러한 문제에 대하여 '죽음각성운동death awareness movement'이 전개되었으며, 이는 죽음학의 출현에 자극이 되었다. 이는 당시 영국에서 일어난 호스피스운동과 연관되면서 죽음교육, 호스피스, 애도 상담 등을 주요 내용으로 하는 죽음학이 본격적으로 전개되기 시작하였다.

미국에서는 죽음학과 아울러 죽음교육에 대한 연구도 상당히 역사가 깊다. 파인(Pine, 1977)에 의하면 미국 죽음교육 연구의 역사는 크게 탐색기, 발전기, 대중화기, 성숙기의 4단계의 발전과정을 거치며 전개되었다.

첫째, 1928년부터 1957년까지의 탐색기는 죽음교육이 본격적으로 등장하기 이전 죽음과 관련된 기초적 연구들이 등장하였던 시기이다. 이 시기에 엘리엇(Eliot, 1930)은 사회학적 관점에서 비탄과 사별에 대한 연구를 발표하였고, 안토니(Anthony, 1940)는 성인과 다른 방식으로 죽음을 인식하는 아동에 대한 연구를 발표해 죽음 연구의 범위를 아동기까지 확장시켰고, 린드먼(Lindemann, 1944)은 비탄, 사별, 애도에 대한 이론적 기초를 제공하는 연구를 발표하였다. 이 외에도 하벤스테인과 라머스(Habenstein & Lamers, 1955; 1960)는 장의사의 역할과 장례에 대한 비교문화연구를 발표하였고, 파베로우와 슈나이드먼(Farberow & Shneidman, 1957)은 자살행동의 복잡성에 관하여 고찰하였다.

둘째, 1958년부터 1967년까지는 죽음교육이 다양한 학술분야의 복합적 연구를 토대로 질적, 양적으로 본격적인 발전이 이루어진 시기였다. 파이펠(Feifel, 1959)은 죽음교육 분야에 행동과학적 관점을 도입하였고, 손러스(Saunders, 1959)는 죽어가는 환자, 안락사, 말기 환자의 돌봄과 간호법 등에 관한 연구를 발표하였다. 그동안의 축적된 연구 성과를 바탕으로 1963년에는 풀톤Fulton 교수가 미네소타대학에 죽음을 주제로 한 최초의 정규 강좌를 개설하여 죽음과 관련된 광범위한 다학제적 주제를 다루는 동시에, 말기 환자의 돌봄, 사별 문제, 일상적 상황에서의 죽음에 대한 대처, 장례관습 등 실용적 문제도 교육하였다. 또한 풀톤 교수는 같은 해에 학술지 *American Behavioral Scientist*에서 죽어가는 환자의 지위와 역할 및 돌봄에 대해 전문적 학술 논평을 제시하였다. 이 시기에는 죽음교육과 관련하여 후대에 중요한 영향력을 준 학술저서들이 발행되었다. 먼저 글라서와 슈트라우스(Glaser & Strauss)는 『죽어감의 자각Awareness of Dying(1965)』에서 심리학적 관점에서 죽어가는 사람들의 인식이 주변의 사람들과 돌보는 자들과의 관계 및 상호작용에 어떠한 영향을 주는지에 대하여 고찰하였다.

다음으로, 풀톤이 총 편집을 맡은 『죽음과 정체성Death and Identity(1965)』에서는 주로 사회학적 시각에서 죽음, 비탄, 애도에 관한 다양한 학제적 연구들이 제시되었다. 이 책은 죽음에 대한 관점, 비탄과 애도의 과정, 사별과 죽음에 대한 반응, 공공정책과 개별적 판단 등 총 4부로 구성되어 다양한 학자들과 현장 실무자들이 죽음과 관련된 이론적 문제뿐 아니라 사회적 구조 문제, 정책적 문제들도 폭넓게 다루었다. 또 이 시기에는 죽음 및 죽음교육에 관심 있는 학자들이 뉴스레터를 발간하기 시작하였고, 1966년에는 이러한 뉴스레터를 근간으로 관련 분야 최초의 학술지인 *Omega*가 발간되어 이후 죽음교육 연구 발전에 큰 영향을 미치게 되었다. 1967년에는 풀톤이 주도하여 죽음 관련 각종 심포지엄, 회의, 연차대회가 개최되었고, 쿠처Kutscher 중심으로 죽음학회가 설립되어 연 2회의 심포지엄을 개최하고 죽음 관련 주제 연구, 죽음교육의 현황 조사들을 진행하였다.

셋째, 1968년부터 1977년까지는 죽음교육이 대중화된 시기였다. 이 시기에 들어서면 미국 전역의 많은 대학들이 죽음교육 과정을 개설하고 웨인 주와 미네소타 주에 죽음교육연구센터가 설립되게 된다. 1968년에는 메사추세츠 병원의 정신과를 중심으로 오메가 프로젝트를 시작하여 죽음 분야의 지식을 확산시켰고, 죽어가는 환자와 가족들에 대한 상담을 통해 교육적 역할의 중요한 모델을 제시하였다. 1968년에는 글라서와 슈트라우스(Glaser & Strauss)가 죽어가는 과정을 분석하여 죽음에 당면한 사람들 및 가족들의 심리 상태를 고찰하였고, 1969년 레비톤Leviton은 죽음과 자살에 대하여 체계적인 교육이 필요하며, 특히 학교교육에서 죽음교육의 실시를 주장하였다. 또한 이 해에는 웨인 주립대학에 카스텐바움Kastenbaum을 중심으로 죽음 관련 심리학 연구센터가 설립되어 다학제적 관점에서 죽음의 과정에 대한 연구를 추진하였고 관련된 교육 프로그램도 제공하였다. 로스(Kübler-Ross, 1969)는 죽음학 및 죽음교육의 고전인 『죽음과 죽어감On Death and Dying』을 출간하여 유명한 죽음의 단계 모델을 제시하면서 죽어가는 환자들의 반응을 정신의학적으로 분석하고, 죽어가는 자들을 어떻게 돌보아야 할지를 체계적으로 고찰하였고, 이후 죽음관련 전문가, 교육자, 일반인들의 많은 관심과 인식을 확산시켰다. 카스텐바움과 아이젠버그(Kastenbaum & Aisenberg; 1972)는 죽음관련 개념, 실험적 연구, 죽어가는 과정 및 태도, 노화, 자살, 살인 등 다양한 죽음관련 주제들을 학술적으로 다루면서 죽음 연구의 중요한 전문기초자료를 제시하였다.

많은 연구들을 기초로 하여 1973년에는 고등교육기관 중 600여 개 이상의 죽음교육 관련 강좌가 개설되었고, 1974년에는 1,100여 곳의 중등학교에 죽음교육 관련 수업이 개설되었으며, 1975년에는 죽음교육과정의 내용과 방법이 체계화되었다. 1974년에는 죽음 분야 지도자를 위한 국제회의가 개최되었고, 이어 노트Knott를 위원장으로 죽음, 죽어가는 과정, 사별에 대한 국제전문위원회International Work Group on Death, Dying and Bereavement가 조직되었다. 또한 1976년에는 죽음교육상담협회ADEC-Association for Death Education and Counseling가 설립되면서 세미나, 포럼, 교육활동 등을 통해 죽음교육 및 상담활동을 위한 연구와 실무의 중심이 되었다. 1977년에는 죽음학 및 죽음교육 전문학술지인 *Death Education*이 간행되었고, 이후 *Death Studies*로 이름을 바꾸어 죽음에 관한 심리학, 사회학, 교육의 실제 등의 다양한 주제로 현재까지 풍성한 연구들을 발표하였다. 또한 죽음교육이 이론적으로 풍성해지며 체계화되고 사람들의 관심과 인식이 높아짐에 따라, 죽음교육에 관한 카세트테이프, 필름, 영화, 슬라이드 등 전문교육매체들이 제작되어 중등교육 및 고등교육에 적극 활용됨으로써 죽음교육이 더욱 활성화되었다. 1977년에 들어서면 고등교육에서는 938개 대학에서 죽음교육 강좌를 제공하게 되었다.

예를 들어, 이 시기에는 다양한 죽음교육 연구들이 추진되었고 풍성한 이론을 바탕으로 교육의 실제에 있어서 그 내용과 방법도 체계적으로 구성되었다. 양적인 확산뿐만 아니라 연구와 교육의 질적인 수준도 심화되고, 무엇보다 전문가, 교육자뿐만 아니라 일반 대중의 죽음에 관한 인식과 관심이 고조되었다는 점에 의의가 있다.

넷째, 1978년 이후에는 죽음교육의 성숙기로 볼 수 있다. 죽음교육상담협회ADEC는 1983년부터 죽음교육자 및 비탄 상담사의 자격증 취득 교육프로그램을 운영하였고, 1992년에는 죽음, 임종과정, 사별에 관한 국제전문위원회에서 죽음교육에 대한 일반적 원칙을 발표하여 질 높은 죽음교육의 발전을 도모하고 있다. 죽음교육의 중심기관인 ADEC의 죽음교육 과정은 크게 기초과정, 중급과정, 고급과정의 3단계로 구분된다. 기초과정에서는 죽음교육 및 죽음관련 상담에 관한 지식 및 태도와 상담 기법을 가르치고, 관련된 이론과 연구, 임상실무 등에서 당면하고 있는 문제들을 논의한다. 중급과정에서는 죽음교육이론과 교육방법에 대한 사회적·역사적 관점을 고찰한다. 고급과정에서는 죽음교육의 현황과 주요 이론들, 고등교육기관 및 공교육에서 실행되는 죽음교육방법들을 비판적으로 검토한다.

1983년에는 에디와 알레스(Eddy & Alles, 1983)가 『죽음교육Death Education』을 단행본으로 출간하여 미국에서의 죽음교육 전개, 생애 주기에 걸친 죽음교육, 죽음교육의 방법, 비탄과 애도, 안락사, 자살, 죽음과 죽어감 등에 대한 내용을 종합적으로 다루었다. 1990년대 이후에는 영유아 사망률이 갈수록 낮아지고 평균 수명이 연장됨에 따라 노인의 죽음에 더욱 관심을 기울이기 시작하면서, 임종의 과정에 대한 연구가 특히 사회학자들의 보편적 관심사가 되었다. 이 시기에는 의학기술의 발달이 인간의 생명을 연장시켜 주었으나 동시에 죽어가는 사람들에 대한 응급 처리 시 야기되는 비인간적인 모습들에 대해 생명의 존재 의의에 대한 반성도 시작되었다(林綺雲 외, 2007: 200).

2000년대 들어서면 자살의 문제, 아동 죽음교육 등 죽음학 및 죽음교육 연구가 기존보다 훨씬 다양하게 전개되었다. 그중에서도 특히 코르(Corr) 부부의 경우 미국의 여러 대학에서 죽음, 임종, 사별의 문제, 어린이와 죽음, 청소년기와 청장년기 및 노년층의 죽음과 죽음준비교육 관련 과목들을 강의하였다. 죽음교육상담협회, 국립호스피스와 말기환자간호 기구, 죽음·임종·사별 국제 활동단체 등에서 왕성한 학술활동을 하였고 30종 이상의 저서와 100편 이상의 학술논문을 발표하였다. 코르 부부(Charles Corr & Donna Corr, 2009)는 죽음교육의 목표를 크게 삶과 죽음의 불가분적 관계 확인, 삶과 죽음의 상호 보완적 관계 확인, 죽음, 임종, 사별을 위한 교육으로 구분하고, 각 목표의 의미와 구체적 교육내용을 상세히 제시하였다.

한편, 셸리 케이건S. Kagan은 죽음을 철학적으로 접근하여 1995년부터 현재까지 예일대학에서 교양철학 정규강좌를 개설하여, 마이클 샌델M. Sandel의 '정의란 무엇인가', 탈 벤-샤하르Tal Ben-Shahar의 '행복이란 무엇인가'와 더불어 아이비리그 3대 명강의로 알려지게 되었고, 이를 토대로 『죽음이란 무엇인가Death』를 출간하여 철학적 관점의 죽음이론을 대중적으로 널리 확산시켰다. 케이건(Kagan, 2012)은 여기서 사후의 삶의 문제, 영혼의 존재, 정신과 육체, 영혼의 불멸, 죽음의 본질, 영원한 삶, 삶의 가치, 자살문제, 죽음을 맞이하는 태도 등 죽음과 삶의 의미, 생명의 존엄성을 철학적으로 깊이 있으면서도 실제적으로 다루면서 일반대중에게 죽음과 관련된 문제를 다양하게 성찰할 수 있도록 안내하였다.

2) 죽음교육의 목적

미국의 죽음학 및 죽음교육이론들은 먼저 죽음교육이 무엇을 위한 것인지에 대한 목적론적 문제에 주목하였다. 아이들, 성인들, 노인들을 포함하여 모든 연령층의 모든 부류의 인간들은 죽음을 피할 수 없으며, 죽음에 대해 의식적인 혹은 무의식적인 인식을 하고 있다. 그러나 모든 이들이 자신의 죽음에 대해 성숙한 태도를 가지고 있지는 못하기에 죽음교육은 무엇보다 각자가 자신의 죽음을 성숙한 자세로 준비하고 대처할 수 있도록 하는 데에 목적을 둔다. 미신과 근거 없는 신화는 두려움과 죽음의 부인을 가져온다. 죽음을 분명하고 충분하게 탐구함으로써 개인은 삶에 대해 더 깊은 이해와 성찰과 존중을 함양할 수 있다. 죽음을 객관적·실제적으로 파악하는 동시에, 죽음의 의미와 가치에 대해 주관적으로 이해함으로써, 각 개인은 죽음에 대한 막연한 공포를 극복하고 삶을 열정과 확신을 가지고 살아갈 수 있는 힘을 얻을 수 있다. 죽음교육은 궁극적으로 죽음을 부인하는 것이 아니라 삶의 일부로서 수용하는 개인적 철학을 함양할 수 있도록 돕는 데 목적이 있다. 죽음교육은 사람들이 죽어가는 과정 또한 인간 삶의 전체적인 주기의 하나인 필연적인 일부로서 자연스럽게 인식함을 지향한다. 이러한 인식은 삶에 대한 새로운 의미부여 뿐만 아니라 인간관계의 질적 변화를 유도할 수 있다(Eddy, 1983: 9).

또한 죽음교육은 실제적 측면에서 첫째, 죽음에 대처하는 기술과 전략을 준비할 수 있게 한다. 둘째, 대중매체 등에 나타난 일상 속 죽음에 관한 다양한 관점들을 성찰할 수 있게 한다. 셋째, 죽음에 대비하여 건강과 행복을 증진시키는 삶의 방식을 계발하게 한다. 넷째, 전문가 또는 비전문가들이 죽어가는 환자나 유가족에게 적절한 위안을 제공하는 방법을 습득할 수 있게 한다. 다섯째, 일반인들에게 죽음에 관한 용어, 쟁점, 동향들을 이해할 수 있게 한다. 여섯째, 장례, 장기기증, 안락사 등의 문제에 대한 공론의 장을 조성하게 한다(Eddy, 1983: 11-12).

코르(Corr, 2009)는 죽음교육이 어떠한 목적을 지향해야 하는지에 관하여 크게 세 가지 차원에서 논의하였다. 그에 의하면 죽음교육은 첫째, 삶과 죽음의 불가분적 관계를 확인해야 하며, 둘째, 삶과 죽음이 상호 보완적 관계에 있음을 인식해야 하며, 셋째, 죽음, 임종, 사별에 대한 인식과 준비를 도울 수 있어야 한다. 첫 번째로 죽음교육은 삶과 죽음이 동일한 실재의 두 얼굴임을 인식하게 도와야 한다. 죽음과 삶이 필연적으로 연결된 인간의 실재일 때 죽음을 제대로 알지 못하는 한, 삶을 올바르게 이해하기란 불가능하다. 죽음과 임종과 사별에 대한 배움이 있어야만 생명과 삶에 대한 올바른 인식이 함양될 수 있고, 역으로 삶에 대한 참된 배움이 죽음에 대한 올바른 인식을 키운다. 따라서 삶을 올바로 살기 위한 배움이 중요한 만큼 죽음과 임종에 대한 배움은 동일한 중요성을 가진다.

두 번째로 죽음교육은 삶과 죽음의 연관성을 넘어 상호 보완적 관계를 인식하도록 안내한다. 죽음은 삶의 적이 아니고 삶의 가치에 대한 감수성을 회복시켜 주는 계기이다. 치명적인 질병 등의 위기 상황은 당사자에게 삶을 당연한 것으로 여기는 태도를 극복하게 하면서, 삶에 대한 가치 있는 균형 감각을 회복시켜 준다. 이러한 삶의 가치와 균형 감각을 올바로 인식하기 위해선 치명적인 위기상황과 죽음 그 자체에 대한 진지한 성찰이 기반이 되어야 한다.

세 번째로 죽음교육은 죽음, 임종, 사별에 대한 인식과 준비를 돕는다. 이에 관하여 세부적으로는 여섯 가지 목표가 있다. 첫째, 죽음교육은 죽음, 임종, 사별의 당사자가 정신적으로 풍성한 삶을 영위할 수 있도록 지원한다. 소크라테스의 이야기처럼 중요한 것은 사는 것 자체가 아니라 잘 사는 것이다. 잘 살기 위해선 자신의 정신적 능력과 유한한 인간 존재의 한계를 인정하고 수용하는 것을 바탕으로, 각자가 자신이 누구인지를 온전히 이해하는 것이 수반되어야만 한다. 둘째, 죽음교육은 죽음, 임종, 사별의 당사자로 하여금 사회와 인격적 교류활동을 하도록 인도하고 필요한 정보를 제공해준다. 출생에서부터 생의 모든 과정이 사회적 관계 속에서 진행되듯, 죽음도 사회적 연결망 속에서 의미를 가지며, 사회적 관계의 의미를 변화시키고 심화시키는 중요한 계기가 된다. 죽음교육은 이와 관련해 죽음과 관련된 모든 사회적 관행과 절차들에 대한 학습을 포함하며, 임종 보살핌, 장례 관행과 절차, 추도 예식 등에 관해서도 안내한다. 셋째, 죽음교육은 시민으로서 수행해야 할 공적 역할을 준비하도록 도와준다. 죽음은 사회적·제도적 지원을 수반하는 것이며, 죽음이 끝이 아니라 사회적으로 기여할 수 있는 하나의 계기가 될 수 있다. 죽음교육은 이와 관련해 보건문제, 조력 자살, 안락사, 장기·신체 기증 등 중요한 사회적 문제들을 성찰할 수 있도록 안내한다.

넷째, 죽음교육은 죽음 관련 전문가들에게 필요한 지식과 정보를 제공하고 효과적으로 실무에 대비할 수 있도록 도와준다. 죽음교육은 임종에 처한 사람의 보살핌, 유가족 상담 등 전문적 업무에 필요한 충분한 기초 훈련뿐만 아니라 실무에 기초가 되는 생사학적 지식과 통찰을 함양한다. 다섯째, 죽음교육은 죽음과 관련된 다양한 실제적 문제들에 대한 대처와 처리 능력을 함양한다. 죽음교육은 망자의 유언과 지위 변경, 유형 및 무형의 유산 처리 및 법적 문제 해결 등 가족과 유관기관들이 해결하고 처리해야 할 문제들에 대하여 관련 지식 및 대처방법을 안내한다. 또한 죽음교육은 이러한 다양한 문제들을 해결하고 처리하기 위해 관련 당사자들이 효과적으로 의사소통할 수 있는 방법에 대한 훈련도 제공한다. 여섯째, 죽음교육은 생애 주기별로 인생의 각 단계에서 쟁점이 되는 문제들을 적절히 인식하고 대처할 수 있도록 안내한다. 죽음은 인생의 어느 시기에나 찾아올 수 있으며 죽음을 현명하게 준비하기 위해서는 장기적인 과정에 걸쳐 대비가 되어야 하므로, 아동기, 청년기, 중장년층, 노년층 등 각 연령층에 따라 죽음, 임종, 사별에 있어 각기 합당한 대응 방식을 구상하고 준비할 수 있도록 도와주는 것이 필요하다(Corr, 2009: 12-13).

3) 로스의 죽음의 단계이론

퀴블러로스Kübler-Ross는 1926년 스위스 취리히에서 출생하여 취리히대학 의대를 졸업하였다. 이후 그녀는 미국으로 유학하여 정신의학을 계속 공부하던 중 의과실습과정에서 죽어가는 사람들을 단지 의학적으로 대응하는 것에 문제의식을 가지고, 그들을 위로하면서 죽어가는 자들을 인격체로 대우하는 것에 관심을 가지게 되었다. 그녀는 콜로라도 대학과 시카고 대학에서 강의 및 연구활동을 계속하다가 죽음을 앞둔 사람들과의 인터뷰 및 임종에 처한 사람들에 대한 연구를 바탕으로 1969년 『죽음과 죽어감On Death and Dying』을 발표하였다.

이 책은 임종연구 및 호스피스운동에 선구적인 영향력을 주었던 역작으로, 여기서 그녀는 인간이 죽음을 앞두고 겪게 되는 "부정-분노-타협-우울-수용"의 5단계를 체계적으로 설명하였다.

퀴블러로스에 의하면 임종에 처한 사람은 유한한 상황과 고통 속에서 외로움과 죽음에 대한 두려움을 겪게 된다. 죽음에 대한 일반인의 심리는 죽음을 자연스러운 사태로 수용하기보다는 본인이 원하지 않는 죽음을 당한다고 느낀다는 것이다. 죽음은 당사자의 일일뿐만 아니라 주변, 특히 가족들과 관계되는 일로서 가족들 역시 죽음에 대한 일반적 심리는 매우 부정적이다. 특히 부모를 잃은 어린아이에게 죽음은 자신을 사랑해주고 돌봐줄 대상의 상실로 모든 희망의 상실, 그로 인한 분노, 심지어 자신에 대한 부정적 감정을 야기한다. 주변의 사람들은 가족이나 지인의 죽음에 극도의 슬픔을 가지게 되고, 간혹 마치 자기 때문이라고 자책하며 삶을 피폐화시키는 경우가 있다. 극도의 슬픔과 죄의식은 분노와도 연결되어 있다. 죽음을 통해 나타나는 부정적 감정은 자연스럽고 인간적인 것이다. 사랑의 강도가 클수록 그 상실감과 절망감은 클 수밖에 없다. 사랑하는 사람을 더 이상 볼 수 없는 것만큼 분통이 터지는 일은 없을 것이다.

이러한 인간의 감정은 인류의 오랜 역사에서 히브리인들이 죽은 자를 부정한 것으로 여기는 것이나, 인디언들이 귀신을 쫓기 위해 활을 쏘는 전통과 같이, 죽은 자를 멀리하게 된 배경이 되는 것으로, 이 모두는 죽음에 대한 인간의 근원적인 분노와 부정적 의식에 기초한다. 무덤의 비석은 나쁜 죽은 영혼을 땅 속 깊숙이 묻고자 하는 기원을 담고 있다. 과거나 현재나 죽음에 대한 이러한 근원적인 공포, 부정, 분노는 인간에게 보편적인 현상으로서, 많은 경우 스스로 의식하지 못하거나 통제할 수 없는 심각한 문제이다. 퀴블러로스는 죽음에 대한 보다 근원적인 대처를 위해서 죽음의 당사자나 주변인의 이러한 내면의 문제를 근본적으로 고찰하고자 하였다(Kübler-Ross: 1969: 16-19).

퀴블러로스는 현대 과학기술과 의학의 발전으로 죽음을 맞이하는 사람들에 대한 대응이 어떤 면에서는 오히려 더 비인간화되었음을 지적한나. 즉, 전통적인 임종의 과정에는 가정에서 임종의 당사자 및 가족, 지인들이 함께 모여 슬픔을 나누고 위로하는 풍습이 있었으나, 의술이 발달함에 따라 임종은 가정이 아닌 병원에서 이루어지고, 기계적이고 형식적인 처치와 의식에 의해 이루어진다. 가족 및 지인들과 함께 하는 시간은 짧거나 어려워지고 특히 어린아이들은 죽어가는 부모와 격리되고 부모의 죽음을 숨기는 경우가 많다. 병원의 기계적인 처치 속에서 주변인들은 죽어가는 사람의 심장 박동과 의료기에 온 신경을 기울인 채, 당사자가 한 인격체로서 주변인들과 의미 있게 교제하는 과정은 무시된다. 절망적으로 죽음을 무서워하고 부인하는 대신 우리가 진정 이 임종의 과정에서 주목해야 할 것은 당사자가 신체적인 것보다 더한 정신적 고통을 가지고 있다는 점이고, 우리의 능력의 한계, 죽음의 필연성을 상기하고 수용하는 것이다(Kübler-Ross: 1969: 21-23). 퀴블러로스는 바로 이러한 문제의식과 취지에서 이 책을 집필했다.

퀴블러로스가 수백 명의 임종 환자들을 분석한 것을 토대로, 죽음을 앞둔 사람들의 첫 번째 단계로서 제시한 특징은 부정과 고독denial and isolation이다. 사람들은 자신이 곧 죽게 될 것이라는 사실을 들으면 '나는 아니야.. 사실이 아니야'라고 그것을 부인한다. 환자들은 종종 진단 결과가 잘못되었다고 여기며 다른 병원이나 다른 의사들을 찾아 나선다. 사람들은 질병은 사실일 수 있으나, 그 내면의 의식 속에는 삶에 대한 강한 희망에서 사망 진단은 오진이라고 믿고자 한다. 인간은 모두 내면에 불멸의 기대를 가지고 살며, 이러한 기대감과 정반대로 자신이 죽어야만

한다는 사실을 수용하기 힘들다. 부정의 반응은 대체로 일시적인 현상으로, 매우 고통스러운 상황에 대한 자연스러운 자기 방어 기제이다. 부인을 통해 환자들은 자신을 추스르고 여유를 갖고 타인을 대하려는 심리가 깔려 있다. 이러한 부정의 현상을 이해한다면, 의사 또는 돌보는 자들은 충분한 시간을 두고 미리 환자나 가족들에게 죽음을 준비할 수 있는 시간을 주는 것이 좋다. 부정의 반응은 정도의 차이는 있으나 특별한 사람에게만 일어나는 것이 아니라 거의 모든 이들에게 일어나며, 이것은 곧이어 죽음 앞에서의 무력감과 함께 고립감 또는 고독감으로 이어진다. 이러한 부정의 방어기제는 간혹 가족이나 지인들이 자신의 죽음을 받아들이지 못할 정도로 슬퍼하리란 예측 때문에 일어나는 경우도 있다(Kübler-Ross, 1969: 51- 55).

죽음을 앞둔 사람들이 두 번째 단계에 들어서면 일단 죽음을 사실로 수용하기는 하나, '왜 하필 나인가?'라는 심정으로 극도의 분노, 분개, 질투심을 보인다. 이 단계에서 많은 이들은 세상에 늙고 병들고 쓸모없는 무수한 사람들이 아닌, 왜 자신에게 이러한 일이 벌어지는가에 대해 분개한다. 이 단계에서는 특히 주변의 의사, 간호사, 가족들이 당사자를 상대하기가 매우 힘들다. 죽음에 처한 사람의 분노는 예고 없이 무작위로 주변의 사람들을 향해 표출된다. 이러한 분노는 오랜 기간 힘든 검사, 치료과정, 식단조절, 약물, 재정적 부담, 고독감, 무력감, 죄책감, 수치심 등의 모든 부정적 상황 및 감정들과 혼합되어 의사, 간호사, 가족들에게 표출된다. 문제는 주변 사람들이 죽음을 앞둔 사람의 입장에서 이러한 분노의 마음을 깊이 이해하지 못한다는 것이다. 이 단계의 사람들은 자신이 지금껏 하던 모든 삶의 활동을 영원히 할 수 없게 되며, 그동안 자신이 열심히 했던 일이 무의미해지는 절망의 상태이다. 죽음을 앞둔 사람은 병원 침대에 누워 한계감과 구속감 속에 죽음을 기다려야 한다. 또한 이들에게 진징으로 힘든 것은 활발하게 활동하는 사람들의 모습과 자신의 죽어가는 모습이 비교될 때이다. TV속 젊은이들이 역동적으로 춤추는 모습과 움직일 때마다 고통스러운 자신의 모습이 비교될 때, 지구촌의 각종 재난에 대한 사람들의 큰 관심과 대비해, 곧 죽어 잊혀지게 될 관심 밖의 자신이 비교될 때 죽음을 앞둔 사람들은 매우 힘들 수밖에 없다. 이때 당사자는 내면 의식 속에서 자신이 잊혀지지 말아야 한다는 것과 뭔가 주목을 끌어야 한다는 것을 불평과 분노의 목소리로 표출하게 되는 것이다. 만약 주변인이 특히 돌보는 자들이 이러한 분노를 제대로 이해하지 못한 채 같이 화를 내거나 단순히 피하는 방식으로 대응한다면 그 분노는 더 커질 것이며 지속될 것이다. 반대로 그것을 충분히 이해하고 인내하면서 당사자를 존중하는 태도로 대응한다면, 분노는 점차 감소하게 될 것이다. 돌보는 자들과 주변인들은 죽음을 앞둔 사람이 자신의 감정과 생각을 솔직히 표현하고 들여다볼 수 있도록 판단하기보다는 이해하는 분위기를 조성해주어야 한다. 이때 분노는 내면의 평화로 바뀔 수 있다(Kübler-Ross, 1969: 63-65; 90-91). 두 번째 단계에서 당사자의 주변인들이 주의해야 할 점은 왜 저런 식으로 행동하느냐고 보기보다는 왜 저런 감정을 가지게 되었는지를 이해하는 것이 중요하다. 죽어가는 과정에서 '이해'를 지향하는 대화는 자신이 무시되고 망각되는 존재가 아닌, 가치 있는 존재임을 상기하게 할 것이다.

죽음을 앞두고 세 번째로 나타나는 반응은 타협 또는 협상bargaining의 단계이다. 이 단계에서 환자는 주변의 의사나, 자신이 믿고 있는 신에게 생명 기간의 연장을 호소한다. 예를 들어, 이 단계의 환자들은 최후의 공연과 같은 마지막으로 어떤 중요한 일을 할 수 있도록 해달라고 하거나, 자식의 결혼식에 참여할 수 있게만 해달라고 간청한다. 여기서 환자는 자신의 힘으로 어찌할 수 없는 현상에 대하여 신이나 어떤 힘에 의존하고자 하는 아이와 같은 마음으로 변한다. 아이들은 부모에게 어떤 일을 금지당하면 처음에는 화를 내며 반항하지만, 착하게 행동할 것이니 원하는 것을 해달라고 간청한다. 협상의 단계는 죽음을 어쩔 수 없는 현실로 인식하되, 조금만 생을 연장하여 보고 싶은 마지막 소망을 담고 있다(Kübler-Ross, 1969: 93-95).

죽음을 앞두고 네 번째로 나타나는 반응은 우울depression의 단계이다. 환자들이 더 이상 자신의 치명적 질환을 부인할 수 없을 때, 과중한 수술과 치료과정을 겪을 때, 병의 징후가 심해지고 몸이 더욱 쇠약해질 때, 신체기관들이 제 기능을 잃을 때 이들은 극도의 상실감에 빠지게 된다. 노후를 위해, 자식들을 위해, 자신의 꿈을 위해 열심히 일해서 번 돈은 장기간의 치료비로 소진됨으로써 이러한 우울감은 증폭된다. 환자가 아이들을 둔 부모일 경우, 그 아이들을 돌봐주지 못하는 것에 대한 죄책감이 가중된다. 그러나 일반적 환자들이 겪는 반응적 우울감과는 달리 임종을 앞둔 사람들은 임종을 준비하는 예비적 우울감preparatory grief을 보인다. 이 우울은 어떤 상실의 결과로 나타나는 것이기보다는 앞으로 올 상실을 준비하는 감정이다. 이 단계의 사람들은 자신이 사랑하는 모든 것과의 이별을 준비하게 되고, 이것은 죽음을 수용하기 위한 중요한 과정이다. 이 단계에서 중요한 점은 주변의 사람들이 당사자에게 섣불리 위로하려 해서는 안 된다는 점이다. 희망적인 이야기, 격려는 당사자로 하여금 슬픔을 직면하지 못하게 하고 결과적으로 수용의 단계로 이행하는

데 장애가 될 수 있다. 모든 사랑하는 대상 및 사람들과 작별을 준비하는 과정에서는 오히려 슬픔을 충분히 느끼고 표현하게 하는 것이 최후의 수용 단계로 이행하는 네 도움이 된다. 주변 사람들은 이때 당사자의 곁에서 어떤 말이나 적극적 개입을 하기보다는 묵묵히 손잡고 함께 해주는 것이 좋다(Kübler-Ross, 1969: 97-100).

죽음을 앞둔 사람이 마지막으로 겪는 단계는 수용acceptance이다. 죽음의 당사자는 부정, 분노, 협상, 우울의 과정을 거쳐 마침내 자신의 죽음을 인정하게 된다. 수용은 우울이나 분노가 없는 상태지만, 행복한 상태도 아니다. 이 단계는 삶과 사람에 대한 관심과 투쟁이 사라지고 감정과 고통이 없는 상태로 긴 여행을 떠나기에 앞서 마지막 휴식을 취하는 시간이다. 이때는 소란스럽지 않게 지나친 방문도 자제하고 당사자가 가능한 조용히 마음의 안정을 취할 수 있도록 환경을 조성해 주는 것이 좋다. 이 단계에선 당사자보다 오히려 주변인들이 더 어려워하는 경우가 많기에 이들을 이해하고 도와주며 돌봐주는 것도 중요하다. 주변인들은 당사자와 끝까지 묵묵히 함께 하며 사후에도 당사자가 기억되리란 믿음을 주며 공포감에서 벗어나 평화롭게 죽음을 맞이하도록 도와주는 것이 필요하다. 마지막 단계에서 당사자가 인생을 회고하며 삶의 의미와 만족을 느낄 수 있도록 분위기를 유도해주는 것이 바람직하다. 이 수용의 단계가 늦춰지고 분노와 저항의 과정이 길면 길수록, 환자가 평화롭고 존엄하게 죽음을 맞이하기 힘들어진다. 대부분의 환자들은 바로 이 공포도 절망도 없는 수용의 단계에서 사망한다. 이 시기는 필요한 모든 것이 주어지는 완전한 수동성의 시기이자 자아가 존재의 전체로 여겨지는 원초적 자기중심주의의 시기인, 신생아의 상태와 유사하다. 모든 노력과 보상, 기쁨과 슬픔을 모두 겪은 인생의 마지막 순간에 우리는 삶을 시작했던 그 지점으로 다시 돌아간다 (Kübler-Ross, 1969: 123-125; 130).

퀴블러로스의 죽음 단계이론은 죽음교육에 어떠한 의의와 의미가 있는가? 이것은 무엇보다도 죽음을 앞둔 인간이 어떠한 특징을 보이는지를 제시함으로써 임종 당사자가 자신을 이해하고 성찰할 수 있도록 한다. 자아성찰의 시작은 인간이란 어떠하며 자신은 어떤지에 대한 인식에서 비롯된다. 죽음을 앞둔 인간과 자아의 내면에 대하여 충분히 인식할 때 적절한 대응이 일어날 수 있다. 또한 죽음 단계이론은 주변인, 특히 가까이서 돌보는 의사, 간호사, 호스피스, 가족들이 임종의 각 단계에 맞추어 당사자를 이해하고 적절한 돌봄을 베풀 수 있도록 안내한다. 퀴블러로스의 죽음 단계이론을 적절한 교육과정으로 구성하여 배운다면 잠정적인 임종의 당사자 또는 주변인으로서 우리가 죽음에 이르는 내면적 단계를 충분히 이해함으로써 충격과 공포를 이기고 평안함 속에서 존엄하게 죽음을 맞이할 수 있도록 준비할 수 있을 것이다.

4) 셸리 케이건의 죽음에 대한 철학적 논의

셸리 케이건Shelly Kagan은 마이클 샌델Michael Sandel과 함께 미국을 대표하는 현대 철학자로 불리며, 프린스턴대학에서 철학 박사학위를 받았고, 피츠버그대학 및 일리노이대학에서 강의하였다. 현재 예일대학 철학 교수로서 주로 도덕철학과 규범윤리학 관점에서 인간의 삶을 조명하고자 하였다. 그는 현실에 근거하여 삶과 죽음의 문제, 도덕과 행복, 인간성과 공공선에 대한 연구에 초점을 기울였고, 의무론과 공리주의의 논쟁에 주된 관심을 보여 주었다.

케이건은 1995년부터 예일대에서 'DEATH'라는 교과명으로 교양철학 정규강좌를 진행하였고, 이 강좌는 예일대뿐만 아니라 미국과 전 세계에 큰 영향을 주었다. 그는 이 강좌 내용을 바탕으로 『*Death*』를 단행본으로 출간하였고, 이 책은 세계 여러 언어로 번역되어 전 세계의 수많은 일반 독자들에게 철학적 관점에서 죽음에 관심을 가지게 하고, 죽음 관련 문제들을 다양하게 성찰할 수 있도록 안내하였다.

케이건은 죽음의 본질과 삶의 의미, 생명의 존엄성을 고찰하는 데 주력하였다. 그런데 우리의 지식은 대체로 경험에 근거하므로 살아 있는 사람이 죽음의 본질을 정확히 파악하기란 거의 불가능에 가깝다. 확실한 것은 모든 인간은 죽을 것이며 이를 피할 수 없다는 사실이다. 죽음과 관련된 문제들, 즉 죽음의 본질, 영혼과 육체, 사후의 삶, 자살, 죽음과 공포 등은 죽음에 대한 태도 혹은 관점에 의존하며, 이는 곧 어떻게 살아야 하는가의 삶의 자세와 연관된다.

죽음의 본질에 대하여 고찰하면서 케이건이 우선적으로 제기한 문제는, 인간은 죽음으로 끝나는 것인가, 아니면 죽음 이후에도 삶이 지속되는가 하는 것이다. 인간의 죽음에 대한 공포는 죽음 이후의 삶에 대한 기대와 믿음으로 연결된다. 그런데 사후의 삶은 생물학적으로 인간의 신체활동이 정지된 후에 시작되는 것으로 이것은 '영혼'의 존재를 인정해야 가능하다. 영혼의 존재에 대한 고찰은 인간이 육체와 영혼으로 구성된다는 이원론과 육체만 존재한다는 물리주의의 관점을 검토하는 것이 필요하다

(Kagan, 2012: 18-25).

비물질적인 영혼은 육체적 죽음 이후에도 계속 존재하므로 이원론을 수용할 때 우리는 육체적 죽음 이후에도 살아남는다고 볼 수 있다. 그런데 만약 인간이 영혼과 육체의 조합으로 구성된 존재라면 육체가 소멸될 때 그 조합도 소멸되기에 인간이란 존재는 더 이상 없는 것은 아닐까? 이 문제에 대하여 이원론은 인간의 본질이 영혼과 육체의 조합이 아니라 영혼, 곧 영적 존재라고 주장한다. 집이 불타도 사람이 살아있으면 그 사람은 여전히 존재하듯이, 육체가 소멸된다 해도 영혼이 존재한다면 인간은 존재하는 것이다. 그러나 이에 대한 또 다른 문제는 영혼 역시 죽음을 맞이할 수 있다는 것과 과연 영혼이라는 것이 실제로 존재하느냐 라는 것이다.

인간의 본질이 영혼이라는 것에 대한 반론으로 물리주의는 인간은 그저 물질로 구성된 육체에 불과하다고 본다. 인간의 행동, 생각, 의사소통, 감정까지 모든 기능들은 마치 휴대전화나 컴퓨터와 같이 물질의 작동이다. 물리주의에 따르면 정신, 감정표현 역시 주로 뇌의 작용에 의한 육체가 수행하는 특별한 능력이다. 이 관점에 따르면 마치 고장 난 오디오가 더 이상 작동하지 않듯이 인간은 육체적 죽음 이후에는 완전히 소멸되며 계속 남아있는 영혼이란 없다(Kagan, 2012: 30-41).

영혼은 영원히 죽지 않는가의 문제에 대해 케이건은 먼저 플라톤의 『파이돈』에 나타나는 영혼에 관한 논의를 근거로 설명하였다. 이 세상에는 아름다움, 정의와 같은 비가시적이고 비물질적인 이상이나 원형–플라톤은 이를 이데아로 봄–이 존재하며, 이것들은 인간의 특별한 능력인 이성을 통해 이해할 수 있다. 이상 혹은 형상은 변화하는 물질세계와 달리, 변화하지 않으며 영원하다. 완벽한 아름다움과 정의는 눈으로 보고 경험할 수는 없으나 우리는 이성을 통해 알 수 있다. 플라톤의 이성은 육체의 소멸 이후에도 존재하는 영혼으로 육체적 죽음 이후 영혼은 천국으로 올라가 이데아와 직접 만나게 된다. 플라톤의 영혼불멸설과 관련하여 케이건은 '어떤(영원한) 것을 이해하기 위해서는 그런(영원한) 존재가 되어야 한다'는 명제의 오류에 대해 지적한다. 고양이를 알기 위해서 생물학자가 고양이가 되어야 하는 것은 아니다. 물리적 존재, 한시적인 존재라 해도 영원한 형상을 이해할 수 있지 않는가? 인간의 영혼이 영원한 것을 이해할 수 있다고 해서, 곧 영혼 자체가 불멸한다고 볼 수는 없다. 이러한 측면에서 케이건은 플라톤의 영혼불멸설에 대해 반박하였다(Kagan, 2012: 109-120). 플라톤에 의하면 연필과 같은 조합물이 아닌, 숫자 '3'과 같은 순수(단순)한 존재는 불변·불멸하며, 영혼은 바로 순수한 존재로서 불멸한다. 그런데 케이건은 이 관점에 대해서도 플라톤 스스로 『국가』에서 영혼 안에 이성 외에도 의지와 욕망과 같은 부분이 공존한다고 한 것을 토대로 인간 영혼은 숫자 '3'과 같이 단순한 존재가 아니라고 하였다. 또한 단순한 존재 자체도 신이 어느 순간 빛을 창조하였듯 어느 순간 빛을 파괴할 수 있는 것처럼 소멸될 수 있는 것이다. 케이건은 단순한 존재 그 자체가 불멸을 이끌어내는 것은 아니라고 지적하였다(Kagan, 2012: 122; 136-137).

케이건은 죽음의 본질에 대해 탐구하면서 "나는 결코 죽지 않는다"와 "인간은 모두 홀로 죽는다"는 두 가지 명제를 검토하였다. 첫 번째 명제 안에는 죽어 있는 상태를 내가 직접 경험하지 않았기에 죽는다는 것을 믿을 수 없다는 생각이 담겨 있다. 그러나 우리가 꿈 없는 잠이나 기절의 상태가 어떤 것인지 떠올릴 수 없다고 해서 그것이 없다고 할 수 없는 것처럼 죽음 역시 상상할 수 없다고 해서 없는 것은 아니다. 문제는 대다수의 일상 속의 사람들은 자신이 죽으리란 것을 의식하지 못하고 산다는 것이다. 마치 톨스토이의 작품 『이반 일리치의 죽음』에서 묘사되듯이 죽을 운명에 직면할 때 사람들은 사랑하는 사람들과 더 많은 시간을 보내며 자신이 정말 좋아하는 일을 하는 등 더 가치 있는 일을 하고자 하나, 일상 속의 사람들은 죽음에 대한 의식 없이 대부분 경쟁에서 이기고 더 많은 돈을 벌려고 하지, 소중한 가치에 시간을 투자하려고 하지는 않는다(Kagan, 2012: 267-281).

또한 사람들은 죽을 때는 다른 사람과 떨어져 자기 홀로 죽음을 맞는다고 생각한다. 케이건에 의하면 "인간은 모두 홀로 죽는다"는 명제에는 사실 어떤 심오한 진리도 들어 있지 않고, 실제로는 인간은 홀로 죽지 않는다. 무엇인가를 홀로 한다는 것은 일단 주변에 관찰자가 없는 것을 의미하는데 대부분의 죽음에는 주변에 사람들이 함께 있다. 더욱이 전쟁터와 같은 상황이라면 적군과 싸우다가 동료 군인들과 함께 죽는 경우가 있을 것이다. 심지어 동반자살의 경우처럼 함께 독약을 조제해서 먹는다든지, 절벽에서 연인이 손잡고 함께 뛰어내리는 경우처럼 죽음에 협력이 있는 예도 찾을 수 있다. 또한 위의 명제에는 '죽음은 누구도 대신할 수 없다'는 생각이 담겨 있는데, 실제로는 미국 남북전쟁에서 부자들이 사람을 고용해 대신 참전하게 했고, 참전한 자들은 전쟁에서 상당수 전사하였다. 또한 중요한 문제는 아무도 대신할 수 없는 것은 다만 죽음뿐이 아니라 머리카락을 자르거나, 점심을 먹는 등의 행위에도 해당된다. 인간의 많은 행위들은 '나의' 행위이고 타인이 대신해줄 수 없는 고유한 것이므로, '홀로'

라는 것 자체로 죽음의 독특한 본질을 제시하지는 못한다. 만일 위 명제를 은유적, 심리적 차원에서 죽음을 맞을 때의 '고독감', '외로움'으로 해석한다 해도, 소크라테스나 영국의 철학자 데이비드 흄처럼 죽음을 앞두고도 여러 사람들과 대화하며 담담히 죽음을 맞이하는 경우에는 해당되지 않을 것이다. 중요한 것은 우리가 죽음에 관하여 일상적으로 이야기하는 것들을 너무 쉽게 당연한 것으로 수용하기 전에 그것이 참인지, 어떤 의미를 담고 있는지, 충분히 질문하고 고려해보아야 한다는 점이다(Kagan, 2012: 282-293).

다음으로, 케이건은 죽음은 과연 나쁜 것인가, 영원한 삶은 좋은 것인가의 문제 등 죽음에 관한 가치론, 윤리적인 관점을 검토한다. 우선 죽음으로 더 이상 존재하지 않는 것은 직접적으로 어떤 고통이나 해를 가하지도 않고, 반드시 어떤 부정적인 사태를 촉발하지도 않는다. 단, 죽음은 삶에서 누릴 수 있는 것들을 박탈하기 때문에 나쁘다고 할 수는 있다. 그런데 죽음이 나쁘다고 한다면 시점과 주체가 필요하다. 에피쿠로스의 관점에 의거할 때 살아 있을 때는 나에게 죽음이란 없는 것이므로 생각할 여지가 없고, 죽어 있을 때는 의식의 주체인 내가 없기에 역시 죽음을 좋다, 나쁘다 평가할 수 없다. 즉, 박탈이론은 나를 기준으로 해서 살아 있을 때와 죽었을 때 그 어느 시기에도 나쁘다고 말할 수 없기에 옳지 못하다. 비존재 자체를 나쁘다고 할 수 없는 것은 아직 태어나지 않은 상태 자체를 나쁘다고 할 수 없는 것과 같다(Kagan, 2012: 301-311).

삶에서 누릴 수 있는 축복의 박탈 때문에 죽음이 나쁘다면, 영원한 삶이야말로 가장 좋은 것이어야 한다. 그런데 인간의 대부분은 나이가 들면서 체력과 정신이 쇠하여 가고 각종 질병으로 힘들어하는데, 과연 그러한 삶을 계속 산다는 것이 좋은 것이라 할 수 있는가? 또한 어떤 형태의 삶도 영원히 지속된다면 지루하고 매력을 잃게 될 것이다(Kagan, 2012: 337-343).

삶이 좋고 죽음이 나쁘다는 것을, 죽으면 쾌락을 더 이상 누리지 못한다는 측면의 쾌락주의 관점에서 본다면 어떨까? 이 점에 대하여 케이건은 쥐 실험과 경험기계의 사례를 들어 설명하였다. 쥐의 뇌에 전극을 심고 전기 자극을 가하는 순간 뇌의 쾌락중추를 자극하게 만든다. 쥐가 스위치를 누르면 전기 자극이 가해져 쾌락을 느낀다. 쥐들은 먹는 것과 번식하는 것조차 잊고 끊임없이 스위치를 누르며 쾌락에 몰두한다. 심지어 쥐에게 혈관 영양주사를 넣어줘 생명을 연장하며 이러한 기계적·반복적 쾌락을 계속하게 만든다. 과연 이것이 행복인가? 인간도 이와 유사한가? 이에 대해 케이건은 인간은 쥐와는 다른 존재이며 경험을 하면서 생각하며 그 경험을 평가하는 능력을 가진 존재라고 하였다. 단순히 반복되는 쾌락을 경험하면서 인간은 '정말로 이것이 인생의 전부인가'를 질문하며 인간 존재의 의미를 단순한 쾌락의 순간에 머무는 것 이상에서 찾으려 한다(Kagan, 2012: 343-345).

이와 유사하게 로버트 노직이 제안한 사고 실험 속에서 등장하는 '경험기계'를 통해 자신이 상상하고 바라는 어떠한 경험이든 모두 할 수 있는 상황에 놓였다고 하자. 여기서 우리는 원하는 것을 평생 반복하면서 내면적으로 쾌락을 느낄 수 있다. 과연 이것이 우리의 현실적 삶보다 나은가? 아마 대부분의 사람들은 그에 대해 부인할 것이다. 그 이유는 여기에는 실제로 어떤 성취도 없고 자신의 존재 가치에 대한 인식도 없고 사랑하는 관계도 없기 때문이다. 행복은 단지 쾌락의 경험이 아닌 실제 가치 있는 것을 담고 있어야 한다(Kagan, 2012: 360-364).

삶과 죽음의 문제가 단순한 쾌락의 충족 여부의 문제가 아니라, 가치와 관련된 것이라 하여도, 우리가 어떤 가치 있는 일을 더 이상 하지 못하게 되는 죽음은 여전히 나쁜 것이 아닌가? 우리가 죽음을 생각할 때 과연 무엇인가를 상실하는 박탈의 문제만으로 볼 것인가? 케이건은 이 문제에 대해 먼저 죽음의 첫 번째 특징인 '죽음의 필연성'을 통해 고찰한다. 죽음은 우리가 원하든 원하지 않든 누구에게나 닥쳐온다. 스피노자에 의하면 인생의 모든 일에 대해 필연적임을 자각할 때 사람들은 감정적 거리감을 유지할 수 있다. '2+2+4'라는 수학적 사실처럼 죽음이 우리의 선택 및 감정과 전혀 상관없는 필연적 사실임을 이해하고 내면화할 때 우리는 좋다/나쁘다는 긍정/부정의 이분법적 시선에서 벗어날 수 있다.

죽음의 두 번째 특징은 죽음의 가변성이다. 죽음은 어떤 사람에겐 80살에 찾아오지만 또 어떤 사람에겐 20살, 심지어는 더 어린 나이에 찾아온다. 심리적 측면에서 평균수명 이상을 산 사람들은 나름 위안을 얻을 것이고, 그 이하를 산 사람들은 불운이라 생각할 것이다. 즉, 가변성의 측면에서는 죽음의 가치를 일반적으로 논할 수는 없다.

죽음의 세 번째 특징은 예측불가능성으로 우리는 죽음이 언제 어떻게 닥칠지 알 수 없다. 이 특징은 우리가 장기적 목표와 계획을 가지고 살아나가는 과정에서 예기치 않은 죽음을 맞는 비극을 생각해 본다면 죽음을 더 나쁜 것으로 만든다. 그러나 반대로 죽음의 시기를 정확히 알고 산다면 그것은 오히려 큰 부담감과 우울함을 더 할 수 있을 것이다. 그런데 이 경우에도 사람에 따라서는 그 시한부의 기간 동안 원하는 일에 더 집중하여 살아갈 수 있을 것이다.

죽음의 네 번째 특징은 언제, 어디서나 일어난다는 죽음의 편재성이다. 뇌졸중, 심장마비, 교통사고 등 우리는 언제든 갑자기 죽을 수 있다. 여기서 우리가 생각해봐야 할 것은 인생의 많은 활동들은 죽음의 가능성을 내포하고 있음에도 불구하고 많은 사람들이 열심히 그것을 한다는 점이다. 우리는 공부, 예술 작품 등 우리가 가치 있게 여기는 활동에 대해서는 죽음을 감수하고도 열심히 행한다. 스카이다이버들은 높은 사망의 가능성을 안고 있음에도 하늘에서 뛰어내리는데 그들은 죽을 수 있다는 위험이 주는 스릴감을 오히려 즐기는 것이다. 만약 죽음의 가능성이 오히려 욕망을 자극한다면 죽음의 편재성은 오히려 좋은 것이라 할 수 있다(Kagan, 2012: 375-391).

케이건은 인간 존재가 삶과 죽음의 조합으로 생성되는 전반적 가치로 이루어져 있다고 보았다. 삶과 죽음의 가치는 단순한 합산적 방식으로 접근할 수 없고, '상호효과'의 관점에서 접근해야 한다. 이것은 크게는 인간 존재의 가치를 전체적으로 높이는 긍정적 상호효과와 전체 가치를 떨어뜨리는 부정적 상호효과로 구분할 수 있다. 먼저 긍정적 상호효과의 측면에서 본다면, 우리 모두가 언젠가 죽을 것이라는 운명은 삶의 희소성을 높인다. 어떤 대상이 수량이나 시간이 한정되고 희귀할 때 우리는 그것에 높은 가치를 부여한다. 삶이 영원하지 않은 한정된 것이라는 점은 우리에게 삶을 귀하고 가치 있는 것으로 인식하게 한다. 이에 반해 부정적 상호효과의 측면에서 본다면, 맛만 보고 그만 먹어야 하는 경우와 같이, 인생의 맛을 살짝 보고 모든 것을 빼앗기는 부정적 박탈감으로 생각해볼 수도 있다. 그러나 삶이 끝나고 죽음이 찾아오더라도 현재의 삶이 주는 축복을 충분히 누리고 있다고 여긴다면 삶은 좋은 것이다(Kagan, 2012: 392-397).

"죽을 운명이라는 진실에 직면할 때 비로소 우리는 지금과 다른 삶을 살아가게 된다."(Kagan, 2012: 403). 죽음은 우리의 행동을 변화시키는 동기 및 근거를 제공한다. 우선 사람들은 죽음에 직면할 때 두려움을 느낀다. 그런데 두려움이 적절한 감정이 되기 위해서는 그 대상이 나쁜 것이며, 일어날 가능성이 높으며, 예기치 않은 것이어야 한다. 우선 첫째 조건에 관하여 죽음을 죽어 있는 상태로 볼 때 그것 자체로는 어떤 형태의 경험도 아니므로 본질상 나쁘다고 할 수 없다. 죽음으로 인한 박탈 역시 박탈 자체가 본질상 나쁜 것이라고 할 수 없기에 첫째 조건을 충족할 수 없다. 두 번째와 관련하여 죽음은 분명 일어나는 것이나, 대부분의 일반적 사람들에게 죽음이 너무 일찍, 급박하게 찾아올 가능성은 크지 않다. 시베리아 호랑이에게 갑자기 물려 사망할 것을 두려워하여 벌벌 떨며 아무 것도 못하는 것은 적절치 않은 것과 같다. 세 번째 조건과 관련하여 우리는 죽음이 온다는 사실을 확실히 알고 있기 때문에 두려움의 감정은 부적절한 것이다. 우리가 어떤 경험을 확실히 오는 사실로 인지하며 그것을 확신하고 있을 때는 두려움은 느낄 수 없다. 죽음의 필연성에 대한 인식은 두려움이 적절치 못한 것임을 드러낸다. 이상의 검토에 의해 죽음에 대한 두려움이 정당한 것이 아니라는 것을 인식한다면, 적절치 못한 감정으로 인생을 허비할 까닭은 없는 것이다(Kagan, 2012: 410-421).

죽음을 진지하게 고려할 때 삶은 단 한 번뿐이며 또 한정된 기간이라는 점을 우리는 자각할 수 있다. 세상에는 많은 풍요와 선물, 선택할 수 있는 가치들이 많고, 그것들은 대부분 성취하기 쉽지 않고 상당한 노력이 소요된다. 죽음을 인식할 때 문제는 우리에게 기회가 그렇게 많지 않으며, 시간적으로 여유가 많지 않다는 점이다. 기회가 무한히 또는 여러 번 주어진다면 편안하게 할 수 있으나 우리에게 기회는 한정되어 있다. 전체 인생을 망쳐버릴 수 있는 위험이 도사리고 있다. 이러한 자각 속에서 우리는 우리의 삶을 최대한 조심스럽게, 주의 깊게, 진지하게 꾸려 나가야 한다. 이를 위해 우리는 삶의 의미가 무엇이며, 어떠한 삶의 목표를 선택해야 하며, 살아가는 동안 무엇을 해야 하며, 인생을 무엇으로 채워야 하는지 등에 대하여 진중하게 성찰하며 삶의 전략을 갖고 사는 것이 필요하다(Kagan, 2012: 428-433).

케이건의 철학적 관점의 죽음이론은 죽음을 단순히 의학적, 생물학적 측면에서 보는 것이 아니라 삶과 죽음, 영원한 생명, 가치적·윤리적 차원 등 보다 폭넓고 깊게 바라보며, 죽음과 관련된 다양한 문제들을 여러 각도에서 차분히 성찰하도록 안내한다. 죽음교육에 있어 가장 근본적인 것이 우리가 죽음을 어떻게 인식하고 삶을 어떻게 살아야 할 것인가에 대한 자각이라면, 이러한 철학적 죽음론은 죽음교육에 있어 가장 근본적인 내용이 되어야 할 것이다. 이 이론은 특히 교육적 차원에서 볼 때 기존의 전통적·문화적으로 인식되던 죽음에 대한 상식, 관습 그리고 개인 각자가 죽음에 관해 가지고 있는 고정관념, 신념에 대해 다양한 시각에서 '질문'할 수 있는 힘을 키우고, 그로 인해 죽음의 본질을 깊이 성찰하고 이와 연관하여 삶의 의미는 무엇이며, 여생을 어떻게 살아야 할지를 주도적으로 인식하는 데 의의가 있다.

03 미국 죽음교육의 실제

여기에서는 미국의 죽음교육이 실제로 어떻게 실행되고 있는지 구체적인 내용과 방법을 몇 가지 사례를 통해 소개하고자 한다.

1) 미네소타 주 비탄교육

죽음교육에서 실제적으로 매우 중요한 것은 가족이나 가까운 사람의 죽음으로 상실과 비탄을 겪고 있는 사람들이 이를 극복할 수 있도록 도움을 지원하는 것이다. 이때 각자의 경험이나 연령층에 따라 반응이 다르며 그에 상응하는 적절한 교육이 필요하다. 미네소타 주 비탄교육과정은 상실 체험이 있는 학생들을 크게 ① 5~8세, ② 9~13세, ③ 14~17세의 세 그룹으로 나누고 각 그룹이 각각 7번의 수업과정에 참여하도록 구성되어 있다.

수업은 한 주에 한 번, 오후 3:30~5:00시까지 1시간 반 정도 진행되며 1주차부터 7주차까지는 학생들만을 대상으로 교육하고, 마지막 8주차는 부모나 친척들이 참여하여 진행된다. 학생들만의 수업에서는 각 반에 비탄교육 훈련과정을 받은 2명의 남녀 조언자가 함께 참여한다. 이 조언자들은 학생들이 편안한 마음으로 교육에 참여할 수 있도록 도와준다.

(1) 제 1주차

제 1주차 수업에서는 학생 한 명씩 각자 자기소개와 함께 누구의 죽음을 겪었는지 이야기한다. 자기소개가 끝난 후 궁금한 점에 대해 서로 질문하고 의견을 교환한다. 5~8세 반에서는 자신의 상실 체험을 그림으로 그리고 이에 대해 이야기를 나누도록 한다.

(2) 제 2주차

제 2주차 수업에서는 조언자가 나와서 가족이나 가까운 사람의 죽음을 겪었을 때 나타나는 슬픔의 과정 및 심리적 변화 등에 대하여 각 연령대에 맞추어 객관적 관점에서 설명한다.

(3) 제 3주차

제 3주차 수업에서는 각 학생이 죽은 사람을 회고하며 그(녀)가 어떤 취미와 성격을 가졌는지, 구체적으로 어떤 사람이었는지 자세히 이야기하도록 한다.

(4) 제 4주차

제 4주차 수업에서는 고인이 생전에 가지고 있던 사진, 좋아하는 책 등 소지품을 가지고 와서 동료 학생들에게 소개하고, 함께 즐거웠던 추억 등을 나누도록 한다. 이어서 현재는 고인이 곁에 없지만, 비록 살아있지는 않지만 고인과 어떠한 관계를 계속할 수 있을지를 함께 나눈다.

(5) 제 5주차

제 5주차 수업에서는 장례식과 관련하여 교회나 학교에서 행하였던 의식, 여기서 좋았던 것은 무엇이며 어떻게 도움을 받을 수 있었는지 혹은 싫었던 점은 무엇인지도 편안하게 나누어 본다.

(6) 제 6주차

실제 장례식 장소에 가서 장의업자로부터 장례식 절차 등의 설명을 듣고 장례식이나 매장 등 관련 절차들에 대해 질의한다. 미국의 장의업자는 이 분야의 전문적 지식을 가지고 있어서 학생들에게 비탄교육의 실제적인 내용을 안내해준다.

(7) 제 7주차

학생들은 7주차 수업에서 그간 배웠던 것을 정리하고 마무리하는 과정에 참여한다. 그동안 무엇을 배웠으며 자신에게 어떠한 변화가 있었는지, 앞으로 어떻게 살아야 할지를 이야기 나눈다. 이와 더불어 학생들은 자신이 배우고 느낀 점을 바탕으로 비탄의 상황에 처한 다른 사람들을 어떻게 도울 것인지도 발표하고 공유한다. 학생들은 자신의 체험과 성찰을 바탕으로 다양한 상황 속의 사람들에게 다가가 대화하며 위로할 수 있는 방안을 주도적으로 학습한다.

(8) 제 8주차

마지막 수업에서는 학생뿐만 아니라 부모와 다른 유가족들도 함께 모인다. 여기서 그동안의 비탄교육과정에서 학생들이 배우고 변화한 점, 슬픔과 고통을 어떻게 극복하고 있는지를 나눈다. 부모 등 참여자들은 서로 자신을 소개하며 학생들과 대화하면서 상실의 아픔을 극복하기 위해 함께 위로하고 조언한다(Deeken, 2001: 112-117).

2) 뉴욕시 고등학교 죽음교육과정

미국 뉴욕시는 교육위원회를 주축으로 관내의 중등학교에 일련의 죽음교육과정을 시행하고 있다. 주요 내용은 다음과 같다. 첫째, 학생들로 하여금 죽음에 관한 가치관을 명료화하는 것을 바탕으로 한다(value clarification). 이 교육은 죽음과 임종에 대한 잘못된 생각과 편견을 바로잡고, 죽음에 대한 두려움에 적절히 대처하며 사랑하는 사람을 상실했을 때의 슬픔을 잘 극복할 수 있는 태도의 형성에 도움을 주고자 한다. 둘째, 새로운 죽음에 대한 가치관을 바탕으로 삶의 의미를 찾고 미래를 위한 계획을 구상하도록 한다. 셋째, 죽음과 관련된 보건문제와 윤리문제를 탐구함으로써 노화와 질병에 대한 대처 및 안락사와 자살 등의 윤리적 문제를 깊이 생각하도록 한다. 넷째, 15회 차에 걸쳐 종교와 윤리 등 죽음 및 임종에 대한 체계적인 관점과 지식을 학습함으로써 죽음에 대해 충분히 이해하고 준비할 수 있도록 한다.

(1) 죽음교육의 주요 목표

① 죽음에 대한 자신의 감정을 솔직히 표현함
② 죽음에 대한 통찰을 통해 주변인의 죽음에 대해 적절히 대처함
③ 죽음에 대한 태도의 대중매체의 영향력을 이해함
④ 죽음에 대한 종교 및 윤리의 관점을 이해함
⑤ 부모의 임종에 대한 대처 방법을 이해함

(2) 죽음교육의 주요 활동

죽음교육의 주요한 교육활동은 상기한 목표를 달성하기 위한 내용으로 구성되어 있다.

첫째, 학생들은 슬픔과 고통 등 죽음과 관련된 자신의 감정과 생각을 모든 구성원에게 솔직하게 표현하고 나눈다. 교육자들은 학생들에게 열린 대화를 통해 죽음의 공포를 극복할 수 있는 건강한 가치관이 성장할 수 있음을 안내한다. 학생들은 가족이나 친척, 지인들 중 처음으로 죽음을 경험하였던 사례를 소개하고, 당시의 두려움과 죽음에 대한 오해나 미신 등을 학급 동료들과 나눈다. 청소년들의 경우 가족의 영향을 많이 받기 때문에, 이러한 죽음의 경험에 대한 대화 시간에는 이혼, 별거, 장기 여행, 장기간의 병원 치료 등 연관된 여러 문제들을 함께 나누도록 한다.

둘째, 학생들은 '역할 연기role-playing'를 통해 부모나 가까운 사람의 임종 상황에서 그 내면을 심층적으로 이해한다. 학생들은 임종 시 부모의 입장에서 이야기해보기도 하고, 본인이 죽음을

앞둔 환자가 되었다고 가정하여 퀴블러로스의 "부정-분노-타협-우울-수용"의 5단계 중 하나를 택하여 이때의 생각과 감정을 글로 쓰고 학우들에게 발표하는 활동 등을 수행한다.

셋째, 학생들은 죽음을 삶과 연관시켜 자신의 가치관을 명료화하는 활동을 한다. 이를 위해 먼저 자신이 죽고 난 후 자신의 묘비에 기술될 비문을 작성하는 활동을 한다. 다음으로 죽음을 선고받고 죽기 전 마지막 날에 무엇을 어떻게 하며 지낼지를 계획하고 나눈다. 비문 작성과 마지막 날의 계획활동은 죽음을 준비하며 어떻게 사는 것이 의미 있는 삶이 될 것인지 스스로 삶의 가치와 의미를 정리하는 의의를 지닌다. 이후 학생들은 이 활동들을 통해 정리된 자신의 죽음 및 삶에 대한 가치관이 사회변화와 과학기술의 발달, 사회의 가치관과 규범 등이 어떻게 연관 되는지를 토론하는 활동을 하게 된다. 사회변화 및 윤리적 문제는 핵무기 등 대량살상무기로 인한 대학살, 천연 자원의 감소 및 고갈, 의료 기술의 발달, 기술발전의 역효과로서의 인간소외, 존엄사의 문제, 임종 환자들을 위한 지원 및 장례절차 등의 문제를 포함한다.

넷째, 학생들은 불교나 힌두교 등 주로 타 문화권의 종교에서 죽음을 어떻게 바라보는지를 이해하는 활동을 한다. 이 활동은 학생들에게 죽음을 사실적 현상과는 다른, '학습된 문화적 믿음과 태도'로 보는 인류학적 관점을 성찰할 수 있도록 안내한다. 이 활동은 죽음에 담겨 있는 문화적 규범을 이해하고 미국의 죽음관과 타문화(타종교)권의 죽음관을 비교하여 성찰할 수 있도록 해준다. 죽음에 대한 다양한 방식의 접근에 대한 이해는 학생들로 하여금 죽음을 단지 잊고 싶거나 두려운 대상이 아닌, 한층 더 폭넓은 틀에서 해석해 볼 수 있도록 한다.

다섯째, 학생들은 책, 시, 텔레비전, 영화 등의 매체를 조사하여 죽음 및 임종의 다양한 문제들을 성찰한다. 교육자는 학생들에게 죽음 및 임종의 소재를 다룬 매체를 찾도록 하고, 그 속에 죽음을 어떻게 묘사하고 있으며 죽음과 관련하여 어떠한 문제를 다루며, 죽음과 연관된 사회적 의식이 어떻게 내포되어 있는지 조사하여 보고서로 제출하도록 한다. 학생들은 또한 퀴블러로스의 『죽음과 죽어감On Death and Dying』이나 미트포트Mitford의 『*The American Way of Death*』 등 죽음을 주제로 한 전문서적을 읽고 비판적 에세이를 쓰면서 죽음에 대한 자신의 비판적 안목을 심화시킨다(Wolowelsky, 1979: 20-26).

04 맺음말

지금까지 미국의 죽음교육의 이론과 실제를 큰 틀에서 살펴보았다. 미국의 죽음교육은 우선적으로 죽음에 대한 깊고 풍성한 이해를 토대로 죽음과 삶을 연관하여 적절한 가치관을 정립하며, 이를 바탕으로 죽음, 임종, 사별 등 실제적 상황에 현명하게 대처할 수 있도록 안내하는 것에 주력하고 있음을 알 수 있다. 미국의 죽음교육은 특정한 직업이나 연령대에 국한되지 않고, 기본적으로 모든 사람을 대상으로 아동에서부터 노인에 이르기까지 평생에 걸쳐 수행되고 있으며, 의사, 간호사, 호스피스, 장례인도자, 상담사, 교사 등 죽음 관련 전문가에 대한 전문교육도 별도로 이루어지고 있다.

미국의 죽음교육의 이론과 실제를 볼 때, 한국의 죽음교육에서 우선적으로 주목해야 할 점은, 철학·심리학·사회학·의학·문화인류학·종교학·생명과학 등 다방면의 깊이 있는 학제적 지식을 바탕으로 '죽음', '임종', '사별', '비탄' 등의 현상에 대하여 심도 있고 풍성한 연구가 많이 이루어져야 하며, 이를 바탕으로 학생들과 일반인들이 학교교육과 다양한 사회교육, 대중매체를 통한 교육을 통하여 죽음에 관한 이해와 인식을 심화시켜야 한다는 것이다. 프래그머티즘의 학문적·교육적 전통을 전승한 미국의 교육문화에 걸맞게 미국은 죽음교육에 있어서도 이론과 실제의 긴밀한 연결을 중시하고 있으며, 한국도 이를 긍정적으로 수용하여 죽음에 대한 심도 있는 지식과 실제 삶에 있어서의 적용 방법을 긴밀하게 연결시킬 수 있는 죽음교육이 이루어지면 좋을 것이라 본다. 문학, 역사, 사회, 과학 등의 기본 교과교육에서도 죽음과 삶에 대한 연관된 지식과 가치관을 심화시킬 수 있는 방향으로 구성되어야 할 것이고, 비탄교육, 입관체험, 역할연기, 유서 및 비문 작성, 시한부 삶 상상하기, 죽음 관련 매체 교육 및 에세이 쓰기, 죽음 관련 토론 등 다양한 특별 교육과정을 통해 죽음의 문제를 실제적으로 생각하고 대비할 수 있도록 교육해야 할 것이다. 어떠한 내용으로 교육하는지도 중요하지만, 케이건의 철학적 죽음이론에서 보았듯이 답이 정해진 단순한 객관적 정보의 전달보다는, 죽음과 삶에 대한 주체적인 질문과 사고가 성숙되도록 이끌어주는 것이 가장 중요하리라 본다.

특히 미국 죽음교육의 실제에서 운영되듯이 사회변화 및 사회문제와 관련하여 죽음을 성찰하는 것은, 근래에 다양한 사회적 환경의 영향과 연관된 청소년 자살 문제, 학교폭력 문제 등과도 관련하여 자신과 타인의 생명의 소중함, 배려 윤리의 의식을 바탕으로 건강한 생활을 영위하게 하는 중요한 교육으로, 윤리와 사회 교과 내에서 또는 교과 외의 특별 교육프로그램으로 체계적인 교육과정을 설계하여 시행할 필요가 있다.

참고문헌 REFERENCE

Anthony, S.(1940). *The Child's Discovery of Death*. New York: Harcourt.

Corr, C. & Corr, D.(2009). *Death & Dying, Life & Living,* 7th Ed., New York: Wadsworth.

Deeken, A.(2001). *Sei To Shi No Kyoiku*. 전성곤 역(2008), 『인문학으로서의 죽음교육』. 서울: 인간사랑.

Eddy, J. and Alles, W.(1983). *Death Education.* St. Louis: The C. V. Mosby Company.

Eliot, T. D.(1930). Bereavement as a Problem for Family Research and Technique. *The Family*, 11, 114-115.

Farberow, N. & Shneidman, E. S.(1957). *Clues to Suicide*. New York: McGraw-Hill.

Feifel, H.(1959). *The Meaning of Death*. New York: McGraw-Hill.

Fulton, R.(1965; 1994). *Death and Identity*. PA: Charles Press.

Glaser, B. and Strauss, A.(1965). *Awareness of Dying.* Chicago: Aldine Pub. Co.

Glaser, B. and Strauss, A.(1968). *Time for Dying.* Chicago: Aldine Pub. Co.

Habenstein, R. W. & Lamers, W. M.(1955). *The History of American Funeral Directing.* Milwaukee: Bulfin.

Kagan, S.(2012). *Death*. Yale University Press. 박세연 역. 『죽음이란 무엇인가』. 서울: 엘도라도.

Kastenbaum, R. & Aisenberg, R.(1972). *The Psychology of Death.* New York: Springer.

Kübler-Ross, E.(1969). *On Death and Dying.* New York: Scribner.

Kubler-Ross, E.(1974). *Questions and Answers on Death and Dying.* New York: MacMillan Publishing Co., Inc.

Leviton, D.(1977). The Scope of Death Education. *Death Education*, 1, 41-56.

Lindemann, E.(1944). Symptomatology and Management of Acute Grief. *American Journal of Psychiatry.* 101, 141-148.

Pine, V. R.(1977). A Socio-historical Portrait of a Death Education. *Death Education*, vol. 1. 57-84.

Saunders, C.(1959). The Problem of Euthanasia When a Patient is Dying. *Nursing Times*, October 9 – November 13, 960-1130.

Wolowelsky, J.(1979). Death Education In Religious High School. Ph. D. Dissertation. New York University.

DEATH EDUCATION

03

기독교의 죽음이해와 코메니우스의 죽음교육

마은종/이웅모

01 들어가는 말

인간의 삶은 태어남으로 시작해서 죽음으로 끝난다. 그렇기 때문에 인간의 삶은 교육을 필요로 한다. 즉, 인간은 교육을 필요로 하며 교육이 가능한 존재로서 인간을 인간답게 형성하기 위해서 교육이 필요하다. 인간의 탄생과 인간의 삶에서 발달 단계에서 여러 교육을 통해 인간다운 형성을 위한 교육이 이루어지고 있다. 그렇지만 인간은 태어남이 있으며 죽음도 피할 수 없는 인간의 삶의 작용이라 할 수 있다. 그렇지만 탄생이나 발달 단계에서 교육이 연구되고 가르쳐지고 있으나 유독 죽음에 대한 교육은 금기시되고 있다. 그 이유는 탄생이나 발달 과정은 즐거움이나 기쁨, 행복으로 묘사되고 있지만, 죽음은 슬픔, 두려움 등으로 묘사되고 있기 때문이라고 할 수 있다. 그렇기 때문에 죽음에 대한 언급이 쉽사리 이루어지지 않으며, 교육 또한 마찬가지로 이루어지기 힘든 것이다.

기독교에서 죽음은 단순히 슬픔이나 두려움의 대상이 아니다. 인간은 이 현세의 삶뿐만 아니라 영원한 내세의 삶을 지향하기 때문에, 죽음은 영원한 내세의 삶으로 옮기는 과정으로 이해된다. 기독교에서 죽음은 실존철학자들이 말하는 실존적 죽음 그 이상의 의미를 가진다. 따라서 기독교에서 죽음교육은 다소 특별하다. 죽음을 부정하고 거부하는 것이 아니라 죽음을 통해 영원을 사모하고 영원을 준비한다. 그러나 가시적인 것을 좋아하고 한시적 삶을 살아가는 인간이 비가시적이고 영원한 것을 소망하는 것은 쉽지 않다. 따라서 기독교의 견지에서 죽음을 고찰하는 것이 필요하다. 그리고 죽음을 신학적 차원에서만 다루지 않고 교육의 영역으로 그 의미를 확대해야 한다.

죽음을 교육적 차원으로 전개할 때 코메니우스Comenius의 교육사상은 많은 도움이 된다. 그는 교육학자이면서 동시에 목회자였다. 그의 교육사상의 핵심은 범지혜로, 그것은 그의 기독교 세계관에서 형성된 하나의 이론 체계이다. 또한 코메니우스는 죽음을 교육적 차원에서 논의하였다. 그는 삶을 하나의 학교로 간주하였다. 그는 삶 전체가 학교이며 삶 전체에 걸쳐서 교육이 이루어져야 한다고 보았다. 즉, 그는 평생교육을 주창한 것이다. 그리고 그의 평생교육사상에서 죽음은 중요한 교육적 주제로 제기된다. 왜냐하면 그에게 있어서 삶이라는 학교는 내세를 준비하는 곳으로 죽음과 밀접하게 연관되어 있기 때문이다.

죽음은 인류의 최대 관심사 중 하나이다. 죽음과 삶은 분리할 수 없다. 삶은 죽음 속에 있으며 죽음은 삶 속에 있다. 삶과 밀접한 죽음은 교육과도 밀접하다. 따라서 죽음은 교육학의 중요 탐구 대상 중 하나이다. 여기에서는 인류의 보편적인 현상인 죽음을 기독교의 견지에서 탐구하고, 교육적 의미를 탐구함으로써 죽음교육의 의미를 확장시키고자 한다. 이를 위해 먼저 성경에서 말하는 죽음의 의미를 논의한 후에 코메니우스의 죽음교육에 대해 논하려고 한다.

02 기독교에서 바라본 죽음

1) 하나님과의 단절

성경에서 말하는 죽음의 기본 개념은 '분리' 또는 '단절'이다. 분리에는 다양한 의미들이 내포되어 있다. 첫 번째는 생명 또는 호흡과의 분리이며, 두 번째는 관계의 단절이다. 그리고 성경은 첫 번째보다는 두 번째의 의미에 더 초점을 맞추고 있다. 성경 창세기 1-3장은 그리스도교에 있어서 매우 중요한 본문들 중에 하나이다. 왜냐하면 창세기 1장에서 3장 안에는 하나님에 의한 세상의 창조와 인간의 타락에 대한 설명이 들어 있기 때문이다. 그리고 죽음과 관련해서도 이 부분은 매우 중요하다. 왜냐하면 죽음에 대한 용어가 처음으로 등장하기 때문이다. 성경에서 '죽음'은 한 인물의 임종을 묘사하거나(창 25:8; 왕상 2:2), 전쟁으로 인해 많은 사람들의 죽음을 묘사할 때 사용되기도 하며(수 6:21; 삿 8:10), 인간의 상태를 묘사할 때도 사용되고(삼상 15:32; 시 23:4), 하나의 개체로 형상화되어 사용되기도 하며(고전 15:26; 55), 하나님과의 관계를 단절케 하는 하나의 거대한 세력으로 등장한다(롬 5:17). 다양한 용례에도 불구하고 죽음의 기본적 의미는 생명과 반대되는 단어로 사용된다. 생명과 반대되는 죽음은 육체에서 생명이 없는 상태를 묘사할 때 그리고 생명을 위협하는 세력을 묘사할 때도 사용된다. 이러한 다양한 죽음에 대한 의미에도 불구하고 성경에서 죽음은 하나님과 반대되는 것을 의미한다. 왜냐하면 성경은 생명의 유일한 원천을 하나님으로 간주하기 때문이다.[1)]

일반적으로 죽음을 인간의 필연적 특성으로 이해한다. 필연적 죽음의 현상은 세계 자연 현상에서 쉽게 찾아 볼 수 있다. 동식물들은 태어나고 자라고 그리고 죽음을 맞는다. 우리가 관찰한 바에 따르면 인간 역시 모두 죽게 된다. 일반적으로 죽음의 원인을 자연과정의 하나로 간주한다. 그러나 성경은 죽음, 특별히 인간의 죽음과 관련해서 그 원인은 아담의 죄에 있다고 명시한다. 하나님의 명령에 대한 말씀의 불순종으로 죽음이 찾아 온 것이다. 성경은 하나님께서 이 세상과 인간을 창조하셨다고 가르친다. 하나님은 인간, 즉 아담을 위해 특별한 공간인 에덴을 마련하시고 그곳에 살게 하셨다. 하나님이 마련하신 에덴은 지상낙원이었다. 나무의 실과는 풍성했고, 온도 역시 살기에 적당하였다. 하나님은 아담에게 에덴의 모든 것을 허락하셨다. 그러나 단 한 가지만은 금하셨다. 그것은 바로 동산 중앙에 있는 선과 악을 알게 하는 나무의 실과였다. 그리고 이 나무의 실과와 함께 최초로 '죽음'이란 단어가 등장한다. "선악을 알게 하는 나무의 열매는 먹지 말라. 네가 먹는 날에는 반드시 죽으리라 하시니라"(창 2:17). 죽음은 하나님의 명령을 어겼을 때 받게 되는 대가이다.

죽음은 하나님이 부여하신 자연의 섭리인가 아니면 죄에 대한 응당한 결과인가에 대한 논쟁이 기독교 역사 안에 있어 왔다. 펠라기우스의 제자 셀레스티우스Celestius는 아담은 유한적으로 창조되었으므로 범죄의 유무와 상관없이 죽음을 경험하게 되었다고 언급하였고, 종교개혁 시대의 소시니안주의자들Socinians 역시

1) 성경은 죽음에 대한 사건을 통해 간접적으로 언급하고 있다. 그러나 성경이 궁극적으로 지향하는 것은 죽음의 극복이다. 이는 성경의 중심 문맥과 잘 어울린다. 왜냐하면 성경 안에 다양한 주제들이 제시되지만 그 주제들은 모두 생명과 연관되어 있기 때문이다. 성경은 죽음과 반대되는 생명에 더 많은 관심을 가진다.

죄와 무관한 인간의 죽음을 가르쳤다. 이들에게 죽음은 인간의 필연적 특징이다. 죽음의 필연성은 슐라이허막허F. Shcleieremacher와 칼 바르트Karl Barth에게도 이어진다. 그들은 죽음을 자연적인 한 과정으로 설명한다.[2] 그들에 따르면 죽음 그 자체는 악한 것도 그리고 하나님의 벌도 아니다. 죄로 인한 벌은 죽음이 아니라 죽음에 대한 태도라고 말한다. 그들에 따르면 범죄하기 전에는 죽음을 자연스럽게 받아들였지만, 범죄한 후 죽음은 두려움의 대상이 되었다는 것이다(김균진, 2012: 231; A. A. Hoekema, 1979/류호준 역, 2002: 116-177). 그러나 성경은 인간의 죽음은 죄에서 기인했다고 분명히 언급하고 있다. 아담이 하나님의 명령을 위반한 후 받게 되는 많은 벌 가운데 하나는 흙으로 돌아간다는 것이었다. 이것은 죽음을 가리킨다. 즉, 죄로 인해 죽음이 시작되었다는 것이다. 창세기 3장을 제외하고 구약 성경에서 죽음의 원인을 죄와 직접적으로 관련시킨 구절을 찾는 것은 쉽지 않다.[3] 그

2) 성경 안에서도 죽음을 자연스러운 삶의 한 과정으로 표현하기도 한다. 다윗은 임종시, “내가 이제 세상 모든 사람이 가는 길로 가게 되었노니”(왕상 2:2)라고 말하므로 죽음을 당연하게 받아들였다. 이러한 죽음에 대한 자연적 수긍이 죄와 상관없이 죽음이 인간에게 정해진 것을 의미하는 것은 아니다(A. Hoekema/류호준 역, 2002: 118). 오히려 죄로 인해 죽음이 인간 세계 안에 들어왔으며 죄의 벌로써 죽음을 인식하였다는 것을 의미한다(조규만, 1997: 60-61 참조). 죽음은 필연적 존재양식이 아닌 결과적 존재양식이다. 필연적 존재양식으로서의 죽음의 이해에 대해서는 김이곤의 책, 『삶, 죽음 그리고 죽음 이후』(서울: 프리칭아카데미, 2007) 1장을 참조하라. 그는 여기서 문서비평을 통해 창세기 3장 19절의 “너는 흙이니 흙으로 돌아갈 것이니라”를 죄와 상관없는 자연적 법칙으로 설명하고 있다. 타락 전 에덴 안에 죽음이 있었는지에 대해 다양한 의견이 나온다. 최소한 식물과 관련해서는 죽음이 있었을 것으로 보기도 한다. 몰트만(Moltmann)도 타락 전에 에덴 동산에는 동식물과 관련해서 자연적 죽음이 있었다고 설명한다. 그러나 인간의 타락으로 자연적 죽음 위에 저주받은 죽음이 덮여졌다고 한다(이관표, 2017: 134-136).

3) 구약은 죄에 대한 벌로 개인적 죽음에 대해 언급한 곳이 많이 있다. 예를 들면, 하나님의 율법을 어겼을 경우 사형에 해당하는 벌을 준다는 경우 등이다. 그러나 이것을 통해 죄가 인간 모두의 죽음의 원인이라고 간단하게 추론하기는 쉽지 않다.

러나 신약 성경은 죽음의 원인을 죄에서 비롯되었다고 분명하게 언급한다. “이러므로 한 사람으로 말미암아 죄가 세상에 들어오고 죄로 말미암아 사망이 왔으니 이와 같이 모든 사람이 죄를 지었으므로 사망이 모든 사람에게 이르렀느니라(롬 5: 12).” 성경에 따르면 죽음의 원인은 바로 죄이다.[4)]

아담과 그의 아내 하와는 하나님의 말씀에 불순종하였다. 그들은 뱀의 유혹으로 인해 하나님께서 먹지 말라고 명하신 실과를 먹었다. 하나님의 말씀과 달리 그들에게 죽음이 바로 찾아오지 않았다. 창세기 2장 17절에서 언급된 ‘죽음’은 일반적으로 생각하는 죽음 이상의 뜻을 내포하고 있다. 하나님께서 언급하신 죽음은 육체적 죽음만을 뜻하지 않는다. 죽음에는 하나님과의 단절, 즉 하나님과의 교제 상실이라는 영적 죽음을 포함한다.

죄를 범한 이후 아담과 하와에게 두 가지 변화가 찾아 왔다. 하나는 자신들의 나체 상태를 부끄러워했다. 그래서 그들은 나뭇잎을 가지고 몸을 가렸다. 또 하나는 하나님을 피하기 시작하였다. “그들이 그날 바람이 불 때 동산에 거니시는 여호와 하나님의 소리를 듣고 아담과 그의 아내가 여호와 하나님의 낯을 피하여 동산 나무 사이에 숨은지라(창 3:8).” 죄를 범한 그들은 서로의 알몸을 감추기 시작했고, 또한 하나님으로부터 자신들을 감추려고 했다. 그리고 하나님으로부터의 회피는 하나님과 그들과의 관계에 균열이 생겼다는 것을 보여 준다. 하나님과의 관계 균열은 하나님과의 관계 단절로 확대된다. 하나님께서는 죄를

4) 이외에도 죄와 죽음의 관계에 대해서 가르쳐 주는 대표적 신약 성경 구절로 “죄의 삯은 사망이요 하나님의 은사는 그리스도 예수 우리 주 안에 있는 영생이니라(롬 6:23)”, “사망이 한 사람으로 말미암았으니 죽은 자의 부활도 한 사람으로 말미암는다. 아담 안에서 모든 사람이 죽은 것 같이 그리스도 안에서 모든 사람이 삶을 얻으리라(고전 15:21-22) 등이 있다.

범한 아담과 하와를 에덴 동산에서 추방하신다.[5)]

죽음이 하나님과의 단절이라는 것을 볼 수 있는 것은 스올(seol; sheol)이다. 구약 성경에서 스올은 음부(시편 86:13, 잠 15:24, 겔 26:20), 흑암의 장소(욥 10:22), 잊음의 땅(시 88:12, 94:17, 115:17)으로 묘사된다(G. Ladd/이창우 역, 1983: 275). 스올은 죽은 자들이 거처하는 곳이다. 그런데 구약 성경에서 스올은 다소 부정적으로 간주된다.[6)] 스올은 두려움의 장소이며, 회피해야 하는 장소이다. 그런데 구약 성경에서는 스올의 두려움을 육체적 죽음에 대한 공포가 아니라 하나님과의 분리됨에서 오는 공포로 묘사한다. "사망 중에서는 주를 기억하는 일이 없사오니 스올에서 주께 감사할 자 누구리이까"(시 6:5)라고 한다. 이 성경 말씀에 따르면 스올은 하나님을 알 수 없는 곳이다. 스올에 있는 자들, 곧 죽은 자들은

---

5) 에덴으로부터의 추방이 하나님과의 단절을 의미한다는 것은 이스라엘 민족의 성막(또는 성전) 건축 양식에서 확인된다. 이스라엘 민족들에게 성막은 하나님과의 교제를 의미하는 매우 중요한 장소였다. 성막은 '뜰', '성소', '지성소'로 구분되는데, 이 중에서 하나님의 임재를 가장 분명하게 보여 주는 장소는 '지성소'이다. 지성소와 성소는 휘장으로 구분된다. 휘장은 지성소를 들어가기 위해 꼭 거쳐야 하는 문으로 이 휘장에는 그룹이라는 특별한 형상을 수놓아야 한다. 이 그룹은 지성소와 성소를 구분하는 휘장뿐만 아니라 성막을 건축하는 데 중요한 형상(image)이었다. 그리고 이 그룹이 처음으로 나타나는 곳은 창세기 3장 24절로 하나님께서 아담과 하와가 들어오지 못하도록 에덴 동산을 지키기 위해 세우셨다. 휘장의 그룹은 하나님께 나아가기 위해 꼭 거쳐야 하는 것을 의미한다(R. Jamieson, A. Fausset & D. Brown, 1997: 20). 그리고 이것은 하나님과 인간이 분리되어 있다는 것을 암시한다. 에덴 동산으로부터의 추방은 에덴 동산에서 얻을 수 있었던 다양한 혜택의 상실만을 의미하지 않는다. 그것은 하나님과의 단절을 의미한다.

6) 스올은 무덤과 중복되어 사용되거나 무덤의 의미를 가진다. 이 단어의 어원은 불확실하나 용례에 비추어 볼 때 죽은 자들이 거하는 곳으로 간주된다(R. Smith/박문재 역, 2009: 453-454). 또한 구약 성경에서 악인들과 죄인들은 곧장 스올로 끌려가지만 의인들은 오랫동안 스올로 내려가는 것이 지체된다고 묘사하기도 한다(욥 24:19, 시 9:17, 16:10, 31:17 등). 그럼에도 스올은 의인들보다 악인들이 가는 곳으로 나타난다(시편 49: 14-15). 스올이 하나님의 통치 외의 곳은 아니다. 스올에 해당하는 헬라어는 하데스로 스올과 동일한 의미를 가진다(마 11: 23, 눅 10: 15 등).

하나님을 더 이상 경험할 수 없다. 하나님을 찬양할 수 없으며 하나님께 감사하지도 못하고 하나님의 사랑과 진실에 대해 말할 수 없다(김균진, 2012: 135).[7] 스올의 두려움은 하나님과의 관계에서 도출된 것으로 하나님과의 단절 그리고 분리이다.

신약 성경에서는 죽음을 예수 그리스도와의 단절로 설명한다. "그러므로 내가 너희에게 말하기를 너희가 너희 죄 가운데서 죽으리라 하였노라. 너희가 만일 내가 그인 줄 믿지 아니하면 너희 죄 가운데서 죽으리라(요 8:24)." 죽음이 하나님과의 단절이라는 측면에서 구약 성경과 신약 성경의 설명은 다소 차이가 있다. 전자는 죽음에 대해서 하나님을 더 이상 인식하지 못하는 상태로 설명하고 있다면, 후자는 예수 그리스도에 대한 믿음이 없는 상태, 즉 하나님의 아들이신 예수와의 인격적 교제가 단절된 상태를 죽음이라고 설명하고 있다. 이에 대해 G. 래드(이창우 역, 1983: 322)는 "그리스도 안에서의 불신앙은 하나님을 미워하는 소위이며 … 하나님으로부터 영원히 떠난 인간은 그 자체가 사망선고요, 엄연한 불신앙의 죄"라고 설명한다. 예수 그리스도를 구주로 인정하지 않는 것, 다시 말해 예수를 그리스도로 시인하지 않는 것은 곧 하나님을 미워하는 것이다(요 15: 23). 신약 성경은 예수 그리스도를 구주로 부인하는 것은 이미 하나님과 단절되어 있다는 것을 가르쳐 준다.

하나님과의 단절은 육체의 죽음을 동반하였다. 하나님께서는 범죄한 아담과 하와를 에덴에서 쫓아내시고 그룹과 불칼로 에덴을 막으셨다. 막으신 이유에 대해 "그의 손을 들어 생명 나무 열

7) 시 88:10 주께서 죽은 자에게 기이한 일을 보이시겠나이까 유령들이 일어나 주를 찬송하리이까 (셀라) 시 88:11 주의 인자하심을 무덤에서, 주의 성실하심을 멸망 중에서 선포할 수 있으리이까.

매도 따먹고 영생할까 하노라”(창 3: 24)라고 말씀하신다. 에덴으로부터의 쫓겨남, 즉 하나님과의 분리로 인해 인간에게 육체적 죽음이 찾아 온 것이다. 위대한 교부 아우구스티누스는 타락 전 아담은 죽을 수도 또는 죽지 않을 수도 있었다고 한다. 하나님의 말씀에 순종하였더라면 그는 에덴에서 계속 살 수 있었을 것이고, 생명나무 실과를 먹으므로 육체적으로 죽음을 경험하지 않았을 것이라고 설명한다(Augustinus/조호연·김종흡 역, 2006: 619-622). 타락 이후 육체적 죽음은 인간에게 삶의 한 과정이 되었다. 육체적 죽음은 필연적 존재의 양식이 아니라 결과적 존재의 양식이었다.

범죄로 인해 인간은 누구나 육적인 죽음을 경험할 수밖에 없다. 그리고 성경은 이 육적인 죽음을 육과 영 또는 혼의 분리라고 설명한다.[8] 성경에서 죽음을 나타낼 때 주로 사용하는 단어를 살펴보면 히브리어에는 ‘무트’mwt, ‘가바’gw가 있으며, 헬라어에는 ‘아포스네크로’apothnesko, ‘아포크테이노’apokteino 등이 있다. 그러나 성경은 이 단어들 외에 ‘루아흐’(ruah; wind, spirit, breath; 영, 마음, 바람), ‘네페쉬’(nepes; throat, breath, soul, person; 영혼, 생명, 마음), ‘프뉴마(pneuma; Spirit, spirit, breath; 성령, 영)’, ‘프쉬케’(psyche; life, soul, mind; 영혼, 목숨, 생명)를 사용하여 죽음을 묘사한다. 구약 성경에서 죽음은 ‘네페쉬’와 ‘루아흐’의 멈춤 또는 분리로 묘사된다.[9] 욥기 11

8) 성경에 따르면 인간의 본성을 구성하는 요소들은 육체(바사르/에세르; 소마/사륵스)와 영(루아흐/프뉴마) 또는 혼(네페쉬/프쉬케)이다. 성경은 ‘육체와 영 또는 혼’ 그리고 ‘영과 혼’을 구별하지 않는다. 육과 영 또는 혼의 구분은 편의상의 구분으로 실제적으로 구분할 수 없으며(Hoekema/류호준 역, 1990: 359), 영과 혼에 대한 구분과 차이점은 인간을 바라보는 상이한 방법들이다(Hoekema/류호준 역, 1990: 348, 재인용). 영적인 인간은 보다 하나님과 연관된 인간을 말하며 혼적인 인간은 활력과 의지를 지닌 인간을 뜻한다고 할 수 있다. 혼적인 인간이 하나님과 무관하다는 것을 뜻하지 않으며 영적인 인간이 활력과 의지의 인간과 무관한 것은 아니다.

장 20절에서는 "그러나 악한 자들은 눈이 어두워서 도망할 곳을 찾지 못하리니 그들의 희망은 숨네페쉬을 거두는 것이니라."[10] 숨이 멈춘 상태, 다시 말해 육체에서 더 이상 호흡 또는 숨이 작동하지 않는 상태를 죽음이라고 표현하였다. '루아흐'와 관련해서 죽음을 표현한 것으로 "흙은 여전히 땅으로 돌아가고 영은 그것을 주신 하나님께로 돌아가기 전에 기억하라(전 12: 7)."가 있다. '네페쉬'와 '루아흐'는 기본적으로 '숨', '생명', '활동력'을 뜻한다. 그러나 미묘한 차이를 가진다. 왜냐하면 '루아흐'에는 '프뉴마'가 가지는 뜻 외에 자연적인 바람을 나타낼 뿐만 아니라 하나님의 영을 나타낼 때도 사용되기 때문이다. 구약 학자 에드몽 자콥(E. Jacob/박문재 역, 1999: 189)은 '루아흐'와 '네페쉬'의 관계에 대해서 "'네페쉬'는 '바사르'가 '루아흐'에 의해 생기가 주어질 때 결과적으로 생겨나는 것"이라고 설명하였다. 하나님의 영에 의해 생명이 육체에 주입되었다는 것이다. 이것은 인간 안에 '영'과 '혼'이 구별되어 있다는 것을 의미하는 것은 아니다. 이것은 하나님의 영은 인간의 생명에 밀접하게 연관되어 있다는 것을 뜻한다. 인간의 생명은 하나님의 영에 의존한다. 생명은 하나님의 바람으로 육체가 숨을 쉬게 된 상태이다. '네페쉬'의 멈춤, '루아흐'의 멈춤이 곧 죽음이다. 그리고 죽음이 '네페쉬'의 멈춤이든 '루아

---

9) 성경은 헬라 철학과 달리 육체와 영혼을 대립적 개념으로 상정하지 않았다. 육체와 영혼은 불가분의 관계이다. 이는 에녹(창 5:24)과 엘리야(왕하 2:11)가 육체의 모습으로 하나님으로부터 부름을 받은 것과 예수의 부활 그리고 신자들의 부활 약속을 통해 알 수 있다. 성경에서 죽음은 육체의 죽음만을 의미하지 않는다. 성경에서 말하는 죽음의 상태는 전인적 죽음으로 영과 육체의 함께 죽음이다(김홍연, 2007: 10). 죽은 자의 영이 스올에 있지만 하나님과 관계없는 상태가 죽음이라는 것을 암시한다.

10) 이외에도 이사야 53: 12; 애 2:12가 있다.

흐'의 멈춤이든 간에 죽음은 하나님과의 단절을 전제한다.

신약 성경 역시 죽음을 육체와 '프쉬케'와 '프뉴마'의 분리로 묘사한다. 누가복음 12장 20절에서 '프쉬케'의 떠남은 죽음을 의미한다. "하나님은 이르시되, 어리석은 자여 오늘 밤에 네 영혼을 도로 찾으리니 그러면 네 준비한 것이 누구의 것이 되겠느냐 하셨으니" 야고보서 2장 26절은 '프뉴마'를 사용해 죽음을 묘사한다. "영혼 없는 몸이 죽은 것 같이 행함이 없는 믿음은 죽은 것이니라" 신약 성경 역시 죽음을 육체와 '프쉬케' 또는 육체와 '프뉴마'의 분리로 묘사한다. '프쉬케' 그리고 '프뉴마'는 히브리어의 '네페쉬'와 '루아흐'에 각각 해당되며, 이 단어들 역시 기본적으로 '호흡', '생명', '활력'을 뜻한다. 그리고 '네페쉬'와 '루아흐'에 미묘한 차이가 있듯이 '프쉬케'와 '프뉴마'에도 차이가 있다. '프뉴마'의 의미는 크게 '자연', '인간', '하나님'과 관련하여 뜻이 구분된다. 자연과 관련하여 이것은 공기의 움직임인 '바람'을 의미하며(요 3: 8), 인간과 관련하여서는 '호흡', '육체활동의 원동력'(마 27: 50) 그리고 '인격'(살전 5: 23)을 의미한다. 하나님과 관련해서는 인간의 영과 교제하는 '하나님의 영'(고전 2: 14)과 삼위일체 하나님의 '성령 하나님'을 지칭할 때(요 20: 22) 사용되었다. 인간과 관련해서 '프뉴마'는 '숨'으로 육체에 생명력을 주는 하나님의 능력과 밀접하게 연관되어 있다(W. Arndt, F. W. Danker, & W. Bauer, 2000: 832-836).[11] 성경은 '프쉬케'와 '프뉴마'에 대해서 명확하게

11) G. 래드(신성종·이한수 역, 2007: 576-577)는 '프쉬케'와 '프뉴마'는 엄밀히 구별될 수 없지만, '프뉴마'는 하나님과 타자와의 관계에 주목하고 있으며 '프쉬케'는 살아 있는 존재, 인간의 생명력과 관련이 있다고 한다. 그리고 그는 바울에게 있어 '프뉴마'는 하나님과 관련된 영적 활동, 즉 기도(고전 14:14), 예언(고전 14: 32)과 같은 활동과 중생의 체험(엡 4: 23)을 설명할 때 사용한다고 설명한다. 후크마(류호준 역, 1999: 355-356)는 신약 성경 다른 곳에서 '프쉬케'가 하나님과 관련되어

구분하지 않는다. 다만 프뉴마는 하나님과 조금 더 밀접하게 사용된다는 것만 알 수 있다.[12] 신약 성경 역시 죽음은 일반적으로 육체와 생명과의 단절이면서 동시에 하나님과의 단절이라는 것을 암시한다.[13]

2) 특별한 죽음과 죽음의 역설

성경에는 다양한 죽음의 형태가 등장한다. 노화로 인한 죽음, 병으로 인한 요절, 전쟁으로 인한 죽음, 살인 등이 언급된다. 그러나 특별한 죽음이 있다. 바로 예수 그리스도의 죽음이다. 사도 바울은 예수 그리스도의 죽음을 인간의 죄를 위한 특별한 죽음이었다고 가르친다. "그리스도께서 하나님 곧 우리 아버지의 뜻을 따라 이 악한 세대에서 우리를 건지시려고 우리 죄를 대속하기 위하여 자기 몸을 주셨으니(갈 1:4)." 예수도 자신의 죽음과 그 의미에 대해 제자들에게 가르쳤다. "인자가 온 것은 섬김을 받으려 함이 아니라 도리어 섬기려 하고 자기 목숨을 많은 사람의 대속물로 주려 함이니라(마 20:28)." 본디오 빌라도에 의해 집행된 예수의 사형 집행은 표면적으로는 정치적 결과물이었을지 모르나 하나님은 죄의 해결을 위한 제의적 차원의 죽음이었다. 예수

사용되었다고 제시한다(눅 1: 46; 약 1: 21). 요한복음에서는 하나님을 '프뉴마'로 설명한다(4:24).

12) 이것은 하나님을 설명할 때 영이라는 단어가 사용된다는 것을 통해서도 확인된다(창 1: 2; 요 4: 24).

13) 성경은 모든 사람의 죽음을 동일하게 설명하지 않는다. 신자와 비신자의 죽음에 대해 구별한다. 신자의 죽음은 생명과의 단절이지만 하나님과의 관계는 지속된다. 반면 비신자의 경우 생명뿐만 아니라 하나님과의 단절을 의미한다.

의 죽음은 우연적이고 우발적인 죽음이 아니었다. 예수의 죽음은 아담과 하와의 범죄 이후에 고지되었으며, 이스라엘 백성들의 유월절 행사와 각종 제사법에서 형상화되었고 이사야 선지자에 의해 분명하게 예언되었다. "우리는 다 양 같아서 그릇 행하여 각기 제 길로 갔거늘 여호와께서는 우리 모두의 죄악을 그에게 담당시키셨도다(사 53: 6)."

또한 예수의 죽음은 죽음에 대한 승리를 알리는 죽음이었다. 다시 말해 그의 죽음은 죽음을 극복하는 죽음이었다. 예수는 자신의 죽음과 그 의미를 가르쳤을 뿐 아니라 부활 역시 가르쳤다. "이때로부터 예수 그리스도께서 자기가 예루살렘에 올라가 장로들과 대제사장들과 서기관들에게 많은 고난을 받고 죽임을 당하고, 제 삼일에 살아나야 할 것을 제자들에게 비로소 나타내시니(마 16:21)." 그리고 제자들 역시 자신과 마찬가지로 죽음을 극복할 것을 가르치셨다. 그의 말씀대로 예수는 무덤에 장사된지 삼일만에 다시 살아나셨고, 그의 제자들에게 보이셨다. 사도 바울은 예수의 죽음 그리고 부활의 의미를 비중 있게 다루었다. 특히 그는 고린도전서 15장에서 부활에 대해 심도 있게 다루었다. 예수 그리스도가 부활하셨듯이 그를 믿는 자들 역시 부활 것을 확언하였다. 신자들의 부활은 그 이전부터 있어왔다. 에스겔 선지자는 환상 중에 흩어져 있는 뼈들이 조각을 맞추고 살과 생기가 형성되는 장면을 보았으며(겔 37: 1-10), 그보다 앞서 이사야 선지자는 "주의 죽은 자들은 살아나고 그들의 시체들은 일어나리이다. 티끌에 누운 자들아, 너희는 깨어 노래하라. 주의 이슬은 빛난 이슬이니 땅이 죽은 자들을 내놓으리로다(사 26: 19)."라고 예언하였다. 예수 그리스도 역시 공생애 활동 기간 부활에 대해 제자들에게 가르쳤다. "예수께서 이르시되 나는 부활이요 생명이니 나를 믿는 자는 죽어도 살겠고(요 11:25).” 부활은 예수 그리스도에게 한정된 사건이 아니었다. 성경은 죽음이 삶의 끝이 아님을 가르치고 있다. 죽음은 또 다른 삶으로의 전이이다. 죄로 인해 죽음이 인간 존재의 한 양식이 되었다. 예수의 부활은 또 다른 삶의 존재양식을 보여 주는 하나의 예표이다.

부활을 이끈 예수 그리스도의 죽음은 하나님과의 연합을 이끌어낸다. 예수 그리스도의 죽음으로 죽음에 새로운 의미가 분명하게 추가되었다. 성경에서 죽음에 대해 일관되게 언급하고 있는 것은 죄로 인해 인간의 죽음이 시작되었고 죽음은 생명 있는 호흡의 중지이기도 하지만, 하나님과의 단절, 즉 영적 죽음이라는 것이다. 그러나 하나님과 분리됨의 일차적 죽음의 성격은 극복되는 것으로 언급된다. “아브라함과 이삭의 죽음을 성경은 그의 나이가 높고 늙어서 기운이 다하여 죽어 자기 열조에게로 돌아가매(창 25:8)”, “이삭이 나이가 많고 늙어 기운이 다하매 죽어 자기 열조에게로 돌아가니 그의 아들 에서와 야곱이 그를 장사하였더라(창 35:29).” 성경은 죽음을 조상들이 있는 곳으로 돌아간다고 보았다. 이러한 죽음의 묘사는 그들의 장례 문화에 기초한 것으로 간주할 수 있다. 그러나 조상들이 있는 곳으로 돌아가는 것은 죽은 자들의 세계가 있는 곳으로 간다는 것만을 의미하지 않는다. 그것은 하나님과 함께 있는 그들의 열조에게로 간다는 것을 의미한다.[14] 죽음을 통해 하나님께 갈 수 있다는 것은 ‘스올’에 대한 그들의 또 다른 이해에서도 확인된다. 이스라엘 민족

---

14) 박익수(1997: 89)는 죽음을 계약 공동체에서의 이탈로 설명한다. 하나님은 이스라엘 백성들을 선택하셨고, 애굽으로부터 구원하셨고, 계약을 맺으셨다. 이스라엘 민족은 하나님과의 계약된 민족이다. 그들에게 있어 삶의 가치는 계약 공동체 안에서 있을 때이다. 그런데 죽음은 육체와의 분리뿐만 아니라 공동체와의 분리도 의미한다. 그들은 죽어서도 공동체 안에 있기를 소망했다.

에게 '스올'은 죽은 자들이 있는 곳으로 그곳에서는 하나님을 찬양할 수도 그리고 감사할 수도 없는 곳으로 묘사되었다. 이와 동시에 그들은 스올일지라도 하나님이 계시며 하나님께서 다스리시는 곳으로 설명한다. 성경은 하나님께서는 스올도 관장하신다고 설명한다. "내가 주의 영을 떠나 어디로 가며 주의 앞에서 어디로 피하리이까. 내가 하늘에 올라갈지라도 거기 계시며 스올에 내 자리를 펼지라도 거기 계시니이다(시 139:7-8)." 그러나 스올을 극복할 수 있는 것은 죽음을 통해서이다. "누가 살아서 죽음을 보지 아니하고 자기의 영혼을 스올의 권세에서 건지리이까(시 89:48)." 죽음을 통해서 스올을 극복하고 하나님께 나아갈 수 있다는 것이다. 스올의 힘은 죽음이지만 스올의 힘을 극복하는 것은 바로 죽음이다. 죽음을 통해 하나님과 연합할 수 있다. 이와 같은 생각은 신약 성경에서 더 분명하게 나타난다. 그것은 바로 예수 그리스도의 죽음이다. 예수 당시뿐 아니라 이스라엘 역사 속에서 십자가 처형은 저주의 상징이었다. 사람들은 예수가 십자가에서 죽자 하나님으로부터 버림을 받았다고 조롱하였다. 예수 또한 죽음을 앞두고 감람산 언덕에서 깊은 두려움으로 하나님께 기도했으며, 또한 십자가에서 죽음을 앞두고 "엘리 엘리 라마 사박다니"라고 외치셨다. 이 말의 뜻은 "나의 하나님, 나의 하나님 어찌하여 나를 버리셨나이까"(막 15: 34)이다. 예수는 죽음을 초연하게 받아들이지 않았다. 두려움 그리고 공포 속에서 죽음을 받아들였다.[15] 그런데 죽음이 끝이 아니었다. 그는 다

---

15) 현대 신학자 쿨만(O. Cullmann)은 죽음을 맞이 하는 소크라테스와 예수를 비교하였다. 임박한 죽음에 대해 소크라테스와 예수의 반응은 상이하다. 소크라테스는 영혼의 해방을 외치면 의연하게 독배를 마시는 것으로 묘사되며, 예수는 고통스럽게 죽음을 맞이하고 있다. 이것은 죽음에 대한 차이에서 기인한다. 소크라테스의 죽음은 영혼 불멸에 대한 신념에 기초한 것으로 독에 의한 생명의 빼앗김이다. 반면

시 살아났고, 세상의 구원자가 되셨다. 죽음으로 하나님의 뜻을 이루었을 뿐만 아니라 하나님께서 그를 높이셨다.

"그는 근본 하나님의 본체시나 하나님과 동등됨을 취할 것으로 여기지 아니하시고 오히려 자기를 비워 종의 형체를 가지사 사람들과 같이 되셨고 사람의 모양으로 나타나사 자기를 낮추시고 죽기까지 복종하셨으니 곧 십자가에 죽으심이라. 이러므로 하나님이 그를 지극히 높여 모든 이름 위에 뛰어난 이름을 주사 하늘에 있는 자들과 땅에 있는 자들과 땅 아래에 있는 자들로 모든 무릎을 예수의 이름에 꿇게 하시고 모든 입으로 예수 그리스도를 주라 시인하여 하나님 아버지께 영광을 돌리게 하셨느니라(빌 2:6-11)."

예수 그리스도의 죽음으로 죽음은 육과 영의 분리, 하나님과의 분리를 뜻하지 않게 되었다. 예수의 죽음으로 그리고 예수를 그리스도로 믿고 따르는 자들에게 죽음의 권세는 사라졌다. 죽음은 죽음후 부활을 통해 영과 육이 새롭게 연합되는 계기가 되며, 하나님과의 영원한 연합을 상징하게 되었다. 예수의 죽음으로 인해 죽음은 새로운 전환을 맞게 되었다. 이에 대해 A. 후크마(류호준 역, 2002: 124)는 다음과 같이 설명하였다.

예수의 죽음은 죄와 관련된 것이다. 그러므로 예수의 죽음은 죄에 대한 저주이기 때문에 공포 그 자체가 될 수밖에 없다. 그러나 신자들은 죽음 앞에 초연할 수 있다. 죽음의 저주와 공포를 예수 그리스도께서 해결하셨기 때문이다(최태영, 2009: 114-116).

"이상의 모든 것이 의미하는 바는 우리의 '최후의 적'(고전 15: 26)인 죽음이 그리스도의 사역을 통하여 우리의 친구가 되었다는 것이다. 우리가 가장 두려워하는 대적자가 우리를 위해 하늘의 복락에 들어가는 문을 열어주는 하인이 된 것이다. 그러므로 그리스도인들에게 있어서 죽음은 끝이 아니라 영광스런 새로운 시작이다."

예수의 죽음으로 죽음은 끝이 아니라 새로운 시작을 의미한다. 그래서 바울은 빌립보서 1장 21절에서 "이는 내게 사는 것이 그리스도니 죽는 것도 유익함이라"고 고백할 수 있었다. 죽음을 통해 우리는 예수 그리스도와 완전한 연합을 이룰 수 있다. 그리고 이것은 하나님과의 온전한 연합을 의미한다. 즉, 죽음을 통해서 완벽한 생명을 얻는 것이다. 또한 죽음은 더 이상 우리의 적이 아니다. 우리의 친구로 우리를 돕는 자이다. 죽음은 삶을 각성시킨다. 죽음을 통한 이별 그리고 죽음에 이르게 하는 질병과 고통은 교만한 자들을 겸손하게 하며 육욕을 억제시킨다. 죽음의 각성은 신앙의 성화로 이어진다. 죽음은 세속적인 마음을 막고, 하나님의 일에 대해 더 열심을 내는 하나의 동력이 된다(Berkhof/권수경·이상원 역, 2004: 938). 신자에게 있어 죽음은 더 이상 적이 아니다. 죽음은 신자의 친구이며 하인으로 신자의 성화를 돕는 자이다.

또한 예수의 부활은 모든 사람들의 부활을 예표한다. 그리고 부활과 함께 하나님과의 영원한 연합과 분리가 있게 된다. 성경은 예수 그리스도를 구주로 믿고 그 안에서 죽은 자들만 그와 함께 부활한다고 가르치지 않는다. 성경은 모든 사람들의 부활에 대해 말한다. "선한 일을 행한 자는 생명의 부활로, 악한 일을 행한 자는 심판의 부활로 나오리라"(요 5:29). 그런데 예수와 달리 우리의 부활은 죽은 뒤 바로 일어나지 않고, 예수 그리스도의 재림과 함께 일어난다. 다시 말해 예수 그리스도의 재림과 함께 모든 사람이 부활하게 된다. 그리고 최후의 심판이 기다린다. 그리고 이 심판과 함께 영원한 죽음과 영원한 생명이 발생한다. 요한계시록은 이 최후의 심판과 영원한 죽음에 대해 자세히 언급한다.

> "또 내가 보니 죽은 자들이 큰 자나 작은 자나 그 보좌 앞에 서 있는데 책들이 펴 있고 또 다른 책이 펴졌으니 곧 생명책이라 죽은 자들이 자기 행위를 따라 책들에 기록된 대로 심판을 받으니 바다가 그 가운데에서 죽은 자들을 내주고 또 사망과 음부도 그 가운데에서 죽은 자들을 내주매 각 사람이 자기의 행위대로 심판을 받고 사망과 음부도 불못에 던져지니 이것은 둘째 사망 곧 불못이라 누구든지 생명책에 기록되지 못한 자는 불못에 던져지더라(계 20: 12-15)."

이 말씀에는 죽은 자들이 모두 부활할 것이며,[16] 그들의 행위대로 심판받을 것을 언급하고 있다. 그리고 생명책에 기록되어 있지 않은 자들은 불못에 던져질 것이라고 한다. 또한 사망과 음부도 이 불못에 함께 던져진다. 이것은 죽음의 죽음으로 최후의 심판 때에 죽음은 완전히 소멸된다는 것을 뜻한다. 예수 그

16) 요한계시록 20장에는 부활이 두 번 있을 것이라고 언급한다. 이에 대해 신학자들은 다양한 의견을 내놓고 있다(신복윤, 2001: 374-379; L. Berkhof/권수경·이상원 역, 2004:1000-1003 참조). 개혁주의 신학자인 벌코프(권수경·이상원 역, 2004: 1002)는 첫 번째 부활을 성도들이 죽은 후 그리스도와 함께 하는 영광스러운 삶의 상태를 묘사한 것이며, 두 번째 부활만이 그리스도의 재림과 함께 발생하는 육체적 부활을 의미한다고 설명하였다.

리스도의 재림 그리고 부활과 함께 죽음은 완전히 극복되는 것이다. 그러나 그리스도인들은 죽음이 없는 영원한 생명을 소유하게 된다. 하나님과의 온전한 연합 속에 거하게 되는 것이다. 그리스도인들에게 있어서 죽음은 영원한 생명으로 들어가는 문이다.

03 코메니우스의 죽음교육

1) 코메니우스의 죽음에 대한 이해

앞에서 살펴본 것처럼 성경에서 말하는 기독교적인 죽음은 하나님과 단절을 의미했다가 예수 그리스도의 부활을 통해 새로운 시작을 의미했다. 그리고 예수 그리스도의 재림을 통해 죽은 자의 부활이 일어나 영원한 천국으로 들어가 죽음이 극복된다. 따라서 죽음은 단순히 고통이나 두려움이 아니라 영원한 천국으로 가는 길이라고 할 수 있다. 이러한 죽음을 교육적으로 묘사한 사상가가 코메니우스Comenius이다.

코메니우스의 유명한 저서 『범교육학』은 오늘날에 비추어서 교육의 발달 단계를 다루면서, 교육은 평생교육이 되어야 하며 그 평생교육에 맞는 작업장, 즉 학교를 제시했다. 특히 그는 그 시대에 잘 다루어지지 않은 성인교육, 노인교육을 제시했으며, 죽음이라는 문제를 교육의 중심으로 다루었다. 최진경은 배움의 문제를 “요람에서 무덤까지”라는 슬로건처럼 이 세상에 제한시키지 않고, 심지어 아직 세상에서 태어나지 않은 모태에 있는 태아와 더 나아가 죽음 후의 영원세계의 삶까지 확대된 평생교육론을 펼치고 있다(최진경, 2010: 124)고 지적하였다. 따라서 코메니우스에게서 죽음의 문제는 삶의 문제와 더불어 그의 교육사상의 중요한 위치를 차지하고 있다.

"타락하기 전에 에덴 동산에는 인간에게 하나의 학교가 분명히 세워져 있었다. 그 학교에서 인간은 점차적으로 진보에 이르러야 했다. 사실 첫 번째 인간이 창조되자마자 그에게 걷는 능력뿐만 아니라 언어도 이성적 사고도 부족하였다. 그리고 경험을 통해 자라난 인식도 결핍되었다.(Comenius, 정일웅 역, 2002: 86)

코메니우스는 인간을 결핍된 존재로 이해한다. 그러면서 코메니우스는 인간에게 교육이 필요하며 인간을 교육 가능한 존재로 여긴다. 이러한 교육 가능하고 교육을 필요로 하는 인간에 대한 교육을 범교육이라고 명명하였다.

"범교육이란 전 인간 세대의 각 개인과 관련된 돌봄(교육)을 의미한다. 그것은 방법적으로 전체를 지향하며, 인간을 그의 본성의 완전함에로 다듬는 일이다. 희랍어에서 교육(파이데이아)이란 가르침과 훈육을 뜻하는 것이었다. 파이데이아를 통하여 인간들은 미숙한 불완전한 상태에서 이끌어 내어진 것이다. 판이란 전체를 뜻한다. 그러므로 전 인류에게 전체의 모든 것이 포괄적으로 가르쳐져야 한다는 것이 여기서 중요한 내용이다"(Comenius, 정일웅 역, 2005: 15-16).

범교육은 모든 사람들에게Omnes 모든 사물들을Omnia 모든 포괄적인 방법으로Omnino 가르친다는 것이다. 이러한 범교육은 인간 삶의 전체가 교육의 대상이다. 강선보에 따르면 “코메니우스는 범교육의 과정을 삶의 전체를 포괄하는 과정으로 보면서 평생과 정로서의 교육을 강조하였다”고 주장한다(강선보, 2004: 6). 따라서 코메니우스의 범교육은 모든 사람들에게 전 생애 동안 이루어지는 평생교육으로 간주되어야 한다. 실제로 코메니우스는 태아기부터 노년기까지 전생애의 교육을 학교라고 지칭하면서 교육은 평생동안 이루어지는 것으로 여겼다. 덧붙여서 코메니우스는 노년기 학교 다음에 ‘사망의 학교’를 생애의 마지막 단계로 구성하여 인간의 삶은 탄생으로부터 죽음까지의 단계로 보았다.

코메니우스의 범교육학을 통해서 볼 때 ‘죽음’은 삶에서 중요한 것이다. 즉, 죽음에 대한 문제는 인간의 전생애에 걸친 삶의 문제이면서 교육의 문제인 것이다.

> “세상은 태초부터 종말에 이르기까지 전 인류를 위한 하나의 학교인 것처럼, 각 개개인에게는 자신의 전생애가 나서부터 죽을 때까지 하나의 학교인 것이다(태아에서 무덤까지)”(Comenius, 정일웅 역, 2005: 115).

코메니우스는 세상이 만들어질 때부터 끝날 때까지 비교하면서 인간의 삶도 태어날 때부터 죽을 때까지의 교육이 필요함을 주장하면서 생애의 각 단계가 학교라고 보는 것이다. 그런데 코메니우스에게서 죽음의 문제는 노년기 때만 다루어지는 문제가 아니다. 코메니우스는 전생애 동안 죽음의 문제가 삶의 문제와 연관되어 다루어지고 교육되어야 한다고 주장한다. 코메니우스는 태아기 학교에서 인간 삶의 행복은 잘 출생하고, 잘 살아가고, 잘 죽는 것이라고 본다.

> "잘 출생하고, 잘 살아가고, 잘 죽는 것, 이것이 바로 인류 복지의 세 가지 요점인 것이다. 이것은 서로 견고히 묶여 있는데 두 번째는 첫 번째에 달려 있고, 세 번째 또한 두 번째에 달려 있는 것이다. 그 때문에 무엇보다도 첫 번째가 가장 고려되어야 한다."(Comenius, 정일웅 역, 2005: 220)

인간의 삶은 태어나서 살아가고 죽는 것, 이 세 가지가 연결되어 있고 그중에서 가장 먼저 잘 태어난 것, 즉 건강한 정신과 육체를 가지고 태어나는 것이 중요하다는 것이다. 그리고 인간은 건강하게 태어나서 존경할만한 삶과 하나님의 은총 아래서 경건한 삶을 사는 것을 잘 사는 것으로 본다. 코메니우스는 삶의 마지막에서 좋은 죽음을 다음과 같이 언급한다.

> 좋은 죽음은 다음과 같은 것이다.
> (1) 존경할 만한 과거를 남기고
> (2) 서글픈 죽음이 아니라 기쁨 속에서 평온한 죽음을 맞이하며,
> (3) 죽음을 통하여 생명을 얻고, 경건한 기대로 눈을 감는다면 그는 잘 죽는 것이다(Comenius, 정일웅 역, 2005: 221).

코메니우스는 잘 태어나서 사는 것뿐만 아니라 잘 죽는 것도 중요하게 여긴다. 인간의 좋은 죽음은 인간의 삶 모든 측면에서 행복한 삶을 영위하고 죽어야 좋은 죽음이다. 최진경은 이러한 인간의 삶은 육체적, 정신적, 윤리적, 사회적, 종교적인 모든 측면에서 행복한 삶을 기반으로 하고 있다고 주장하였다(최진경, 2010: 123). 즉, 인간은 전인적 측면에서 좋은 죽음을 맞이해야 한다. 일반적으로 육체적인 죽음뿐만 아니라 다른 측면의 죽음도

중요하다. 정신적 측면에서는 기쁨 속에서 평온한 죽음이며, 사회적 측면에서는 존경할 만한 과거를 남기며, 종교적 측면에서는 새 생명을 얻고 경건한 기대로 죽는 전인적 죽음이 좋은 죽음인 것이다.

코메니우스에게서 죽음은 이 세상 동안의 삶에서 잘 사는 것도 중요하지만, 오히려 현세의 삶은 내세의 삶, 죽음 이후의 삶을 위한 것으로 본다. 코메니우스는 예수 그리스도가 이 세상에 머무르다가 영원한 집으로 간 것처럼, 우리도 이 세상에 머물러서는 안 된다고 주장한다.

> "그가 여기 세상에 머무르기 위해서가 아니라, 삶의 여정을 끝낸 후에 영원한 집으로 건너가기 위해 세상에 머무르지 않으셨던 거처럼, 그의 제자인 우리 또한 이 세상에 머물러서는 안 되며 다른 세상으로 넘어가기 위해 걸어야 할 것이다."(Comenius, 정일웅 역, 2002: 54-55)

그렇지만 현세의 삶을 버리고 내세의 삶만을 중요하게 여기는 것은 아니다. 앞에서 언급한 것처럼 현세의 삶은 내세의 삶과 분리된 것이 아니라 연결된 것이며, 현세의 삶은 내세의 삶에서 끝나는 것이 아니라 완성인 것이다.

> "세 가지 삶과 세 종류의 거주지는 이처럼 우리 각자에게 미리 결정되어 있다. 그것은 모태와 땅과 하늘에서이다. 우리는 출생을 통해 모태에서 땅에 이르고, 죽음과 부활을 통해 땅에서 하늘에 이른다. 하늘에서 우리는 영원토록 머문다.~ 세 번째 단계에서 우리는 모든 것에 있어 무한한 충만함을 얻는다."(Comenius, 정일웅 역, 2002: 56)

코메니우스는 내세의 삶, 죽음 이후의 삶은 영원히 지속되는 삶이며, 그렇기 때문에 죽음은 삶의 단절이 아니라 영원한 삶을 위한 전환이 되는 과정이라 할 수 있다. 코메니우스는 죽음이라는 것이 인생의 삶을 한계짓지 못하며(Comenius, 정일웅 역, 2005: 115), 삶의 한계를 짓지 못하는 것은 내세의 영원한 삶이 있기 때문인 것이다. 이러한 내세의 삶은 현세에 준비되어야 한다. 현세의 삶은 내세의 삶을 준비하는 삶이어야 하며, 현세의 삶 각 단계는 내세의 삶을 위한 성취 과제들이 있다고 말한다. 코메니우스는 다음과 같이 언급하였다.

> "그렇기 때문에 모든 인간들이 자신의 죽음을 맞이하기 전에 인생을 완성시키고 미래의 삶에 대해서도 준비할 수 있도록, 인간의 모든 단계와 그 단계 안에서 성취되어야 할 과제들이 나누어져야 한다."(Comenius, 정일웅 역, 2005:116)

지금까지 살펴본 대로 코메니우스는 죽음의 문제는 삶의 문제이며, 죽음과 삶은 단절이 아니라 서로 연결되어 있으며, 현세의 삶의 완성이 내세의 삶, 즉 죽음인 것이다. 이러한 현세의 삶의 완성을 위해서는 내세의 삶을 잘 준비하여야 하며 그러기 위해서는 좋은 죽음이 되어야 한다. 좋은 죽음은 인간의 전인적 측면에서 죽음인 것이다.

2) 코메니우스의 죽음교육

(1) 노년기 학교 이전에서의 죽음교육

코메니우스는 인간에게 세 가지 거주지가 있다고 하였다. 어머니의 태, 땅, 하늘이 있다고 하였는데, 인간은 출생을 통해서 첫 번째 거주지인 어머니의 태에서 땅으로 옮겨가고, 죽음을 통해서는 두 번째 거주지인 땅에서 하늘로 옮겨가고 거기서 영원히 머무른다고 한다(Comenius, 정일웅 역, 2005: 239). 코메니우스가 범교육학에서 제시한 8단계의 학교는 분리되어 있는 것이 아니라 연결되어 있음을 알 수 있다. 코메니우스는 유아기학교에서는 온전한 지체를 가지고 태어나는 것을 중요하다고 생각하였다. 왜냐하면 온전한 지체를 가지고 태어나지 않는다면, 두 번째 거주지인 땅에서는 이러한 결점을 제거할 수 없기 때문이다. 따라서 코메니우스는 어린아이가 온전한 지체를 가지고 태어나는 것이 무엇보다 중요하다. 그럼에도 불구하고 이렇게 온전하게 태어난 어린아이는 언제든지 죽음을 마주할 수밖에 없다. 이러한 이유로 코메니우스에게서 죽음을 피하기 위한 수단으로 교육이 중요하게 여겨진다.

> 만약 유아기 때 죽음을 피하고 장수하고 싶다면, 교육이 연기되어서는 안 된다. 왜냐하면 인생을 살아가면서 우리가 배우고 행해야 하는 일들은 너무 많아서 목숨이 두 배로 연장된다 할지라도 시간적 여유가 없기 때문이다(Comenius, 정일웅 역, 2005: 240).

코메니우스를 통해서 볼 때 교육은 인간을 인간답게 하는 인간형성의 작용이기 때문에 유아기부터 시작되어야 한다. 그리고 유아기는 죽음에 대한 교육은 이루어지지 않지만 죽음을 피하고 인간으로서 평생 살아가기 위해서는 교육이 중요한 것이다. 앞에서 언급했듯이 삶과 죽음은 서로 연결되어 있기 때문에 평생의 삶 동안 이루어지는 교육은 잘 살아가는 교육이며 한편으로 죽음교육이라고 규정할 수도 있다.

코메니우스는 아동기 학교부터 청년기 학교에서는 죽음에 대한 언급을 하지 않고 장년기 학교에서 죽음을 언급한다. 코메니우스는 장년기의 삶을 직업으로서의 삶, 일로서의 삶, 길로서의 삶, 연극으로서의 삶을 제시하면서 길로서의 삶을 다음과 같이 언급하고 있다.

> 이 길은 노년으로, 죽음으로 그리고 거기에서 영원으로 이르는 길이다. 다음과 같은 이유로 우리는 노년을 대비한 준비를 해야만 한다 (Comenius, 정일웅 역, 2005: 364).

여기서 알 수 있는 것은 장년기는 노년기를 준비하는 시기이면서 노년기에 다가오는 죽음에 대해서도 생각해야 하는 시기이다. 코메니우스는 생은 죽음과 영원에 이르는 길(Comenius, 정일웅 역, 2005: 365)이라고 하면서 노년기가 평안하고 기쁜 생애가 되기 위해서 장년기에 잘 준비되어야 한다고 보았다. 코메니우스는 노년기 직전의 장년기에 장수하는 비결로 게으르지 않아야 한다고 주장하였다. 특히 게으른 자는 죽은 자나 다름없기 때문에 노년기 직전에 있는 장년기에도 열심히 살아가고 목표를 향해 노력해야 한다고 보았다.

(2) 노년기 학교와 사망의 학교에서의 죽음교육

코메니우스의 죽음교육은 노년기에서 본격적으로 다루어진다. 코메니우스는 노년기를 마지막 시기이며, 생의 막바지 부분이요, 사망과 이웃한 때(Comenius, 정일웅 역, 2005: 393)라고 규정하였다. 노년기는 죽음의 문제를 지나칠 수 없는 시기인 것이다. 노년기에 죽음의 문제를 지나칠 수 없다하더라도 노년기를 죽음의 문제로만 관련지을 수는 없다. 코메니우스는 죽음의 문제는 삶의 문제이기 때문에, 노년기는 생에 있어서 모든 행위의 완성(Comenius, 정일웅 역, 2005: 394)의 시기로 지금까지의 삶을 노년기에서 완성할 수 있는 교육이 필요한 것이다. 코메니우스도 노년기에 죽음은 두렵고 끔직한 것으로 여기고 있다. 그렇지만 죽음을 두려운 것으로만 여기지 말고 노아가 홍수에 대비해 방주를 오랜 시간 만들어왔던 것처럼 오랫동안 죽음에 대한 준비가 필요함을 주장하였다.

> 노아가 일 년 좀 못 미치는 기간 동안 있을 대홍수의 물결을 피하기 위한 방주를 100년 이상 걸려 만들고 있었을 때에, 육체가 절멸에 이르고 영혼까지도 말살되어 버린다는 사실을 알고 두려워해야만 하는 시간을 적어도 사망에 이르기 직전의 수년 동안에 예비해야 했다(Comenius, 정일웅 역, 2005: 395).

따라서 노년기는 삶을 완성하는 시기이며, 죽음을 준비하는 시기라고 할 수 있다. 이러한 노년기의 교육은 결국 현세를 바르게 마무리하고 영생에 들어가기 위한 것이기 때문에 고귀한 것이다.

코메니우스는 노년기 학교를 세 반으로 나눈다. 노년기 문턱에 이르러 이미 성취해 왔고 계속해서 성취해야 할 과제들을 생각하는 자들의 반, 상당한 노년에 이르러 아직 못 다한 것을 서둘러 완성해야 하는 자들의 반, 노년을 다 지나 이제는 죽음을 기다리는 자들의 반(Comenius, 정일웅 역, 2005: 396)이 그것이다. 여기서 당연히 죽음과 연결되어 있는 반은 마지막인 노년을 다 지나 이제는 죽음을 기다리는 자들의 반이다. 그렇지만 죽음을 기다리는 자들의 반은 앞의 두 반을 잘 보내야 의미 있는 것이다. 즉, 첫 번째 반과 두 번째 반에서 성취해야 할 과제들을 생각하며 완성해야 세 번째 죽음이 가까이 있는 세 번째 반에서 삶을 정리하고 영생에 들어갈 수 있는 것이다. Brathuhn이 지적하듯이 코메니우스의 사고는 마지막 삶의 단계에서 죽음에 대한 준비가 큰 공간을 차지한다. 그렇지만 죽음에 대한 준비는 사람의 마지막에서 비로소 하는 것이 아니라 미리 세심한 준비가 필요한 것이다(Brathuhn, 1999: 160).

코메니우스는 인간의 삶을 축제로 묘사하였다. 이스라엘의 세 절기를 인간의 삶과 연결시켜서 인간의 평생의 삶이 즐거운 축제가 되어야 하며, 죽음을 생각해야 하는 노년기도 축제가 되어야 한다고 말하였다.

연중 이 세 가지의 절기는 이른 봄 전의 부활절, 초여름 전의 성령강림절 그리고 늦가을 초막절이다. 인간이 일생 동안 경험하게 되는 세 가지의 커다란 변화, 즉 태어남과 직업의 선택과 죽음을 실증적으로 제시해 주고 있다. 그러나 연중 세 절기를 하나님께 장중하게 바치는 것이 그 분의 뜻이므로, 우리는 생의 이 세 절기를 축제로 보내야 하지 않는

> 가?.... 하나님의 영화와 우리의 위로를 기리는 세 절기를 통해 생의 마지막 부분, 즉 노년을 왜 축하하지 않는가?(Comenius, 정일웅 역, 2005: 403)

인간의 탄생, 직업의 선택, 죽음 모두 인간 삶의 일부이다. 또한 이 세 가지는 하나님께서 인간에게 허락하신 삶이다. 그렇기 때문에 생의 마지막 시기인 노년도 축하를 해야 하는 것이다.

그렇다면 노년기의 죽음에 대한 태도는 어떠해야 하는가? 코메니우스는 다음과 같이 말하였다.

> 석양이 질 때에 그들 생의 마지막에 대해 생각할 것이며, 밤 동안에는 무덤의 평안을, 날이 샐 녘에는 죽은 자들 가운데에서의 부활을 생각할 것이다. 주말과 월말과 연말에도 이와 같이 생각하게 될 것이며, 각 시간 단위의 시작 때에도 마찬가지일 것이다(Comenius, 정일웅 역, 2005: 409).

코메니우스는 노년기에는 항상 죽음을 생각한다는 것이다. 그렇기 때문에 죽음을 준비하며 잘 죽는 것이 중요하다. 특히 코메니우스는 유언이 평안한 죽음을 맞이하게 한다고 주장하였다. 유언을 코메니우스가 노년기 학교에서 중요하게 생각하는 이유는 무엇인가? 유언은 영혼을 하나님께 맡겨서 그 분의 수중에 의지하게 하고, 육신을 흙에 맡기어 매장 후에 무덤 속에서 평안을 취하게 하고, 상속분을 현명하게 상속인들에게 배분하여 형벌이 발생하지 않게 하며, 마지막으로 모든 선한 사람들을 회상하며 선한 행위를 일삼아 좋은 모범이 된다(Comenius, 정일웅 역, 2005: 409-410)는 것이다. 즉, 유언은 이 현세를 더 이상 중요하게 생각하지 않고 내세의 영원을 더 중요하게 생각하는 중요한 표지인 것이다. 또한 유언을 통해 후세의 사람들이 모범이 되는 죽은 자를 본받게 하는 것이다. Brathuhn이 언급한 것처럼 유언은 이 세상의 용무를 위한 걱정으로부터 해방되고, 아주 조용히 죽기 위해서 해야 하는 것이다(Brathuhn, 1999: 160).

결국 죽음을 앞둔 노년기에 죽음은 두려운 것이 아니며, 죽음은 행복하고 즐거운 것이다. 그리고 그냥 죽는 죽음이 아니라 선하게 죽는 죽음이 좋은 죽음이다. 선하게 죽는다는 것은 이 세상에 연연하지 않고 죽음을 앞둔 노년기의 선한 행위를 하며, 내세의 영원을 소망하면서 죽는 죽음인 것이다.

코메니우스는 노년기 학교로 끝내지 않고 마지막 학교를 사망의 학교로 둔다. 사망의 학교는 태아기 학교와 상응하는 학교로 인간의 삶의 출생이 인간의 삶을 시작하는 것이라면 죽음은 인간의 삶의 마지막이기 때문에 서로 상응하는 학교인 것이다. 그렇지만 코메니우스는 사망의 학교에서 사망의 학교가 어떤 곳인지 구체적으로 설명하지 않는다. 코메니우스가 형제교단의 사제이며 그의 사상에 비추어 볼 때 내세인 천국을 가리킨 것으로 볼 수 있다. 사망의 학교에서 코메니우스는 별 다른 언급이 없지만, 다음과 같이 죽음에 대한 말로 범교육학을 끝내고 있다.

> 노인들에게는 선하게 축복받으며 죽은 것이 행복이며, 모든 경건한 인간을 추념하고 바라보는 것이 마땅한 일이기 때문이고, 그는 여러 가지 경건하고 계몽된 사람들로부터 진단되었기 때문이다(Comenius, 정일웅 역, 2005:414).

이것은 결국 인간은 선하게 또한 축복받으며 죽는 것은 행복한 삶이라고 할 수 있다. 따라서 인간의 삶은 어떻게 죽느냐에 따라서 그의 삶은 의미있는 삶이 될 수도 있고 그렇지 않는 삶이 될 수도 있는 것이다. 인간의 교육에서 죽음이 기존에는 의미없거나 관심을 가지지 않았지만, 코메니우스를 통해서 볼 때 인간의 삶에서 죽음은 중요하며 죽음교육 역시 중요한 것이라 할 수 있는 것이다.

04 맺음말

성경에서 죽음은 삶의 자연스러운 한 과정으로 또한 인간사에 발생하는, 예를 들면 살인, 병사와 같은 사건과 관련하여 묘사된다. 이러한 죽음에 대한 묘사는 인간에게 죽음은 하나의 필연적 존재 양식으로 보인다. 그러나 성경은 인간에게 죽음은 필연적 존재 양식이 아니라고 설명한다. 죽음은 하나님에 의해 계획된 것이 아니라 인간의 죄로 인해 인간의 삶에 찾아온 하나님의 공의의 한 표시이다. 성경에서 죽음의 기본적 의미는 하나님과의 분리 또는 단절이다. 하나님과의 단절은 하나님과의 관계 파괴를 의미한다. 죄로 인해 인간에게 찾아온 첫 번째 특징은 하나님을 피하고 거부하는 것이다. 죄로 인해 인간은 영적으로 죽었다. 죄로 인한 인간의 두 번째 특징은 육체의 죽음이다. 성경은 '무트'mwt, '아포크테이노'apokteino와 같은 단어로 표현하고, 육체와 '영' 또는 '혼'의 분리로 설명한다. 그리고 '영'과 '혼'은 육체와 밀접하게 연관되어 있지만 동시에 하나님과도 연관되어 있다.

왜냐하면 성경의 기본 사상에서 볼 때 생명의 근원은 바로 하나님이기 때문이다. 성경에서 육체의 죽음은 육체의 '사라짐', '호흡 멈춤'만을 의미하지 않는다. 성경에서 육체의 죽음은 하나님과의 분리됨, 하나님에서 떨어져 나감을 의미한다. 죽음에 대한 공포가 성경에서 자주 언급된다. 이 공포는 죽음 전에 찾아오는 육체적 고통, 사라짐에 대한 두려움이 아니라 하나님과의 분리됨에서 오는 두려움이었다.

죄로 인해 시작된 인간의 죽음에 대해 성경은 때론 자연스럽게 표현하기도 하지만, 그것은 어디까지나 죄로 인한 결과로서의 당연함이지 원래적 창조 질서에서 오는 자연스러움은 아니었다. 따라서 성경에서 죽음은 기본적으로 부정적인 것으로 간주된다. 그래서 성경의 역사는 이 죽음 극복의 역사이다. 영적, 육적 생명을 빼어가는 죽음에서 인간들을 구원하시는 하나님의 활동이 바로 성경의 역사이다. 역설적이게도 죽음에서의 구원은 죽음으로 가능하였다. 죽음만이 죄에 대한 유일한 해결책이다. 죽음으로 죽음을 극복할 수 있다. 이것과 관련하여 구약 성경에서는 양 또는 소와 같은 동물의 죽음으로 예견되었다. 그리고 신약 성경에서는 예수 그리스도의 죽음으로 성취되었다. 예수의 죽음과 부활로 죽음이 해결되었다. 그리고 완전한 죽음의 죽음은 예수의 재림과 최후의 심판 때에 이루어진다. 예수의 죽음과 함께 모든 죽었던 자들은 부활하게 되고 최후의 심판으로 영원한 생명과 영원한 죽음으로 구분된다. 예수 그리스도로 인해 죽음은 더 이상 절망, 끝이 아니라 생명으로 들어가는 문이 되었다. 예수로 인해 그리스도교인에게 죽음은 생명의 미학적 색채를 가지게 되었다. 죽음은 생명으로 들어가는 문이면서 동시에 생명을 현실로 들이는 통로와 같은 역할이 되었다. 죽음을 통해 그리스도교인은 죽음 너머의 생명을 바라보게 된다. 그리고 그 죽음 이후의 삶으로 자신의 삶을 바라보고 자신의 삶을 각성한다. 예수의 죽음과 부활로 죽음은 생물학적 종결이 아니라 하나님과의 연합을 바라보게 하며 동시에 생명, 즉 영원한 생명에 기초하여 삶을 재구성하게 하는 원동력이 되었다.

교육학자이면서 동시에 목회자였던 코메니우스는 죽음의 의미를 누구보다도 잘 알고 있었다. 그는 죽음을 내세로 들어가는 문으로 간주하였다. 그리고 죽음을 삶과 연결지어 생각하였다. 그에게 죽음 끝이 아니라 또 다른 삶의 시작이었다. 따라서 그는 일찍이 죽음에 대한 교육이 필요하다는 것을 깨달았다. 그래서 그는 범교육학에서 노년기 학교를 구상하였다. 노년기 학교의 주요 내용은 에릭슨E. H. Erikson의 사회심리발달이론에 근거한 8단계의 자아통합과 연관되어 있는 것처럼 보인다. 코메니우스도 노년에 있어서 삶의 통합을 강조하였다. 삶을 반추하고 재정리하고 재음미하는 것을 노년의 중요한 과업 중 하나로 간주하였다. 왜냐하면 삶의 통합을 통해서만 평안한 죽음을 맞이할 수 있기 때문이다. 또한 코메니우스는 노년기 학교에서 중요하게 다루어야 할 것은 삶에 대한 소망이라고 언급하였다. 그는 노년에는 기억력이 감퇴하기 때문에 기억을 돕기 위해 외적 감각을 자극할 수 있는 사물이나 상징물을 적절하게 배치할 것을 강조하면서 그 상징물로 죽음, 부활 마지막 심판, 지옥 내지는 천상의 기쁨 등과 관련된 것들이 적절할 것이라고 설명하였다 (Comenius, 정일웅 역, 2005: 411). 죽음이 끝이 아니라는 것을 확인시켜 주기 위해서이다. 그리고 코메니우스는 노년에 있는 자들에게 "그대의 정신은 지상보다는 하늘에 두라! 언젠가는 죽을 사람들 보다는 하늘의 하나님과 천사와 축복받은 자들과 교제하라! 모세처럼 … 느보산에 올라, 요단강 이편 땅에서 강 저편의 축복을 받고 사랑받는 땅을 바라보아야 한다."(Comenius, 정일웅 역, 2005: 412)고 당부하였다. 내세의 삶을 바라보고 그 내세의 관점에서 자신의 삶을 다시 조망하라는 것이다. 코메니우스는 성경에 기초하여 죽음을 이해하였고, 죽음과 가까이 있는 노년기 학교의 학생들에게 죽음은 끝이 아니라 새로운 시작이라는 것을 깨우치고 있다. 또한 죽음에 대한 교육은 노년기 학교에서만 다루어서는 안 된다. 코메니우스는 사망의 학교에서 죽음교육이 노년기에만 해당되는 것이 아니라 모든 이들에게 해당된다고 언급하였다(Comenius, 정일웅 역, 2005: 413). 왜냐하면 죽음은 삶의 모든 단계에서 찾아오기 때문이다. 노년기의 교육, 특별히 죽음과 관련된 내용은 코메니우스가 범교육학에서 상정한 모든 학교에서 다뤄져야 할 내용이다.

성경에 따르면 죄로 인해 죽음은 인간의 필연적 존재 양식이 되었다. 따라서 죽음에 대한 교육이 필요하다. 코메니우스가 우리에게 제시하는 죽음교육의 방향을 정리하면 다음과 같다. 첫째, 죽음에 대한 사고와 태도이다. 죽음은 인간에게 필수적인 삶이다. 인간은 잘 태어나서, 잘 살아가고, 잘 죽는 것이다. 따라서 탄생에 대한 교육과 발달과정에서 교육뿐만 아니라 죽음의 교육도 필요하다. 둘째, 죽음도 좋은 죽음이 필요하다. 좋은 죽음은 존경할 만한 과거를 남기고, 서글픈 죽음이 아니라 기쁨 속에서 평온한 죽음을 맞이하며, 죽음을 통하여 생명을 얻고, 경건한 기대로 눈을 감는다면 그는 잘 죽는 것이다. 셋째, 죽음의 문제는 삶의 문제이며 죽음과 삶은 단절이 아니라 서로 연결되어 있으며, 현세의 삶의 완성이 내세의 삶, 즉 죽음이다. 넷째, 죽음교육은 노년기 뿐만 아니라 삶의 문제이기 때문에 평생교육을 통해 죽음의 문제가 교육의 문제로 다루어져야 한다.

죽음은 교육에서 중요한 주제이다. 왜냐하면 죽음은 인간의 보편적 현상이기 때문이다. 기독교의 견지에서 죽음교육은 좀 더 특별하다. 왜냐하면 죽음은 삶의 마지막 단계가 아니라 다음 단계로 이동할 때 필수적으로 밟게 되는 통로이기 때문이다. 그렇기 때문에 기독교교육에서 죽음교육은 특별한 형태를 가진다. 기독교교육에서 죽음교육은 두려움과 슬픔에 대한 교육이 아니라 영원한 천국을 향한 기대와 더불어 죽음을 통해 현재의 삶을 영원과 잇대는 영원의 교육이다. 다시 말해 기독교교육에서 죽음교육은 하나님과의 온전한 연합을 추구하는 교육이다.

참고문헌 REFERENCE

상선보(2004). 코메니우스의 성인교육사상. 『교육문제연구』. 21집. 1-25.

김균진(2012). 『죽음의 신학』. 서울: 대한기독교서회.

김홍연(2007). 죽음과 기독교교육: 죽음을 통한 삶의 의미를 교육하기. 『신학과 목회』. 28집. 305-331.

대한성서공회 편. 『성경전서』. 개역개정 4판.

박익수(1997). 죽음에 대한 성서신학적 이해. 『신학과 세계』. 35집. 79-114.

신복윤(2001). 『종말론』. 서울: 개혁주의신행협회.

이관표(2017). J. 몰트만의 신학적 죽음이해: 그리스도교의 행방의 관점에서 보는 죽음. 『기독교철학』. 24집. 131-154.

조규만(1997). 그리스도교의 죽음이해. 『신학과 사상학회』. 21집. 57-111.

최진경(2010). 평생교육학의 선구자 코메니우스의 "Pampaedia"(범교육학)에 나타난 평생교육이해와 시사점. 『평생교육학연구』. 16집. 113-132

최태영(2009). 죽음에 대한 신학적 고찰. 『신학과 목회』. 32집. 99-124.

Arndt, W., Danker, F. W., & Bauer, W.(2000). *A Greek-English lexicon of the New Testament and other early Christian literature.* 3rd ed. Chicago: University of Chicago Press.

Augustinus. *De Civitate Dei.* 조호연·김종흡 역(2006). 『하나님의 도성』. 고양: 크리스챤다이제스트.

Brathuhn, Sylvia(1999). *Lernen, mit dem Tod zu Leben.* Bad Iburg: Der Andere Verlag.

Berkhof, L. *Systematic Theology.* 권수경·이상원 역(2004). 『조직신학(하)』. 파주: 크리스챤다이제스트.

Comenius, Johann Amos(1659). *Didactica magna.* 정일웅 역(2002). 『대교수학』. 서울: 창지사.

Comenius, Johann Amos. *Pampaedia Allerziehung.* 정일웅 역(2005). 『범교육학』. 서울: 그리심.

Erickson, M. J. *Eschatology.* 이은수 역(1994). 『종말론』. 서울: 기독교문서선교회.

Hoekema, A. A. *Created in God's Image.* 류호준 역(1999). 『개혁주의 인간론』. 서울: 기독교문서선교회.

Hoekema, A. A.(1979). *The Bible and The Future.* 류호준 역(2002). 『개혁주의 종말론』. 서울: 기독교문서선교회.

Jacob. E. *Theology of the Old Testement.* 박문재 역(1999). 『구약신학』. 고양: 크리스챤다이제스트.

Jamieson, R., Fausset, A. R., & Brown, D.(1997). *Commentary Critical and Explanatory on the Whole Bible(Vol. 1,).* Oak Harbor, WA: Logos Research Systems, Inc.

Ladd, George(1974). *A Theology of the New Testament.* 이창우 역(1983). 『신약신학』. 서울: 성광문화사.

Ladd, George(1993). *A Theology of the New Testament.* 신성종·이한수 역(2007). 『신약신학』. 서울: 대한기독교서회.

Smith, Ralph L.(1993). *Old Testament Theology: Its History, Method, and Message.* 박문재 역(2009). 『구약신학: 그 역사, 방법론, 메시지』. 고양: 크리스챤다이제스트.

DEATH EDUCATION

04 들뢰즈의 시간론과 죽음교육의 의미

최승현

이 논문은 2019학년도 충북대학교 학술연구지원사업의 연구비 지원에 의하여 연구되었음. 이 글은 <교육학연구> 제57권 2호에 실린 바 있음.

이 연구는 들뢰즈의 시간론과 죽음교육의 관계를 탐구하고자 기획되었다. 기술 발전이 사회와 정치를 주도하는 기술 결정론 사회의 도래와 더불어 삶과 죽음의 의미는 극적으로 변화하고 있다. 이런 배경 속에서 본 연구는 시간의 중요성에 주목하고 이를 탈근대적 죽음교육론을 모색하는 자원으로 삼고자 하였다. 들뢰즈의 시간론은 경험적 시간인 크로노스와 그것을 가능하게 해주는 논리적 시간인 아이온으로 대별된다. 또한, 그는 베르그손의 경험 중심적 시간관과 맥태거트의 사변적 시간관을 종합하여 '순간과 영원의 동시성'이라는 역설적이고 종합적인 시간관을 제시한다. 우리는 들뢰즈의 배움론과 관련지어 이 논의를 철학자 고故 김진영의 애도일기 속에서 구체화함으로써 죽음교육의 의미를 파악할 수 있다. 앞으로의 죽음교육은 어둠으로 비유되는 죽음관에 입각해 삶과의 분리 속에 이해된 근대적 모델이 아니라, 죽음 자체를 성장의 중요한 계기로 삼는 관점에서 이루어져야 한다. 이는 죽음교육의 탈근대성을 발견하는 작업이자 사회적 재난의 의미를 성찰하는 계기가 될 것이다.

01 들어가는 말

죽음교육death education에 관한 연구는 서구를 중심으로 꾸준히 이어져 왔다. 일찍이 르비똥(Leviton, 1977)은 교사의 성sexuality 교육 경험, 의사와 간호사의 죽음의 의미에 대한 사회적 인식 부족, 자신의 개인적 체험 등이 동기가 되어 교육자들이 조기 죽음교육에 관심을 갖게 된다는 점을 지적한 바 있다. 맥거번과 배리

(Mcgovern and Barry, 2000)는 아일랜드 초등학교의 교사와 학부모를 대상으로 국가 수준의 연구를 진행한 바 있다. 21,000명의 초등교사를 대상으로 설문지를 배부하고, 그중 무작위로 200명을 뽑아 죽음교육에 관련된 지식, 태도, 전망 등에 관한 질문을 던진 것이다.[1] 이 연구는 "간 문화적 비교(ibid., 332)"를 통해 죽음을 경험한 어린이들의 충격과 비통함을 교육적으로 인도할 수 있어야 한다고 조언한다. 브라반트와 칼리치(Brabant and Kalich, 2008)의 경우 무려 30년간의 연구(1985~2004)를 통해 청소년 자살에 대한 상담과 학교교육과정이 큰 괴리를 보이고 있음을 지적하였다. 강선보(2003: 3) 또한 "죽음이 삶과는 무관한 것인가?"라는 실존주의적 물음을 통해 국내학계에 이 문제에 대한 본격적인 질문을 던진 바 있다. 이렇듯 지난 수십 년간의 연구는 죽음교육의 의의를 밝히고 대규모 종단연구를 통해 연구의 필요성을 탐구해 왔다.

죽음교육의 근간을 이루는 것은 말할 것도 없이 죽음의 의미에 대한 통찰이다. 이 중 뇌사 논쟁은 가장 복잡한 사안이다. 1992년 독일의 한 여성이 자동차 사고로 뇌사상태에 빠졌다. 의사들은 임신 15주째인 그녀의 목숨을 연장시켜 태아의 생명을 유지시키기로 결정하였다. 그러나 한 달 뒤 태아가 사망하자 산모에 대한 연장조치들도 중단하였다. '에어랑엔 케이스'라고 불린 이 사건은 여성을 단순한 '배양기'나 '출산기계'로 본다는 격

1) 지식에 관련된 대표적인 질문은 "아이도 어른만큼 슬픔을 느낀다고 보는가, 어린 시절에는 자신의 슬픔에 제대로 대응할 수 없다고 보는가" 등이며, 태도에 관련된 질문은 "죽음은 아이들이 그것과 마주치기 전에 설명받아야 한다고 보는가, 상실을 재빨리 넘기도록 돕는 것이 최선이라고 보는가" 등이 대표적이다. 마지막으로 전망에 관해서는 "죽음교육은 잘 알려진 주제이다, 학교에서의 죽음교육은 부모의 반응과 점차 멀어질 것이다" 등이다(Mcgovern and Barry, 2000: 330).

렬한 논쟁을 불러 일으켰고 뇌사의 기준은 무엇인가, 뇌사상태의 여성을 어떻게 대할 것인가라는 물음을 낳았다. 죽음의 정의에 필요한 기준들은 무엇일까? 의학의 진보는 자유와 책임의 문제가 점차 무거워짐을 입증하고 있다. 독일의 철학자 디터 비른바허(Birnbacher, 1995)는 뇌사논쟁의 방향설정 및 가치평가에서 세 가지 문제가 중요하다고 말한다. "죽음에 대한 정의 및 그 정의를 수용하는 문제, 뇌사 기준의 타당성 문제, 그것을 점검하는 테스트의 신뢰도 문제"가 그것들이다. 비른바허가 볼 때 두 번째와 세 번째 문제는 학문의 영역에 속하는 반면, 첫 번째 문제는 해당 공동체 구성원의 규범적 영역에 속한다. 사망기준과 테스트는 확실히 입증된 이론과 믿을 만한 운영법칙이 제시될 때 신뢰받을 수 있는 경험적 영역에 속한다. 반면 어떤 상태를 죽음으로 볼 것인가라는 문제는 평가의 영역, 즉 구성원 간의 합의와 신중한 검토과정을 요구하는 영역에 속하기 때문이다(Lacina, 2009/김혜숙, 2014: 27-29 참고).

의학과 철학을 아우르는 죽음과 죽음교육의 문제영역이 두드러지는 지점은 아마도 죽는다는 체험에 관련되는 일일 것이며, 이는 시간의 의미를 더듬는 작업과 깊이 결부된다고 할 수 있다. 본 연구는 이러한 학문적, 사회적 배경 속에서 죽음을 배운다는 것의 의미를 들뢰즈의 시간론에 입각해 파악하고 오늘날 죽음교육에 주는 시사점을 논하고자 한다. 의학의 발달로 인한 수명의 증가와 여기에 동반되는 건강 관련 산업의 성장은 노년과 죽음의 의미를 극적으로 바꾸어 놓고 있다. 밀레니엄시대의 도래를 전후로 뉴로 사이언스, 사이보그, 불멸immortal, 사이버스페이스 구루guru, 밈meme과 같은 유사-플라톤주의적(초월적) 언설들이 실체화되기 시작한 것이다. 우리는 이미 기술발전이 사회정치적 의제를 견인한다고 믿는 사회, 곧 기술 결정론적 언설이 득세하는 사회에서 살고 있다(Pearson, 1997). 이러한 비판이 함의하는 바는 무엇인가? 그것은 바로 죽음의 문제가 사회적 참사와 재난에 대한 우리의 인식과 깊은 연관을 맺는다는 점이다. 즉, 우리는 죽음을 어떻게 인식하고 이를 교육적으로 해석해 왔는가, 나아가 사회적 차원에서 어떻게 성찰할 것인가라는 물음을 안겨준다는 것이다.

이에 보다 많은 교육철학적 자원이 동원될수록 실용적인 죽음교육론 또한 풍요로워질 것이다. 국내연구의 경우 죽음 이미지 증후군에 대한 해석학적 접근(김소희, 2002), 자신의 마음속에서 명멸하는 생사심의 극복을 주요 과제로 삼는 불교적 시각(김용표, 2004), 탈근대론으로서의 화엄사상과 죽음교육(정재걸, 2006), 기독교교리에 입각한 죽음준비교육(이은성, 2014), 푸코의 생명권력론에 기반한 죽음교양교육의 모색(서이종, 2016), 플라톤 이래의 철학사적 고찰(이동윤·강선보, 2016; 이이정, 2016), 자아초월심리학을 기반으로 한 죽음교육과정 개선 방안(허영주, 2016), '삶을 완성시키는 죽음'이자 '이성적인 죽음'을 추구해야 한다는 니체의 논의를 바탕으로 한 청소년 자살예방교육(권미연, 2017), 마음 챙김 명상 기반 죽음교육과정의 모색(문현공, 2018), 키에르케고르와 하이데거가 죽음교육에 주는 시사점(심승환, 2019)에 이르기까지 다양한 이론적 스펙트럼이 동원되고 있다. 플라톤에서 푸코, 기독교와 불교, 마음 챙김과 자아초월심리학에 이르는 이러한 성과는 죽음교육의 발전을 위해 바람직한 현상이다. 연구자가 이들 기존 연구들을 검토하면서 발견한 것은 죽음교육에서 빼놓을 수 없는 시간과 죽음의 관계를 전면화 한 연구가 필요하다는 사실이다. 이는 시간의 본성에서 기인한다. 들뢰즈는 우리가 경험하는 실재적 시간을 '살아있는 현재'로 부르는 반면, 이를 가능하게 해주는 관념상의 시간을 경계가 없는, 무시간성의 아이온의 시간이라고 부른다. 우리의 경험을 가능하게 해주는, 곧 사유를 통해서만 이룰 수 있는 시간을 전면화하여 사유하지 못한다면 시간에 대한 우리의 이해는 피상적인 것이 되고 말 것이다.

연구자는 이러한 문제의식을 바탕으로 들뢰즈의 시간론이 죽음교육에 주는 시사점을 검토하였다. 들뢰즈는 현대 시간론을 종합하여 '순간과 영원의 동시성'이라는 시간의 역설을 전면화하였다. 복잡한 망과도 같은, 이른바 다양체multiplicité적 시간 속에서 죽음에 관련하여 무엇을 배우는가? 필자는 이러한 물음을 바탕으로 다음 세 가지 사항을 검토하고자 한다. 첫째, 들뢰즈 시간론의 함의는 무엇인가? 들뢰즈의 다양체적 시간은 그것을 배워나가는apprendre 문제와 결부되어 있다. 시간을 더하고 빼는 것으로 보는 상식적 관점에 반하여 베르그손은 실제적 경험(지속)을, 맥태거트는 시간의 논리적 순서성을 고찰하였다. 들뢰즈는 양자의 논의를 종합하여 역설로서의 시간론을 내세운다. 이 시간은 복잡한 경험 자체를 반영하면서도 사변을 통해 시간이 가진 특수성과 보편성을 탐구한다. 인간은 이런 시간 속에서 행위의 의미와 결국 타자와의 공생의 가치를 알아간다. 둘째, 들뢰즈의 시간론에 입각해 철학자 고故 김진영(2018) 선생의 애도일기를 분석함으로써 죽음교육을 위한 가능성을 검토한다.[2] 그는 '병'이라는

---

2) 고(故) 김진영(1952~2018)은 고려대학교 독어독문학과와 동 대학원을 졸업하고, 독일 프라이부르크대학에서 박사 과정을 밟았다. 프랑크푸르트학파의 비판이론과 그중에서도 아도르노와 벤야민의 철학과 미학을 전공으로 공부했으며 롤랑 바르트를 비롯한 프랑스 후기 구조주의를 함께 공부했다. 특히 소설과 사진, 음악 등 여러 영역의 미적 현상들을 다양한 이론의 도움을 빌려 읽으면서 자본주의 문화와 삶이 갇혀 있는 신화성을 드러내고 해체하는 일에 오랜 지적 관심을 두었다. 시민적 비판

손님을 맞이하면서 시간에 대한 새로운 감각을 일깨워간다. 여기서 발견하는 역설적 자아는 결국 타인에 대한 사랑으로서의 글쓰기라는 깨달음을 안겨 준다. 이는 들뢰즈가 말하는 예술가에게서 발견되는 창조의 시간을 떠올리게 한다. 우리는 체험을 통해 죽음을 배워가는 동시에 철학적 성찰을 남긴 그의 애도일기가 지닌 윤리성에 주목할 수 있다. 셋째, 이상의 논의가 시간과의 관계 속에서 죽음교육에 주는 과제와 시사점을 살펴본다. 예를 들어, 정재걸(2006)은 화엄사상을 기반으로 서구가 견지해온 삶과 죽음의 이분법을 뛰어넘는 죽음교육론을 제기한다. 우리는 그의 논의를 좇아 김진영(2018)의 애도일기가 갖는 의미와 죽음교육과정에의 적용가능성을 생각해 볼 수 있다. 이러한 논의 순서를 요약하면 다음과 같다.

첫째, 들뢰즈의 시간론이 죽음과 맺는 관계는 무엇인가?

둘째, 한 인간이 겪은 죽음에 관한 경험이 주는 교육적 의미는 무엇인가?

셋째, 죽음교육의 의의와 방향은 무엇인가?

본 연구는 이러한 연구문제의 해소를 위해 애도일기라는 개인의 삶에 대한 기록을 후기구조주의적 사상가의 관점에서 체계적으로 해석한 것이다. 결국 본 연구는 죽음이라는 현상을 들뢰즈

정신의 부재가 이 시대의 모든 부당한 권력들을 횡행케 하는 근본적인 원인이라고 믿으며, <한겨레>, <현대시학> 등의 신문·잡지에 칼럼을 기고했다. 대표작으로는 역서 『애도일기』와 저서 『처음 읽는 프랑스 현대철학』(공저)이 있다. 사단법인 철학아카데미를 비롯한 여러 인문학 기관에서 철학과 미학을 주제로 강의했고 이 기관의 대표를 지냈다(인터넷 교보문고에서 제공한 자료를 인용). 그의 사후 본 연구에서 다루는 『아침의 피아노』(2018)와 벤야민 강의록인 『희망은 과거에서 온다』(2019)가 출간되었다.

의 시간론을 통해 파악함으로써 한 인간이 보여 준 애도일기가 죽음교육의 가능성에 어떻게 기여하는가를 밝히고자 한다.

02 죽음을 배우는 시간

1) 현대 시간론

들뢰즈의 시간론이 다른 시간론과 변별되는 점은 무엇인가? 우선 상식적인 시간관념을 떠올려보자. 과거, 현재, 미래에 대한 내 경험이 그것이다. 우리나라에서 교과서로 시간 개념을 처음 접하는 초등학교 2학년 학생은 다음과 같은 순서로 시간을 배워 나간다. 9시에 학교에 가서 12시에 점심을 먹고, 오후 3시에 하교하여 5시에 학원을 나와 9시에 잠든다. 그렇다면 학원을 나온 시간은 아침에 학교에 간 시간으로부터 얼마 후인가 혹은 점심을 먹은 시간은 잠든 시간보다 얼마 전인가 등의 질문을 접하게 된다. 덧셈과 뺄셈이 가능한 기수적cardinal 시간 이해이다. 이렇듯 몇 시에 얼마를 '더하면' 몇 시가 되고 얼마를 '빼면' 몇 시가 된다는 것은 우리의 상식에 속한다. 여기에 시작점탄생과 마침점소멸을 찍어 주면 일직선적 시간관이 완성된다. 하지만 언뜻 상식처럼 보이는 이 관념은 간단한 예를 통해 부정될 수 있다. 예를 들어, 마흔인 누군가에게 마흔 이전과 이후의 삶은 종이접기처럼 절반씩 나뉘지 않는다.

베르그손(Bergson, 1859-1941)은 상식적, 전통적 시간관에 의문을 제기하였다. "실재적 시간의 본질은 경과經過한다는 것이며 … 시간의 경우에 포갬이라는 생각은 불합리한 면을 지니고 있다. 왜냐하면 자기 자신 위에 포개질 수 있고, 따라서 측정될 수 있는 지속의 결과는 모두 그 본질상 지속하지 않을 것이기 때문이다(Bergson, 1955/이광래, 1993: 10-11).” 우리는 보통 지속의 측정치만을 생각할 뿐 지속 자체에 대해서는 간과해 왔으며, 공간적 이해방식을 시간에도 적용시켜 왔고, 나아가 운동을 고정적으로 사고하는 경향이 있다는 것이다. 즉, “운동이 공간을 가로질러간다는 것을 이유로, 언제 어디서나 고정성을 찾는 지성은 그 운동이 공간 위에 덧붙여지며 움직이는 것은 자기가 그 위를 따라 움직이고 있는 선분의 각 점들 위에 차례로 있다고 사후적으로 가정한다(같은 글, 15).” 그러나 베르그손이 보기에 순간들이나 움직이는 것의 위치들이란 연속성을 스냅 사진으로 잘라서 찍은 것에 불과하다. 그에게 지속은 이와는 대비되는 개념이다.

> 지속의 본질은 흐른다는 것이며, 안정적인 것은 서로 연결되어도 지속하는 것을 결코 만들어내지 못한다는 사실을 어찌 간과할 수 있으랴? 실재적인 것 - 이것은 '상태들', 즉 다시 한 번 말하지만 우리가 변화의 과정 동안에 찍어낸 속사 사진들이 아니다. 이와 반대로 그것은 흐름이며 변이의 연속이거니와 변화 자체이다. 변화는 불가분적이고 심지어는 실체적이기까지 하다. 만일 지성이 변화가 견실치 못하다고 판단해서 그것에 어떤 지주를 덧붙이자고 고집한다면, 그때 지성은 변화를 일련의 병치된 상태들로 대체시키고 있는 것이다. 그러나 이 다양성은 인위적인 것이며 이 위에 우리가 복원시켜 놓는 단일성 또한 인위적이다. 이제는 오로지 변화의 끊임없는 충동 - 가없이 뻗어나가는 지속 가운데에서 자기 자신에 언제나 밀착해 있는 변화의 부단한 충동만이 있을 뿐이다(Bergson, 1955/이광래, 1993: 16).

이와 같이 베르그손은 시간을 공간화 하여 병치併置 가능한 것으로 보는 시각을 비판하고 대안으로 지속의 실재성을 내세운다. 그에 따르면 실재는 전체적이고 불가분적인 성장이며 점진적인 발명, 그야말로 지속이다. "실재는 매순간 기대되지 않던 형태를 띠면서 점차로 부풀어 오르는 고무풍선과도 같다(같은 글, 116)." 베르그손이 보기에 내적 지속에 대한 사유야말로 경험의 본질, 곧 현전에 갇힌 것이 아닌 실재를 사유하는 일이다.

베르그손 당대에 또 다른 방식으로 시간을 사유한 철학자는 맥태거트(McTaggart, 1866-1925)이다. 그의 논변은 20세기 시간론의 중요한 참조점으로 평가받고 있다. 시간에는 A계열과 B계열이 있다. A계열은 과거, 현재, 미래라는 시제를 갖는 반면, B계열은 이전, 이후라는 무시제적 '관계'만을 갖는다. A계열은 동적인 반면 B계열은 정적이며 선후관계만을 갖는다. 예를 들어, '썩은 우유를 마셨더니 배가 아팠다'라는 진술에서 '썩은 우유를 마시다(사건 e1)'와 '배가 아프다(사건 e2)'라는 두 사건은 e1이 e2보다 먼저이거나 e2가 e1보다 먼저이거나 e1과 e2가 동시에 발생하는 세 가지 경우들 중 하나일 수 있다. 중요한 것은 이 계열이 '이전과 이후'라고 하는 구조를 표현하고 있다는 사실이다. 그러나 이전과 이후 간의 경험의 차이에는 무관심하다. 그런데 이 논의를 다시 한 번 생각해보면 각각의 사건은 변화하지 않는다는 점에서 선후관계로 구별되지만, 이 진술 자체가 변화를 표현하고 있음을 알 수 있다. 이 점에서 맥태거트는 정적 시간인 B계열은 동적 시간인 A계열의 시간을 전제로 한다고 보았다.

문제는 다음과 같다. B계열을 포함하는 최초의 전제인 A계열의 시간이 실제로 존재하지 않는 허구에 불과하다는 것이다. 왜인가? 먼 미래의 사건이 차츰 현재로 다가와 현재가 되고 이것이 과거로 바뀌며 점차 과거로 후퇴해가는 '일시적 생성temporal becoming'이라고 할 수 있는 A계열에서 앞선 사건과 뒤의 사건의 요소가 섞이는 사태는 하나의 사건이라고 말할 수 없다는 점 때문이다. 변화란 사물의 존재 방식이 바뀌는 것이라고 할 수 있다. 사물의 존재 방식에서 어떤 것이 바뀌려면 예전 사건이 새로운 사건으로 대체되어야 하는데, 그러려면 예전 사건은 존재하기를 멈추고 새로운 사건이 존재하기 시작해야 한다. 생성과 소멸이 없는 B계열의 시간은 A계열을 전제로 하는데, 문제는 A계열의 시간을 구성하는 과거, 현재, 미래라는 독립된 항이 유지되기 위해 과거, 현재, 미래의 요소들이 섞여서는 안 된다는 것이다(Loux, 2006/박제철, 2010: 427-438 참조). 이 점에서 A계열의 시간 또한 존재한다고 말할 수 없다. 결국 시간이란 존재하지 않는다.[3] 이상과 같이 상식적, 전통적 시간론을 비판하면서 등장한 베르그손의 논점은 시간의 불균등한 연속성, 곧 체험적 시간을 강조한 반면 맥태거트의 논점은 시간의 허구성을 지적하고 있다. 그렇다면 들뢰즈는 이들의 논의를 어떻게 종합하고 있으며 이 종합이 죽음교육과 연결되는 지점은 어디일까? 우리는 들뢰즈의 배움론을 검토하는 일에서 출발할 수 있다.

---

3) 이러한 시간에 대한 사변이 위대한 파르메니데스적 전통에 서 있음은 물론이다. "파르메니데스가 주장하는 것은 변화가 논리적으로 불가능하다는 것이다. 우리는 그의 주장을 다음과 같이 재구성할 수 있을 것이다. A. (1) 있는 것은 있다. 없는 것은 없다. (2) 있는 것은 생각될 수 있다. 없는 것은 생각될 수 없다. B. 변화 개념은 어떤 것이 생겨나고 어떤 것이 사라지는 것을 함의한다. 예를 들어, 녹색의 사과가 빨간 사과로 변하는 경우, 녹색이 사라져서 '있지 않은 것'이 되는 것이다. 이것은 변화가 비(非)존재를 전제한다는 것을 보여주는데, 이것은 생각될 수 없는 것이다. 따라서 우리는 생각으로 변화를 파악할 수 없다. 따라서 변화는 논리적으로 불가능하다(Skirbekk and Gilje, 2001/윤형식, 2016: 35-36)."

2) 들뢰즈의 시간과 배움

> 시간이란 공간으로 통합될 수 없는 동시에 존재하는 조각을 긍정하는 낯선 힘들을 가진 궁극적 해석자이자 동시에 해석되어야 할 것이다. 때문에 시간은 더 이상 그 속에서 단일한 형태를 띤 계기/연속succession일 수 없다. 정확히 시간은 그것에 대한 공간화를 포함하여 모든 가능 공간의 횡단transversal이다(Deleuze, 1970: 157).

앞서 본 바와 같이 맥태거트와 베르그손은 변화의 실재성을 놓고 대립한다. 전자는 그것이 허구에 불과하다고 보는 반면, 후자는 그것이야말로 세계의 본성이라고 주장한다. 그렇다면 들뢰즈의 경우는 어떨까? 히가키(檜垣立哉, 2010: 2)는 "'시간과 자아'라는 도식을 강하게 제시해 온 현대사상의 문맥을 비자아적인 '자연'의 방향으로 연 것"이 들뢰즈 시간론의 의의라고 평가한다. 즉, 언어를 통해 자신을 확인해온 인간이 이것으로는 회수되지 않는 생명 — 놀람, 분노와 같이 정념의 영역을 포괄하고 나아가 인간의 범위를 넘어선 생기 — 의 특성에 주목해 시간의 의의를 검토했다는 것이다. 윌리엄스(Williams, 2011: 1)는 "진화론에 관련된 형이상학적 시간 모델을 제시하고 있다는 점이 들뢰즈의 시간론에서 가장 주목할 부분"이라고 말한다. 다시 말해 사변적이면서도 체험적인 시간 모두를 보는 시각을 제공했다는 것이다. 그렇다면 시간론 자체를 살피기에 앞서 이상의 배경이 교육연구와 만나는 지점을 우선 확인해 보자. 그것은 바로 '합성composition'의 논리를 근간으로 삼는 들뢰즈의 배움론이다. 우선 합성이 뜻하는 바는 다음과 같다.

> 참으로 이념은 앎의 요소가 아니다. 다만 어떤 무한한 '배움'의 요소일 뿐이며, 이 무한한 배움과 앎 사이에는 본성상의 차이가 있다. 왜냐하면 배움이 진화하는 과정은 전적으로 본연의 문제들에 대한 총괄적 이해, 특이성singularité들의 포착과 응축, 신체와 이상적 사건들의 합성 등을 거쳐 가기 때문이다. 수영을 배운다든가 외국어를 배운다는 것은 자신의 고유한 신체나 언어의 특이한 점들을 어떤 다른 형태나 다른 요소의 특이한 점들과 합성한다는 것을 의미한다. … 이념과 배움은 의식의 재현이 아니라 무의식의 현시現示인 것이다(Deleuze, 1968/김상환, 2004: 416-417).

들뢰즈에게 '합성'은 배움의 장면에서 일어나는 현상이다. 그런데 그가 말하는 배움은 진화하는 것, 다시 말해 특정한 상황과 배경에 따라 원칙과 논리를 바꿔가며 본연의 문제를 이해하는 수준에 이르는 작업을 말한다. 여기서 들뢰즈가 예로 드는 것이 수영이나 외국어인데, 이 활동을 경험해본 사람이라면 그것들이 매우 오랜 시간을 들여야 마스터할 수 있는 것임을 알 수 있다. 나의 팔과 다리 혹은 나의 입이 수영 동작이나 외국어 문법과 얼마나 잘 섞여 체화될 수 있느냐가 진정한 배움의 관건이기 때문이다. 때문에 이 배움은 자연스럽게 우리가 알고 있는 언어적, 의식적 수준의 이해와는 다른 지평을 요구한다. 탁자를 '탁, 탁'하고 치면서 '음, 음'이라고 동시에 발음하는 것이 일종의 '의식의 재현'이라면 들뢰즈가 보는 배움은 발화자가 미처 의식하지 못한 무의식의 노출을 포함하는데, 여기서 무의식이 거론되는 이유는 뒤에서 보게 될 '관리사회societies of control'에 대한 비판이라는 맥락이 자리 잡고 있기 때문이다.

이러한 들뢰즈의 배움론의 함의는 무엇일까? 콜(Cole, 2011)을 비롯한 많은 연구자들은 들뢰즈식의 배움이 신체와 언어 모두의 '특이성'을 긍정하며 이 점에서 그가 지식교육과 관계형성을 동시에 긍정하는 논리를 추구한다고 본다. 관계형성이 개입된다는 것은 그 일에 관여하는 주체들의 가치가 개입할 수밖에 없음을 뜻할 것이다. 그러나 무엇이 중요하고 중요하지 않은가? 곧 가치의 문제를 개입시키는 것은 자의적이지 않은가? 들뢰즈는 '그렇다', 가치가 개입되어야 한다고 말한다. 예를 들어, 교사의 경우 그가 보기에 전문성이 발휘되는 장면은 "교육학적 입문의 절차(Deleuze, 1968/김상환 2004: 409)"가 아니다. 오히려 교사의 "사유의 문제는 본질보다는 오히려 평가나 할당과 관계되어 있다. 중요성을 지니는 것과 그렇지 못한 것의 평가와 연계되어 있고, 독특한 것과 규칙적인 것, 특이한 것과 평범한 것의 할당과 연계되어 있는 것이다(같은 책 412)." 다시 말해 들뢰즈의 배움은 '인식/앎connaissance'에 한정되지 않는다. 프랑스어 '아쁘랑드르'란 습득한다, 손에 쥔다는 등의 의미를 가지고 있다. 우리가 교육학에서 쓰는 '학습learning'이란 말 또한 한자로는 '학學'과 '습習'의 결합이다. 여기서 학은 인식에, 배움은 습에 대응된다. 다시 말해 언어적 수준에서 배운 인식만으로는 제대로 배웠다고 할 수 없다. 몸에 익히는 수준, 무의식적 수준에서 체득될 때라야 비로소 제대로 배운 것이라고 할 수 있다. 몸에 익힌 수준, 타자와의 열림 속에 형성된 배움은 다른 직업과 마찬가지로 교사에게도 예외가 아니다.

정원사는 변화하는 기후 속에서 새 흙 위에 있다. 사이클 선수는 자신의 한계를 넘고자 언덕을 향해 페달을 밟는다. 교사는 매일 새로운 학급 앞에 선다. 음악가는 새로운 악기 및 악보와 함께 있다. 작가는 다음 문장을 쓴다. 아이는 엄마 손 없이도 균형을 맞춰 나간다. 사랑하는 이가 없는 첫째 날 … 그리고 백 일째. 과학자는 새로운 결과와 함께 있다. 부모는 괴로워하는 십대와 접전을 벌이고 있다(Williams, 2013: 247).

새로운 흙, 넘어서야 할 언덕, 새로운 아침을 맞은 교실, 다음 문장 … 오늘날 엄마 손 없이도 균형을 맞춰 나가는 아이에 대한 교육학적 통찰은 곳곳에서 발견된다. 바로 아이를 "유아화(infantilization, Olsson, 2009: xxvi)"하거나 사회를 통째로 "교육학화(Rancière, 1987/양창렬, 227)"하는 것에 대한 비판이라는 맥락에서 이 주장들이 제기된다. 스스로 새로움을 창조하는 아이, 말할 권리를 지닌 아이, 교사와 지식뿐 아니라 감정을 교환하는 아이의 특성에 주목함으로써 '국민만들기'에 매몰된 교육론에서 아이의 자발성을 발견하는 방향으로 전환하고 있다. 이는 지속적 변화를 통해 새로움을 낳고, 의사소통하며, 감정을 드러낼 줄 아는 깊이 있는 인간을 육성해야 한다는 언명과 다르지 않다.

깊이 있는 인간의 육성이라는 우리의 주제 — 즉, 뒤에 보게 될 김진영(2018)의 죽음을 배우는 시간 — 를 다루기에 앞서 이마이 야쓰오(今井康雄, 2012/한현정, 2012)의 생각을 우회해보자. 그는 일상적 의사소통과는 구별되는 교육적 의사소통의 조건에 대해 이야기한다. 그는 소설이나 일상적 의사소통에 비해 교육적 의사소통이 보다 명확한 내용 전달을 요구한다는 점을 지적한다. 이를 위한 수단으로 인류는 교육현장에서 발문, 모방, 훈련, 재현/표상, 경험과 같은 기술 혹은 사유를 발전시켜 왔다. 먼저 발문은 학생의 사고력 증진을 위한 이상적 목적을 갖고 있으나,

현실에서는 권위적, 기계적이라는 이유로 비판받기 일쑤이다. 모방은 인류가 고대로부터 사용해 온 수단으로서 음악을 통해 덕을 함양하는 일 등에 활용되어 왔다. 통상적인 의미의 훈련은 단순한 동작의 반복을 통한 정신과 육체의 괴리이지만, 이마이가 주목한 푸코적 의미의 훈련은 훈련을 받는 사람이 그것에 동의하는 기제에 주목한다. 제레미 벤담이 설계한 판옵티콘처럼 실제 감시자가 없어도 수감자가 복종하듯, 학교는 시험이라는 형식에 걸맞는 인간을 길러낸다는 것이다. 다음으로 재현은 실제 현실을 대신한 것으로서 경험할 수 없는 어린이를 위한 체험학습이 대표적이다. 마지막으로 경험은 촛불에 대이면 다시 손을 갖다 대지 않는 것과 같이 하나의 경험을 통해 교훈을 얻는 경우를 말한다. 이 다양한 수단의 검토를 통해 이마이 야쓰오가 말하고 싶은 것은 교육적 의사소통이란 있을 법한 것과 그렇지 않은 것을 매개하는 '미디어적 구조'를 띠고 있다는 사실이며, 나아가 완벽한 의사소통이란 타자를 대상으로 하는 교육의 본질상 있을 수 없다는 것이다. 결국 이 타자라는 근본 가능성이야말로 교육을 교육답게 만드는 역설적 요소이다. 이 연구의 맥락에서 들뢰즈가 시간이라는 타자–주체성으로 회수되지 않는–를 탐구한 것과 마찬가지로 이마이 야쓰오 또한 타자로의 열림 속에 교육적 의사소통의 가능성과 한계를 가늠하고 있다. 이 다섯 가지 미디어적 구조를 띤 수단들 중 가장 오랜 시간을 필요로 하는 것은 단연 '경험'이다.

우리는 앞서 들뢰즈의 배움론이 무의식을 아우른다고 말한 바 있다. 그리고 거기에는 '관리사회'의 등장이라는 사회적 배경이 깔려있음을 언급한 바 있다. 그는 푸코식의 규율사회 대신 '관리사회'의 도래를 주장한다. 이 사회는 정보기술을 통해 개인의 욕망을 무의식의 수준에서 관리한다. 정보기술은 개별적 존재인 개인individual을 나눌 수 있는 존재, 곧 '가분체dividual'로 바꿔 놓았다. 계좌, 신분, 주가지수 등 개인을 쪼개는 요소들이 개인을 대신하게 된 것이다. 정보의 양과 질을 측정하려면 시간을 통제할 수 있어야 한다. 개인의 행동을 수치화된 시간에 맞춰 낱낱이 기록할 수 있어야 그것들이 계량화가 가능하기 때문이다. 교육도 마찬가지이다. 평생동안 이어지는 학습이력, 어디에서 무엇을 어떻게 배웠는가에 관한 계량화는 기업의 논리를 닮아 있다. 결론적으로 관리사회에서는 "무기한의 훈련이 학교를 대체하고 연속적인 관리가 시험을 대체한다. 학교가 행하던 일이 기업에게로 건네졌다(Deleuze, 1992: 5)." 규율사회에서 감시와 처벌을 종합한 지점에 시험이 존재했다면, 관리사회에서는 학교에서의 시험이 무기한의 훈련으로 '지연'된다. 이 지연은 랑시에르식으로 말해, 말할 권리를 가진 이들의 입을 막는 효과, 즉 "불평등을 지연으로 표상하는(Rancière, 1987/양창렬, 226)" 효과를 겨냥하고 있다. 들뢰즈는 이 사태에 정보화 불가능한 '기호를 통한 배움'을 맞세운다.[4)]

들뢰즈가 보기에 정보를 담은 진술은 결국 특정한 행동, 수행을 요청한다. 정보문은 발화되는 순간 권력관계로 들어가는 것이다. 교실에서 교사가 하는 발화는 이상적으로는 학생의 사고

4) "나는 이념을 갖는다는 것은 그 어떤 경우건 정보의 질서에 있지 않다는 점에 대해 말하고자 합니다. 내가 말하고자 하는 바가 바로 이것입니다. 이건 내게 아주 완만하게 제기됐던 문제이기 때문입니다. 이것은 내가 도달하고자 하는 목표이기도 합니다. 우리가 말하고 있는 모든 것은 어떤 형태의 정보로도 환원될 수 없습니다. … 커뮤니케이션은 정보의 전송과 전파라고 말할 수 있습니다. 그런데 정보란 무엇인가요? 모두가 알고 있듯이 이는 그다지 복잡한 것이 아닙니다. 정보는 명령어(mot d'ordre)의 집합입니다(Deleuze, 1987/김지훈, 2005: 411)."

력 신장을 겨냥하지만 대다수의 교육자나 교육학자는 그것이 가진 부정적 효과에 민감하다. 이른바 '발문'이 아닌 다른 방식으로 가르칠 수 없을까라는 고민, 예를 들면 앞서 본 모방, 훈련, 재현, 경험과 같은 방식을 생각하는 것이다. 이 중에서도 시간이 가장 많이 소요되는 것은 바로 경험으로서 들뢰즈는 이것의 의미를 '기호를 통한 배움'이라는 테제에서 발견한다. 그가 독해한 프루스트의 장편 대하소설 『잃어버린 시간을 찾아서』(A la recherche du temps perdu, 1913-1927)에서 주인공은 사교계의 기호worldly signs of polite society, 사랑의 기호the amorous signs of passion and jealousy, 감각적 기호the evanescent sensual signs of involuntary memory 마지막으로 예술적 기호the immaterial signs of art를 배워 나간다. 기호를 통한 배움의 과정은 잃어버린 시간을 되찾는 과정이기도 하다. 이는 서구 전통철학의 '방법'과 '필연'에 '강요'와 '우연'을 맞세워 기호를 통한 배움의 의미를 찾고자 하는 기획이라고 볼 수 있다. 각각의 기호는 허비되는 시간에서 창조적 시간으로의 여정, 즉 들뢰즈적 '배움'의 여정을 상징한다. 기호를 통한 배움의 여정은 이질성을 함축한 채 평생동안 추구된다. 사교계의 기호란 수다만 떨다 사라지는 "일시적이고 덧없는 어떤 측면(Deleuze, 1964/서동욱·이충민, 1997: 43)"을 지녔기에 헛되이 낭비하는 시간을, 사랑의 기호란 질투라는 반대 면을 통해 우리에게 생각을 강요하는 기호로서 잃어버리는 시간을, 감각적 기호란 어린 시절 맛 본 과자의 추억을 떠올리는 것처럼 맛과 같은 감각을 통해 드러나는 기호로 되돌아온 시간을, 마지막으로 예술적 기호란 예술작품이나 예술가의 퍼포먼스가 드러내는 완전한 새로움을 내장한 기호로서 창조의 시간을 각각 상징한다. 들뢰즈는 이 과정에서 사건과 인물의 '방향/의미sens'가 드러난다고 말한다. 기호는 분명 지식의 습득에 관련되지만 그 습득의 방식은 이미 개념화된 것을 재인식하는 방법으로는 불가능하며, 대신 "그것들이 해독하고 해석해야 할 기호들을 방출하는émette 것처럼 여겨야(같은 책, 23)"만 가능하다. 기호를 배워나가는 과정은 유물을 해독하는 과정에 비유된다. 흙 속에서 나온 고대의 토기를 보고 무엇을 알 수 있을까? 지능과 상상력을 동원하더라도 그것을 온전히 알기란 불가능할 것이다. 바로 켜켜이 쌓인 시간 때문이다. 이와 같이 기호를 통한 배움은 깊이 있는 경험을 통한 성숙의 과정으로서 푸르스트 소설의 주인공 마르셀은 마들렌(현재의 감각)의 맛을 통해 행복했던 유년시절(과거의 지속)로 빠져든다.

이상과 같이 합성을 통해 펼쳐지는 시간 속 배움의 여정과 들뢰즈의 시간론—특히 베르그손적 의미의 과거와 현재의 얽힘(지속)—이 연결된다. 즉, '합성'을 근간으로 하는 들뢰즈 배움론의 밑바탕에는 그의 시간에 대한 사고가 자리 잡고 있는 것이다. 그리고 그것은 사회적으로는 관리사회에 대한 비판을 겨냥하고 있다. 여기까지 살펴본 시간과 배움의 관계는 주로 과거의 기억이 현재에 끼치는 영향에 관한 것이었다. 그렇다면 이제 방향을 전환하여 들뢰즈의 미래에 대한 사유가 교육과 관련하여 갖는 함의를 생각해보자. 연구자가 보기에 이 역시 '합성'의 논리에서 출발할 때보다 명료해진다.

> 합성하는 것과 합성되는 것은 동일한 역량을 갖는다. 즉, 선은 점보다, 면은 선보다, 입체는 면보다 우월한 차원을 갖고 있는 것이 아니라, 끊임없이 부분들과 더불어 증가하거나 감소하는 … 여러 개의 차원들을 언제나 갖고 있다(Deleuze and Guattari, 1987: 633).[5)]

미래에 대한 사유는 다분히 사변적이다. 이를 위해 로장발롱(Rosanvallon, 2009/성기현, 2012: 90)의 논의를 참고해 보자. 그는 들뢰즈와 가타리가 말하는 변이가 "주체도 대상도 없이 무한히 변이하고, 규정된 인과성 없이 우연에 따라 변이하며, 미리 주어진 어떤 공간이나 시간도 없이 즉자적으로 변이하고, 사물의 외부에서 변이하면서도 사물보다 우월한 위치를 점유하지 않는" 특성을 띤다고 말한다.[6] 즉, 규정된 사물이 아닌 그 자체로 끝없는 순수 변이인 무한의 변이이자, 무한한 우연적 결정에 따른 변이이며 결정적으로는 무한이 무한한 방식으로 변이한다는 것이다. 변이는 출발점도, 도착점도 없으며, 문제로서의 변이가 발생하는

---

5) 프랑스어 원문은 다음과 같다. "le composant et le compose ont meme puissance ⋯." 국역본에는 합성이 '조성하는 것'과 '조성된 것'으로 번역되어 있다. 연구자는 조성을 일관되게 합성으로 보았다.

6) 변이의 네 가지 특징을 자세히 보면 다음과 같다(Rosanvallon, 2009/성기현, 2012: 74-91 참고). 첫째, "변이는 어떤 것의 다른 어떤 것으로의 생성이 아니라, 무한의 무한한 과정이다." 둘째, "변이는 필연적인 방식으로 규정되지 않으며, 우발적이고 예측 불가능한 방식으로 변이한다는 것 이외의 다른 어떤 필연성에도 종속되지 않는다." 메이야수(Meillassoux, 2006/정지은, 2010)가 우발성-모든 사물의 '다르게 존재할 수 있는 능력 혹은 존재하지 않을 수 있는 능력' 외에는 세상 그 무엇도 필연적인 것이 없다-만을 '유일한' 필연성(무근거의 원리 principle d'irraison)으로 본 반면, 들뢰즈와 가타리는 특정한 조건 하의 '수많은' 가능성 위에서 우연히 발생한다고 봄으로써 다수의 변이들 혹은 다수의 독립적인 인과 계열들 사이의 마주침(rencontre)의 가능성을 열어 놓는다. 셋째, "변이는 단순한 공간 속에서 벌어지는 운동이 아니라 우선 즉자적 변화인데, 이 즉자적 변화는 자신에 앞서 주어지는 공간과 시간의 부재 속에서 사유되어야 한다." 변화는 실체적인 어떤 것의 생성이 아닌 실재적인 것의 실체성 자체를 가리킨다. 따라서 사물은 실체성의 잠재적 중지일 따름이고 순수 변화와 구별되는 다른 즉자는 존재할 수 없다. 결국 우리는 이 변이하는 즉자 안에서 시간 자체를 발견하지 않을 수 없는데, 그 근본 원리는 중단되지 않음이다. 우주는 이미 주어진 것이 아니라 여전히 만들어지고 있다. 이상의 논의에서 우리는 변이가 운동과 무한한 즉자적 변화가 유한한 사물의 변화와 대립함을 알 수 있다. 넷째, "변이는 사물에 내적일 뿐만 아니라, 사물들이 맺고 있는 관계의 변화로서 사물에 외적이기도 하다."

순간 과정적 실재와 관계를 맺어 어른과 아이(아이-되기), 인간과 동물(동물-되기), 유기체와 비유기체 등이 식별 불가능해지는 상호 교환성의 지대에 도달한다. 잠재성과 현실성이 분리 불가능하다고 보는 들뢰즈에게 변이는 실제 현상으로 관찰되는 대상이 아닌 사유의 대상이라는 점에 유의할 필요가 있다.[7)]

로장발롱의 설명은 언뜻 베르그손의 지속이나 흐름만을 긍정하는 것이 아닌가라는 생각이 들게 한다. 그러나 들뢰즈가 베르그손과 변별되는 점은 시공을 함께 사유했다는 점이다. 예를 들어, 히가키(檜垣立哉, 2010: 6-7)는 들뢰즈의 시간에서 공간성의 중요성을 역설한다. 즉, 들뢰즈는 삶 자체의 질료성에 주목하고 이 질료성이 마감되는 사태인 죽음의 영원성에 주목했다는 것이다. 들뢰즈는 미래의 시간인 세 번째 시간을 '타나토스적'이라고 표현한다. 왜 그런 표현을 쓴 걸까? 만일 현재—탁, 탁, 탁—만 반복된다면 그것은 동일함의 반복에 불과할 것이다. 이것은 차이를 근본원리로 삼는 들뢰즈의 입장과 무관하게 상식적으로 봐도 있을 수 없다. 그러나 이 현재가 무한히 이어지는 사태를 생각해 보자. 그러면 논리적 공간을 점유하는 하나의 점으로서의 현재가 무한히 이어지는 직선 이미지가 떠오를 것이다. 반면 동일한 반복으로서의 현재만 존재하는 사태는 제자리를 맴도는 원환의 이미지를 낳을 것이다. 직선 대 원환. 현재란 순간적으로 존재하는 하나의 공간적 점이지만 그것은 무한히 이어지는 영원

---

7) 물론 이를 과학적 차원에서 해명하거나 새로운 생물학과 철학이 교차하는 문제영역으로 삼는 연구가 최근 급격히 증가하고 있다. 마누엘 데란다(Manuel de Landa, 2002/이정우 김영범, 2009)의 『강도의 과학과 잠재성의 철학』(Intensive Science and Virtual Philosophy), 군지 페기오-유키오(郡司ペギオ-幸夫, 2006)의 『생명이론』(生命一毫) 등이 대표적으로 연구자가 보기에 국내 학계에서 충분히 논의되지 않은 들뢰즈 연구의 최전선이라고 할 수 있다.

한 사태의 한 '계기=일어섬'이기도 하다. 여러 순간들 중 한순간이 사라지면 영원이 성립할 수 없을 것이기 때문이다. 이 점에서 우리의 감각으로는 따라잡을 수 없는 로장발롱의 '변이 속도'란 "어떤 사물이 공간 속에서 이동하는 속도가 아니라 사물을 정의하는 변수들 및 그 변수들 사이의 관계가 즉자적으로 변형되는 속도로 이해되어야 한다(같은 책, 95)." 그렇다면 우리는 우발적 변이로부터 모든 변수들이 끊임없이 단절하는 세계, 동시에 최초의 변이 속도가 곧 단절 자체의 속도가 되는 세계를 그릴 수 있다. 이와 같이 로장발롱은 변이 속도의 시간성에, 히가키는 '죽음=영원성'이라는 사태를 중심으로 공간성에 초점을 맞추고 세 번째 시간을 설명한다.

우리는 '지금'이라고 말하는 순간 과거가 된 지금을 살아가지만 동시에 사유를 통해 지금이 존재함을 알 수 있다. 이 작은 역설 — 현재의 역설 혹은 들뢰즈가 두 번째 현재라고 부르는 — 은 현재(습관)의 반복이 종료되는 죽음이라는 사태를 만나면서 큰 역설 — 세 번째 현재 — 로 나아간다. 현재 — 예를 들어, 탁, 탁, 탁 — 가 무한히 이어지는 사태, 이 무한한 운동을 가로막는 것이 죽음이다. 죽음은 영원하다. 현재는 무한하다. 죽음이 아직 도래하지 않은 사태라고 한다면 죽음은 미래의 사태일 것이다. 여기서 도출되는 것이 바로 미래와 현재의 동시성, 동전의 양면으로서의 시간, 다시 말해 '현재의 역설'이다. 들뢰즈는 이를 다이아몬드가 가진 수 천 개의 면이 겹쳐있듯 '크리스털 이미지'로 부른다. 직선의 이미지가 크리스털 이미지로도 보일 수 있다는 것이다. 이와 같이 들뢰즈의 시간론은 베르그손의 실제적 체험(지속)과 맥태거트의 시간의 선험성(이전과 이후로서의 논리적 순서성)을 종합한다. 시간에 대한 이 종합은 깔끔한 논리로 떨어지지 않는 철학의 본성, 곧 문제 자체로서의 본성을 되살려 놓았다고 평가받는다.

결국 우리가 이 설명을 좇다 보면 논리적으로는 잇달아 생겨야 할 변이가 동시에 존재하는 세계를 그리게 된다. "시간상 너무 긴지 짧은지를 우리로서는 도무지 알 수 없는(Deleuze and Guattari, 1991/이정임·윤정임, 1995: 289)", "순간인 동시에 영원이라고 규정할 수 있는 원原시간성(Guattari, 1992/윤수종, 2003: 152)"이 들뢰즈와 가타리의 미래의 시간으로서 변이 간의 합성에는 위계 없이 다양한 차원이 공존한다. 무한이기에 경험 불가능한 미래, 그러나 사유를 통해 선험적으로 파악되는 미래가 도출되는 것이다. 이것이야말로 베르그손이 놓친 시간의 선험성(=직선의 이미지)과 맥태거트가 놓친 경험(=죽음)의 실재성을 동시에 잡으려는 기획이라고 할 만하다. 그러면 이런 시간의 종합론이 죽음교육의 이론적 전진에 기여하는 바는 무엇일까? 다음 절에서는 이에 관해 생각해 보고자 한다.

03 탈근대적 죽음교육

오늘날 인성교육, 생태교육 그리고 (세계)시민교육 등을 비롯한 새롭게 부상하는 교육론들은 이론과 실천의 조화를 강조하면서 특히 실천의 강화를 이끌 논리를 개발하는 일에 주력하고 있다. 이는 우리가 확정적인 것으로 보아왔던 교육학을 표상하는 지도가 새롭게 그려지는 형국을 떠올리게 한다. 죽음교육 또한 예외가 아니다. 죽음이야말로 단 한 번 겪는 일인 동시에 그 단 한 번 겪는 일을 생각할 기회를 가질 수 없다는 특수성을 띤 사태이기 때문이다. 신체의 사멸이라는 사태에 대해 이 사멸 이후의 세계에 대한 희구나 전망은 종교라는 이름으로 인류사를 채워왔다. 죽음교육은 이러한 전망을 보유한 가운데 죽음 자체의 철학적·사회적·의학적 의미를 포괄하는 담론의 장으로 진화하고 있다. 그것은 단순한 신체의 사멸에 관한 것도, 의례적인 장례행위도 나아가 머릿속 관념도 아닌 그야말로 극한을 사유하는 문제라고 할 수 있다. 앞서 본 바와 같이 죽음의 극한성은 시간의 무한성과 상통한다. 죽고 난 뒤의 영원성은 사유로만 다가갈 수 있는 인간적이고 기술론적 한계를 훌쩍 뛰어넘는다. 이것이 바로 들뢰즈의 시간론이 보여 주는 독특함이었다. 그런데 이 극한에 대한 사유에서 솟아오르는 것은 역설적이게도 현재이다. 지금과 지금의 집합체, 그러나 일렬로 혹은 나란히 세울 수 없는 지금들의 다양체를 들뢰즈는 '크리스털 이미지'로 형상화하였다. 그렇다면 이러한 추상적 논의를 보다 구체적으로 형상화한 교육적이고 윤리적인 작품은 없을까? 연구자는 얼마 전 작고한 철학자 고故 김진영(2018) 선생의 애도일기에서 그 가능성을 보았다. 우리는 그의 애도일기에 대한 해석을 통해 죽음을 대상으로 펼치는 사유와 실천의 종합을 보고, 오늘날 죽음교육에 주는 시사점을 논할 수 있을 것이다.

1) 죽음교육의 가능성: 애도일기를 통해

우리는 철학자 고故 김진영(2018)의 애도일기를 들뢰즈의 시각에서 해석할 수 있다. 그는 절박한 그러나 무한으로 열린 미래의 시간에 대한 감각이라는 역설을 품은 채 글쓰기에 임한다. 연구자가 보기에 이 역설은 환자로서의 자아의 정립을 통과하여 시간에 대한 철학적 도약에 이른다. 죽음이라는 보편적인, 동시에 지극히 개인적인 사건이 이를 추동하고 있는 것이다. 그의 일기를 살펴보자. 암환자로서 그의 일상은 힘겹다. "몇 번씩 자다가 깬다. 그 사이에 냇물처럼 꿈들이 지나간다. 깨어나면 이미 흘러가 돌아오지 않는 꿈들(135)"에서 깨고 나면 "일어나 병원 갈 채비(106)"를 하고 "필요한 서류들을 가방에 넣다가 나도 모르게 손에 잡히는 책 한 권을 넣는다. 슈베르트 평전과 뮐러의 시 『겨울 나그네』. 왈칵 솟으려는 눈물을 겨우 참는다(106)." 설익은 수면의 밤을 지나 병원에 가기 위한 준비를 하다 눈물이 솟는다. 때문에 "환자의 삶은 아이러니와 패러독스의 삶이다. 그의 삶은 달라졌지만 하나도 특별하지 않다. … 그는 특별하면서도 평범하다. 그는 종착역을 향해서 달리는 직통열차처럼 매일 매일을 중간역처럼 통과한다(104)." 이처럼 그는 암이라는 손님 앞에서 달라진 자신, 일상적으로 경험할 수 없었던 시간 속에서 패러독스적 자아를 만난다. 이는 아마도 삶에 대한 강렬한 열망 때문이리라. 그가 "지금 살아 있다는 것-그걸 자주 잊어버린다(103)" 거나 "누구에게나 몸속의 타자가 있다(100)"고 말하는 경우가 그러하다. 주어진 시간 속의 삶이라는 건 이렇듯 자아를 새롭게 규정할 것을 요구한다. 그는 이 요구에 이렇게 응한다.

> 환자는 그 타자가 먼저 눈을 뜨고 깨어난 사람이다. 먼저 깨어난 그 눈으로 생 속의 더 많고 깊은 것을 보고 읽고 기록하는 것-그것이 환자의 주체성이다. … 환자는 투명한 주체다. 그는 그에게 일어나고 다가오

는 모든 것들을 통과시킨다. 환자의 주체는 종결을 각오한다. 그러나 그 종결에게 항복하지 않는다. 환자의 주체는 사랑의 주체다. 그는 사랑의 마음을 결코 잃어버리지 않는다. 환자의 주체는 미적 주체다. 그는 자기와 세상의 아름다움을 포기하지 않는다(100-101).

환자는 종결을 각오한다. 그러나 그 종결에 '결코' 굴복하지 않기에 사랑의 주체, 삶을 사랑하는 주체가 될 수 있다. 그것은 아름답다. 자기와 세상의 아름다움을 경이롭게 받아들일 수 있기 때문이다. 그는 타인보다 먼저 깨어 그 경이로움을 더 많이 보고 읽고 기록한다. 이것이 그가 일기를 쓰는 소박한 이유이다. 그러나 이 기록조차도 역설을 품고 있다. "왜 기억하는가? 그건 망각하기 위해서다. 왜 쓰는가? 그건 지우기 위해서다. 왜 망각하고 지우려 하는가? 그건 새로운 삶들을 기록하기 위해서다(197)." 새로움을 느끼는 순간 새로운 삶이 개시된다. 과거를 하나하나 복기하고 후회하는 것이 환자라지만, 병의 진행 속에서 자꾸만 기억이 쇠퇴해 가는 것이 현실이다.

망각과 비움은 일상의 새로움을 낳는다. 기억과 편견으로 꽉 찬 자아가 아닌 "지금 나의 신체는 지나간 옛 신체들의 앨범(195)"이라는 인식, 역설적이게도 망각과 비움 덕분에 텅 빈 자아가 들어선 것이다. 그는 텅 빈 시간에 대한 경험에서 느끼는 삶의 새로움을 표현하고 싶다. 물론 그것은 낭비되는 시간에 불과할지도 모른다. 병을 이기기 위해 사투하기에도 모자란 시간 아닌가! 그러나 "무의미의 시간. 그냥 흘러가는 시간. 순간도 영원도 아닌 어쩌면 그 모두인 저무는 휴일 오후의 시간. 생이 농익어가는 셀러브레이션의 시간. 뫼르소의 시간. 니체의 시간–아

여기서 무엇이 더 필요한가(247).” 이 깨달음 끝에 그가 얻은 것은 시간의 의미이다. 이제 시간은 나 자신이다.

> 병은 시간에 대한 관념으로부터 깨어나게 만든다. 환자가 아니었을 때 나는 자주 읽게 되는 암 환자의 5년 생존율에 대한 이해가 없었다. 5년이라는 시간이야 더 모자라면 어떻고 더 길어지면 또 무슨 대수이냐고만 여겼었다. 그때 유한성의 경계는 멀고 시간은 다만 추상적 길이에 지나지 않았다. 그런데 지금 내게 시간은 더는 추상적 길이가 아니다. 그건 구체적이고 체험적인 질량이고 무게이고 깊이다. 그러니까 관념적인 것이 아니라 육체적이고 감각적인 것이다. 시간은 이제 내게 존재 그 자체이다(249).

들뢰즈(Deleuze, 1970: 154)는 어떤 행위란 다양한 차원의 문제들을 고려한 끝에 나온 산물이라고 말한다. “내레이터의 행위란 그저 내용의 전개를 설명하는 일이 아니라 자아를 동반한 채 그 안에 담긴 비의사소통적 맥/강세vessel를 선별하고 고르는 작업이다.” 이러한 숙고, 즉 배움의 과정은 직접 체험과 ‘경험 독립적=선험적a priori’ 논리 간의 상호규정을 따른다. 들뢰즈에게 현재는 과거의 경험 중 가장 중요한 가치를 부여받은 것으로서, 그것은 전체가 한 번에 드러나는 것이 아니라 아직 부분적 계열만을 보여 주거나 의사소통이 불가능한 상태에 대한 표현으로 이해된다. “따라서 현재란 가능성 속에서 변화를 통해 파악되는 중요성의 정도 혹은 미래에 대한 재조합을 통해 과거를 재배정하는 일이다(Williams, 2013: 237).” 한 마디로 현재란 단순히 ‘사전에 선택한 대로’가 아니다. 현재를 중심으로 과거 전체가 소환되고 선별되어 미래의 구성을 위한 조건을 만든다. 예를 들어, 우리가 과거의 어떤 행위 —그것이 능동적이든 수동적이든—를 감추거나 부끄러워할지라도 불가피하게 각인을 남기는 일, 곧 누구나 배제, 추방, 왜곡으로 낙인의 고통을 받아온 경험이 있을 것이다. 거기에 저항했지만 남겨진 흔적을 발견하고 힘들어한 경험을 생각해 볼 수 있다. 들뢰즈의 시간 속에서 이 낙인(현재)은 과거에 대한 저항의 산물이자 다른 미래를 여는 조건으로 작동한다. "이 시간의 철학에는 '있다'도 '해야 한다'도 없고, 오로지 문제제기적이고 사건 기반적인 틀에 관련된 일련의 사변적 가이드라인만이 존재할 따름이다(ibid., 238)."

들뢰즈의 시간론에서 행위란 늘 실험적이고 독특한 것일 수밖에 없다. 연결과 끊김, 보편성과 개별성 사이에서 행위의 의미를 배우고 실천하는 것이다. 김진영은 글쓰기 행위에 다음과 같은 의미를 부여한다. "글쓰기는 나를 위한 것이 아니라고, 그건 타자를 위한 것이라고 나는 말했다. 병중의 기록들도 마찬가지다. 이 기록들은 나를 위한 것이 아니라 내가 떠나도 남겨질 이들을 위한 것이다. 나만을 지키려고 할 때 나는 나날이 약해진다. 타자를 지키려고 할 때 나는 나날이 확실해진다(242)." 사변의 산물인 시간관념과 아픈 몸이라는 구체성의 교차 끝에 얻은 기쁨과 사랑. "선한 사람이 된다는 건 온전히 기쁜 사람이 된다는 것이다. 선함이 사랑하는 정신의 상태라면 기쁨은 사랑받는 육체의 상태이기 때문이다(194)"라고 말하거나 "내가 사랑했던 것들. 그 모든 것들을 나는 여전히 사랑하고 있다. 이전보다 더 많이 더 많이 … 이것만이 사실이다(243)"라고 말하는 그에게 시간은 너무나도 구체적이면서 사변적인 성격을 동시에 지니고 있다.

사이사이 지나가는 천진하고 충만한 순간들이 있다. 시간이 흐르고 생이 존재하는 동안에는 필연적으로 존재하는, 그래서 결코 사라질 수 없는 중립의 시간이 있다. 그 어떤 불행의 현실도 이 불연속직 순간들, 무소속의 순간들, 뉘앙스의 순간들을 장악할 수 없고 정복할 수 없다. 그래서 불행의 현실들 속에서도 생은 늘 자유와 기쁨의 빛으로 빛난다. … 아침. 주영은 물건들을 챙기러 잠깐 귀가했다. 간호사가 혈액을 뽑아간다. 수액대를 끌고 병동 복도를 한 바퀴 걷는다. 돌아와 침대에 앉아 더운물을 마신다. 어제를 돌아보면 후회가 있고 내일을 바라보면 불확실하다. 그 사이에 지금 여기의 시간이 있다. 몹시 아픈 곳도 없고 깊이 맺힌 근심도 없다. 짧지만 온전히 나에게 주어진 시간-. 이 사이의 시간들은 내가 존재하는 한 사라지는 일 없이 또한 존재할 것이다. 끝없이 도래하고 머물고 지나가고 또 다가올 것이다. 이것이 생의 진실이고 아름다움이다(138-139).

서두를 것도 잴 것도 없는, 후회와 불확실성으로부터 자유롭고 충만한 기쁜 중립의 시간. 바로 '지금'이라는 역설의 시간. 이 시간은 너무도 짧다. 그러나 이 짧은 시간이야말로 유일하게 '힘' 있는 시간이다. "지금은 '아직 그때가 아니기' 때문이다. 아직 오지 않은 것은 힘이 없다. 지금 여기가 아닌 것은 힘이 없다. 지금과 그때 사이에는 무한한 지금들이 있다. 그것들이 무엇을 가져오고 만들지 지금은 모른다(252)." 무한한 지금에 대한 예감은 환자라는 낙인을 넘어 기쁨과 사랑의 주체로서 '내가 떠나도 남겨진 이들을 위해' 애도일기 속에 아로새겨져 있다. "건너가기, 넘어가기, 부드럽게 여유있게(273)." "무엇이 문제인가(275)." "가고 오고 또 가고(276)." 그리고 마지막 "적요한 상태(278)." "내 마음은 편안하다(279)." 돌아가 보자. 아침 이슬을 머금은 흙을 마주한 정원사, 새롭게 펼쳐진 언덕을 마주한 사이클선수 그리고 이별의 슬픔이 시작된 첫째 날 아침 …. 결국 우리가 이런 시간론과 배움론을 관련지음으로써 얻을 수 있는 것은 무엇일까? 들뢰즈가 시작도 끝도 없는 무한변이들의 합성을 통해 파악하고자 한 것은 삶과 죽음의 보편성이 보여 주는 평면일 것이다. 들뢰즈에게 그 원리인 합성은 자연의 다른 이름이며, 이 자연 속에서 인류는 예술, 과학, 철학이라는 세 가지 근본 형식을 개발해 왔다. 예술은 감각으로, 과학은 함수로, 철학은 개념으로 자신을 표현한다. 새로운 악보를 만난 음악가와 새로운 결과 앞에 선 과학자 그리고 새로운 아침을 맞은 교사는 모두 자신을 이끌 어떤 도약 앞에 서 있다.

> 예술가는 카오스로부터 다양성들variétés을 갖고 온다. 그것은 더 이상 기관 내에서 감각의 재생을 구축하는 것이 아니라, 무한을 되돌릴 수 있는 비유기체적 합성의 면 위에서 지각의 존재, 감각의 존재를 세운다. 세잔느와 클레가 회화에서, 회화의 한 가운데서 행위로 몸소 보여 주었던 카오스와의 싸움은 또 다른 방식으로 과학과 철학에서 발견된다. 항상 문제가 되는 것은 카오스를 가로지르는 하나의 분할구도를 통하여 카오스를 물리치는 일이다. 화가는 참변이나 격정을 겪어내며, 이러한 추이의 과정을, 마치 카오스로부터 합성의 면으로 자신을 이끌어가는 도약의 궤적처럼 캔버스에 남긴다(Deleuze et Guattari, 1991/이정임 윤정임, 1995: 291-292).

세잔느나 클레가 회화를 통해 보여 준 것과 같이 김진영 또한 글쓰기를 통해 시간에 대한 새로운 감각을 만들어낸다. 자신의 의식, 아픈 몸이라고 하는 타자 그리고 글쓰기가 합성하여 일구어낸 도약인 것이다. 이 점에서 그의 글쓰기는 죽음의 의미를 생각하게 하는 탁월한 윤리서倫理書이자 죽음교육을 위한 훌륭한 교재라고 할 만하다. 이러한 논의를 들뢰즈가 즐겨 쓴 아이온과 크로노스aiôn/chronos의 구별을 따라 정리해보면 다음과 같다. 우리가 앞서 살펴본 베르그손과 맥태거트는 각각 끝없이 지속되는 시간과 시간의 부재에 대해 말했다. 이에 대해 들뢰즈의 시간은 한 마디로 "비시간적인 것(intempestif, Mengue, 2003/신지영, 2012: 284)"에 대한 탐구라고 할 수 있다. 들뢰즈에게 "시간은 역사와 몸체들의 물리적 혼합의 평면으로서의 크로노스와 비몸체적인 생성, 사건, 의미의 평면인 아이온으로 이중화되고 갈라진다(같은 글)." 여기서 크로노스란 활동하고 겪어내는 몸의 시간, 들뢰즈의 말을 좇아 '살아있는 현재'로서 유일하게 실재적인 시간에 해당한다. 반면 아이온은 표면 효과인 사건이나 순수 생성에 대응하는 시간 차원을 '표상한다.' 즉, 이 시간은 존재하지 않지만 시간 속에 내속하는 것으로 간주된다. 이를 달리 표현하면 "한편에는 항상 경계가 지워진 현재가 있다. 이 시간은 원인으로서 몸의 행위와 근본적인 원인들의 혼합 상태를 측정한다(크로노스). 다른 한편에는 본질적으로 경계지워지지 않은 과거와 미래가 있다. 이 시간들은 표면 위에서 효과로서의 비몸체적인 사건들을 거둔다(아이온; 같은 글, 285)." 이와 같이 우리가 합성의 논리에 입각해 파악한 들뢰즈의 시간론은 크로노스와 아이온의 구별 위에 서 있다. 다음 절에서는 이상의 논의를 바탕으로 오늘날 제기되고 있는 죽음교육과의 관계를 살펴보기로 하겠다.

2) 죽음교육의 탈근대성

물론 김진영(2018)의 애도일기는 들뢰즈의 시간론뿐 아니라 다양한 시각에서 생각할 수 있을 것이다. 예를 들어, 실존주의적 시각에서 죽음교육을 연구한 심승환(2019: 67)에 따르면 “문제는 죽음에 대해 일반적인 관심이나 지식, 형식적인 대처 기법이 향상되었다고 하여도 … 각자 ‘자기의’ 실제적 문제로서 인식하고 자기만의 고유하고 심도 있는 성찰과 그로 인한 삶의 변화로 유도할 수 있느냐는 것은 별개라는 점이다.” 그 또한 서구에 비해 한국의 초중등교육에서 죽음교육이 외면당하고 있음을 지적하면서 교육철학적 차원에서의 접근을 시도한다. 이처럼 김진영의 일기는 실존주의의 눈으로도 읽을 수 있다.

정재걸(2006: 207)은 화엄사상을 토대로 서양의 사유전통이 삶과 죽음을 이분법적으로 파악했음을, 곧 근대의 도래와 더불어 “합리성이라고 부를 수 있는 그 신념 앞에서 인간은 불사와 초월을 상상할 수 있는 특권을 포기해야 했다”고 말한다. 그가 보기에 죽음에 대한 시각의 문제는 근대와 탈근대의 문제이다. 비록 독일과 뉴질랜드를 비롯한 선진국에서 초등교육 단계부터 죽음교육을 실시하고 있지만, 그 방점은 “‘그림자를 통해 빛을 강조하는’, 즉 죽음을 통해 삶의 의미를 강조하는 것에서 벗어나지 못하고 있다(같은 글, 209).” 그러나 우리는 이런 관점을 벗어나 죽음교육을 인간 성장의 마지막 기회로 받아들일 필요가 있다. 결국 화엄사상을 기반으로 삶과 죽음의 근원적인 통일성을 깨달아야 죽음교육의 철학적 패러다임을 바꿀 수 있다는 것인데, 이와 관련해 그는 흥미로운 사례를 소개한다.

골목길에 A라고 하는 사람이 서 있다고 생각해 보자. 그 사람에게 B라고 하는 사람이 모퉁이를 지나는 순간 ‘현재’가 나타난다. 그리고 B가

다시 모퉁이로 사라지면 B는 '미래' 속으로 사라지는 것이다. 만약 A가 골목길에 서 있지 않고 지붕 위에 올라가 있다면 B가 동네 어귀에 들어서는 순간부터 동네 밖으로 사라지는 순간까지 현재는 확대될 것이다. 만약 A가 무한대로 높이 올라갈 수 있다면 A에게는 모든 것이 영원한 현재가 될 것이다(정재걸, 2006: 217).

이 사례는 과거와 현재 그리고 미래의 관계를 새롭게 사유할 수 있는 촉매제 역할을 하는 것으로 보인다. 구체적인 경험 속에서 시간에 관한 사고를 촉발하고 있기 때문이다. 이 사례와 그가 근대교육의 전형으로 지목한 독일의 죽음교육을 비교해 보자. 독일의 중학교 교과서 시리즈 중에는 '죽음과 죽어가는 과정 Sterben und Tod'이 있다. 여기에 실린 주제는 다섯 가지로서 "1) 죽음과 장례식, 2) 청소년의 자살, 3) 인간답게 죽는 방법: 윤리적인 문제, 4) 생명에 대한 위협: 죽음과의 대결, 5) 죽음의 해석(같은 글, 208)"이다. 만일 우리가 상세한 검토를 거쳐 앞서 살펴 본 김진영(2018)의 애도일기를 교재로 활용한다면 여기에 제시한 독일의 죽음교육 교과서에도 그의 일기를 활용할 수 있을 것이다. 여기서의 활용이란 들뢰즈의 시간론을 통해 해석된 김진영의 애도일기, 즉 죽음을 병마로 받아들여 투쟁하는 과정이 아니라 정재걸(2006)의 표현처럼 삶을 위한 마지막 성장의 계기로 애도일기를 보는 것이다. 우리는 한 철학자가 보낸 일 년 반이라는 시간의 의미를 학생들이 추체험하고 이를 적절한 교육적 방법론에 의거해 재구성할 수 있을 것이다. 김진영의 일기에서는 시간의 의미와 죽음에 대한 통찰이 상호작용하여 타인에 대한 사랑을 배운다. 이 배움은 기존에 고집하던 자아를 바꿔낸다는 점에서 글쓰기와 신체라는 모든 타자에게로 열려 있다.

김진영(2018)은 글쓰기를 수단으로 삼는 데에서 그치지 않고 그 자체가 목적이 되는 경지를 보여 준다. 그가 암이라는 손님을 맞이하여 글을 쓰는 것은 일반인으로서는 상상하기 어려운 일임에 틀림없다. 문장 하나를 쓰기 위해 하루가 걸리기도 하고, 절망과 분노 속에서 글이 손에 잡히지 않았을 수도 있다. 무엇보다 몸이 아파 글을 쓸 수 없다. 그러나 그것은 결국 자신이 이러한 시각이 죽음교육에 도입된다면 정재걸이 비판하는 근대적 모델을 두른 죽음교육을 돌파할 자원을 새롭게 마련할 수 있을 것이다.

여기서 우리는 시간의 본성과 교육의 관계를 생각하지 않을 수 없다. 시간은 보이지 않는다. 보이지 않기에 보이는 공간처럼 사물 등을 나란히 놓고 시간을 생각하는 일은 그것의 본성을 왜곡하는 것이다. 대신 시간은 그것을 오롯이 겪음으로써만 알아차릴 수 있으며, 사후에 그것의 의미를 논리적으로나 직관적으로 추론하고 사고할 수 있을 따름이다. 이런 시간의 본성은 가르치고 배우는 일에 있어서 체험과 관찰 그리고 대화와 사고의 중요성을 일깨워 준다. 우리가 '제대로 배웠다'라고 하려면 이해의 과정이 동반되어야 한다고 하듯이 시간이라는 요소를 적극적으로 고려하는 가르침과 배움의 모델은 확실히 정재걸(2006)이 주장한 근대적 교육모델을 탈피할 실마리를 제공해 준다.

윌리엄스(Williams, 2003/신지영, 2010: 59)는 우리가 들뢰즈의 배움론으로부터 얻을 수 있는 것은 "어린이들이 코코넛의 표면을 느낄 때 현실적인 시각적 정보가 적을수록 잠재적인 생성, 즉 딱딱하게 되기, 우툴두툴하게 되기, 나뭇결처럼 되기에 더 많이 연결될 수 있다"는 점이라고 말한다. 시각적인 정보가 많을수록 편견이 많이 들어갈 것이다. 그것은 배우는 학생에게만 해당하는 것이 아니다. 그러한 정보를 준비한 교사의 선입견도 거기에 들어있다고 할 수 있다. 선입견이 많이 들어간 정보일수록 미지의 대상이 가진 풍요로운 잠재성을 느낌 기회를 더 많이 박탈당한다는 것이다. 어린이들이 세상에 널린 사물들을 통해 새로움을 알아간다면 죽음을 배우는 과정 또한 다르지 않을 것이다. 즉, 죽음교육의 과정과 내용은 의례적인 장례나 사회서비스의 일환 혹은 삶과 대립하는 성격의 것이 아니라 그 자체로 새로운 배움을 머금은 것이어야 한다. 죽음은 본성상 다시 체험할 수 없는 단 하나의 사건, 그로 인해 사유하지 않고서는 대상의 깊이를 헤아릴 수 없는 탁월한 체험이자 사고의 대상이기 때문이다. 만일 삶과 죽음을 대립적인 관점에서 보지 않는 죽음교육과정을 그리려고 한다면 지금까지 살펴본 들뢰즈의 통찰이 유용한 철학적 자원이 될 것이다.

여기에는 [『차이와 반복』에는-연구자 삽입] 기호와 배움 그리고 가르침 사이의 관계에 대한 새로운 지적이 등장한다. 그는 기호의 역동적 구조가 주어지면 성공적인 가르침은 모방에 의존하지 않는다고 주장한다. 모방에 의존하는 가르침은 정확히 동일한 몸짓과 행위가 교사로부터 학생에게 반복된다. 모방은 이미 시작된 운동의 근본적인 배후에 반하여 일어나는 것이다. 이는 좋은 배움과 가르침이란 이러한 운동 그리고 배워야 할 것의 운동과 조화를 이루는 방식으로 작동해야 함을 의미한다. 폐쇄된 덩어리로서의 동일한 몸짓을 모방하는 것이 좋은 배움이 될 수는 없는 일이다. 대신 우리는 교사로부터 학생에 이르는 반복 안에서 그리고 학생에게 요구되는 반복 안에서 비대칭성을 통해 기호를 유발하는 방식을 발견할 때, 잘 배우고 잘 가르치는 것이다. 들뢰즈는 예를 들어, 수영선수의 몸, 파도, 교사의 몸과 같이, 활동하는 현실적인 사물의 두드러진 지점을 비대칭성이라 부른다(Williams, 2003/신지영, 2010: 131).

일상의 교육은 반복의 연속이다. 물론 그 안에서 차이를 발견하며 새로움을 창출해내지만 죽음교육 또한 가르침과 배움이라는 구조 속으로 들어가는 한 이 반복을 피할 수는 없다. 대신 우리가 시간을 사유할 때라면 가르침에서 배움으로 혹은 반대 방향으로 이르는 길에 '비대칭성'이 발견될 것이다. 이 비대칭적 상호작용이야말로 죽음이 가진 잠재성을 최대한 교육 속으로 끌어들이는 기반이 될 것이다. 들뢰즈의 시간론은 죽음교육을 향해 이 점을 알려준다.

그렇다면 이러한 교육철학적 성찰을 확장하여 구체적인 죽음교육의 의미를 생각할 수는 없을까? 본 연구가 한 인간의 삶과 죽음을 소재로 삼은만큼 이 문제로부터 출발하는 것이 타당할 것이다. 역사가인 기어츠는 다음과 같이 말하였다.

나이 들고 병들면서 겪는 육체적 상실은 물론이고 살면서 겪는 실패와 좌절, 타자로부터 받는 인간적 모멸감, 타자의 고통을 멍하니 바라볼 수밖에 없는 무력감, 사랑하는 사람의 상실 등 인간을 고통에 빠트리는 문제 상황은 헤아릴 수 없이 많다. 인간에게 이런 고통의 문제는, 어떻게 고통을 회피할까가 아니라 어떻게 고통을 당해야 할까 하는 문제다. 고통을 고통받을 만한 것으로 만드는 문제다. 예를 들어, 인간은 예술을 통해 고통을 표현하고 이를 감당할 만한 문제로 만든다(최종렬, 2018: 21 재인용).

우리가 살펴본 김진영의 애도일기야말로 예술을 통해 고통을 감당할만한 보다 정확히는 감당해야 할 문제로 전환하는 모범적 사례이다. 그렇다면 이러한 애도일기가 한 개인의 차원을 벗어나 사회적 차원으로 확대된다는 것은 무엇을 뜻하는 것일까? 예를 들어, 사회적 참사나 재난을 통해 온 사회가 어이없는 죽음을 맞이해야 할 때에 우리는 무엇을 해야 하는가? 다시 말해 사회적 애도란 누구를 위해, 어떤 방식으로 이루어져야 하는가? 결국 죽음을 가르치고 배운다는 것은 이러한 문제와 뗄 수 없는 관계를 맺고 있다. 죽음교육은 신체의 관리와 정신건강의 문제인 동시에 죽어야만 하는 인간 존재가 인간성을 끝까지 유지할 수 있는가라는 극적 경험과 결부된 문제가 아닐 수 없는 것이다. 인간은 다양한 경험 속에 살아간다. 그중 대부분의 경험은 수동적으로 겪게 되며, 이것은 의미화되지 못한 채 반복과 습관의 수준에 머물고 만다. 우리가 교육적 경험을 일구어내려면 이를 뛰어넘는 어떤 계기가 요청된다. 죽음교육이야말로 이에 대한 가장 깊이 있는 질문을 던지는 영역이라고 할만하다.

04 맺음말

그간 다양한 철학적 자원을 동원한 죽음교육 연구들은 시간의 문제를 직간접적으로 다루어 왔다. 본 연구는 그간의 풍요로운 성과 위에 서 있다. 들뢰즈의 시간론은 시간에 대한 논리적 사변을 '이전과 이후'라는 미래의 논리로 전환시킴으로써 신체의 사멸 이후에도 현재와 미래를 결부시켜 이로부터 시간의 의미를 길어 올리는 탁월한 '시간의 종합론'으로 평가받고 있다. 물론 이는 과거의 체험이 현재에 어떤 영향을 끼치는가라는 베르그손의 지속론에 큰 영향을 받아 전개된 것이기도 하다. 우리는 이 복잡한 시간론을 어떻게 죽음교육의 자원으로 삼을 수 있을지에 대해 살펴보았다.

연구자는 애도일기라는 구체적 사례에서 경험과 사변의 종합을 보고 이를 들뢰즈의 눈으로 해석해 보았다. 암을 손님으로 맞은 일기의 주인공에게 시간은 새로운 의미로 다가온다. 일기장은 이전에 알지 못하던 것들을 알게 해주는 탁월한 성장의 장, 자아의 훈련장과도 같다. 나아가 타자를 위한 글쓰기 — 김진영(2018)이 '사랑'으로 표현한 — 를 통해 윤리적이고 교육적인 텍스트로서 손색없음을 보여 주었다. 이는 죽음교육에서 시간의 의미가 갖는 중요성을 일깨워준다.

우리는 이런 논의와 사례를 통해 죽음교육의 탈근대성을 생각할 수 있다. 오늘날 해석학적, 실존주의적, 불교적, 기독교적 입장 등 다양한 이론적 자원이 동원되는 배경에는 죽음교육론 자체의 발전뿐 아니라 근대교육모델의 극복이라는 문제의식 또한 있을 것이다. 죽음교육의 경우 삶과 죽음을 이분법적으로 보고 이에 대응하는 교육과정과 내용 그리고 방법론을 모색했던 시기가 있었다. 죽음을 빠르게 처리해야만 지금 남아있는 삶을 잘 살 수 있다는 모종의 의식이 그대로 교육적인 것으로 간주되고 수용되었던 것이다.

그러나 '제4차 산업혁명'의 도래로 상징되는 오늘날의 급격한 기술변화는 늙음과 삶 그리고 죽음의 의미를 바꾸어 놓고 있다. 십년 전만 해도 상상에 불과했던 일들이 이제 현실로 전개되는 것을 목도하게 되면서 오히려 교육적 질문은 새로운 곳으로 향하고 있는 것으로 보인다.

이러한 기술의 주도 앞에서 인간으로서 누려야 할 죽음과 그에 대한 교육의 모습은 어떠해야 하는가? 그리고 이에 대한 준비와 애도는 어떤 사유를 필요로 하는가? 본 연구는 기존의 훌륭한 성과들에도 불구하고 이러한 동기를 바탕으로 들뢰즈의 시간론과 죽음교육의 관계를 검토하였다.

참고문헌 REFERENCE

강선보(2003). 실존주의 철학에서 본 죽음과 교육. 교육문제연구, 19, 1-23.

(Translated in English) Kang, S. B.(2003). Death and Education in Existentialist Philosophy. *Journal of Research in Education,* 19, 1-23.

권미연(2017). 죽음교육을 통한 청소년 자살예방교육: 니체의 생사관을 중심으로. 윤리교육연구, 44, 249-275.

(Translated in English) Kweon, M. Y.(2017). Teenage Suicide Prevention Education through Death Education: Focusing on Nietzsche's Views on Life and Death, *Journal of Ethics Education Studies*, *44*, 249-275.

김소희(2002). 죽음교육의 교육철학적 의미. 종교교육학연구, 15, 205-223.

(Translated in English) Kim, S. H.(2002). An Educational-Philosophical Meaning of Death Education, *Korean Journal of religious education*, *15*, 205-223.

김용표(2004). 불교에서 본 죽음과 종교교육. 종교교육학연구, 19, 57-79.

(Translated in English) Kim, Y. P.(2004). Buddhist Understanding of Death and Dying and Religious Education, *Korean Journal of religious education*, *19*, 57-79.

김진영(2018). 아침의 피아노. 서울: 한겨레출판.

(Translated in English) Kim, J. Y.(2018). *Piano in the Morning*, Seoul: Hangyerae.

문현공(2018). 마음챙김 명상 기반 죽음교육 커리큘럼 구성에 대한 탐색. 종교교육학연구, 57, 137-164.

(Translated in English) Moon, H. G.(2018). Exploring the Organization of Mindfulness Meditation Based Death Education Curriculum, *Korean Journal of religious education*, *57*, 137-164.

서이종(2016). 고령사회와 죽음교육의 사회학: 한국 죽음교육의 비판적 고찰. 사회와 이론 28, 69-103.

(Translated in English) Seo, Y. J.(2016). Aged Society and Sociology of Death Education - A Critical Review of Death Education in Korea, *Society and Theory 28*, 69-103.

심승환(2019). 키에르케고어와 하이데거 사상에 나타난 죽음의 교육적 의미와 죽음교육의 방향 고찰. 교육철학연구, 41(1), 65-95.

(Translated in English) Shim, S. H.(2019). A Study on the Educational Meaning of Death and the Direction of Death Education in the Thoughts of Kierkegaard and Heidegger, *The Korean Journal of Philosophy of Education*, *41(1)*, 65-95.

이동윤, 강선보(2016). 죽음교육의 필요성에 관한 연구. 교육문제연구, 29(1), 113-137.

(Translated in English) Lee, D. Y.(2016). The study of Necessity of Death Education. *Journal of Research in Education*, *29(1)*, 113-137.

이은성(2014). 고령화시대 교회 노인을 위한 죽음준비교육의 필요성과 당면 과제. 기독교교육논총, 40, 387-419.

(Translated in English) Lee, E. S.(2014). Preparing and Educating the Elderly on Death and Problems the Church Faces. *A Journal of Christian Education in Korea*, *40*, 387-419.

이이정(2016). 죽음준비교육의 현황과 과제. 노년교육연구, 2(1), 69-88.

(Translated in English) Lee. Y. J.(2016). A Study on the Current State of Death Education and Urgent Problem. *Korean Journal of Educational Gerontology*, *2(1)*, 69-88.

허영주(2016). 홀리스틱 관점에서의 죽음교육의 개선방향. 홀리스틱융합교육연구, 20(2), 95-111.

(Translated in English) Heo, Y. J.(2016). A Study on the Improvement Point in Death Education on the Basis of the Holistic View as a New Approach. *The Korean Journal of Holistic Convergence Education*. *20(2)*, 95-111.

郡司ペギオ-幸夫(2006). 生命一毫. 東京: 青土社. 생명이론. 박철은 역(2013). 서울: 그린비.

(Translated in English) Gunji, Y-P.(2006). Seimei Riron-Dai1bu. Tokyo: Tetsugaku Shobo.

檜垣立哉(2010). 『瞬間と永遠: ヅルドゥルーズの時間論』. 東京: 岩波書店.

(Translated in English) Higake, T.(2010). Instant and Eternity: Deleuze's Time Theory. Tokyo: Iwanamishoten.

今井康雄(2012). 한현정 역(2012). 교육에서 '전달'이란 무엇인가. 교육철학연구, 34(4), 155-178.

(Translated in English) What is 'the communication' in Education? *The Korean Journal of Philosophy of Education*, *34(4)*, 155-178.

Bergson, H.(1955). 사유와 운동. 이광래 역(1993). 서울: 문예출판사.

(Translated in English) Bergson, H.(1955). *La pensee et le mouvant*. Paris: PUF.

Brabant, S. and Kalich, D.(2008). Who Enrolls in College Death Education courses?: A Longitudinal Study. *Omega*, *58(1)*. 1-18.

Cole, D.(2011). *Educational Life-Forms: Deleuzian Teaching and Learning Practice*. Rotterdam: Sense Publishers.

DeLanda, M.(2002). 강도의 과학과 잠재성의 철학. 이정우, 김영범 역(2009). 서울: 그린비.

(Translated in English) DeLanda, M.(2002). *Intensive Science and Virtual Philosophy*. New York: Continuum.

Deleuze, G.(1964). 프루스트와 기호들. 서동욱, 이충민 역(1997). 서울: 민음사.

(Translated in English) Deleuze, G.(1964). *Proust and signs*. (tr.) Howard, R.(2003). Minnesota: Minnesota University Press.

Deleuze, G.(1968). 차이와 반복. 김상환 역(2004). 서울: 민음사.

(Translated in English) Deleuze, G.(1968). *Difference and Repetition*. (tr.) Patton, P.(1995). New York: Columbia University Press.

_________.(1987). 창조 행위란 무엇인가?. 질 들뢰즈의 시간기계. 김지훈 역(2005). 서울: 그린비.

(Translated in English) Rodowick, D. n.(1997). *Gilles Deleuze's Time Machine*. New York: Duke University Press.

_________.(1992). Postscript on the Societies of Control. *October*. vol 59, 3-7.

Deleuze, G. and Guattari, F.(1987). 천 개의 고원: 자본주의와 분열증2. 김재인 역(2001). 서울: 새물결.

(Translated in English) Deleuze, G. and Guattari, F.(2013). *A Thousand Plateaus*. New York: Bloomsbury Academic.

________________________.(1991). 철학이란 무엇인가. 이정임, 윤정임 역(1995). 서울: 현대미학사.

(Translated in English) Deleuze, G. and Guattari, F.(1996). *What is philosophy?* New York: Columbia University Press.

Guattari, F.(1992). 카오스모제. 윤수종 역(2003). 서울: 동문선.

(Translated in English) Guattari, F.(1992). *Chaosmos*e. Paris: Galilee.

Lacina, K.(2009). 죽음: 유럽 정신사의 기본 개념2. 김혜숙 역(2014). 서울: 이론과 실천.

(Translated in English) *Tod: Grundbegriffe der europaischen Geistesgeschichte*, 10 vol. ed. Liessmann, K. P.

Leviton, D.(1977). *Death education*. Feifel, H. (Ed.), New meanings of death. New York: McGraw-Hill. 254-272.

Loux, M.(2006). 형이상학 강의. 박제철 역(2010). 서울: 아카넷.

(Translated in English) Loux, M.(2006). *Metaphysics: A Contemporary Introduction* (3rd). New York: Taylor & Francis Ltd.

Mcgovern, M. and Barry, M. M.(2000). Death Education: Knowledge, Attitudes, and Perspectives of Irish parents and teachers. *Death Studies*, *24(4)*, 325-333.

McTaggart, J.(1927). *The Nature of Existence, 2 vols*. Cambridge: Cambridge University Press.

Meillassoux, Q.(2006). 유한성 이후: 우연성의 필연성에 관한 시론. 정지은 역(2010). 서울: 도서출판b.

(Translated in English) Meillassoux, Q.(2006). *Apres la finitude: Essai sur la ne-*

cessite de lacontingence. Paris: Seuil.

Mengue, P.(2003). 아이온/크로노스. 들뢰즈 개념어 사전. 빌라니와 싸쏘 편. 신지영 역(2012). 서울: 갈무리. 283-291.

(Translated in English) Mengue, P.(2003). *Aion / chronos*. Le Vocabulaire de Gilles Deleuze. Villani, A. and Sasso, R.(ed.) Paris: Vrin.

Olsson, L-M.(2009). 들뢰즈와 가타리를 통해 유아교육 읽기: 유아 학습에서의 운동과 실험. 이연선 외 역(2017). 서울: 살림터.

(Translated in English) *Movement and Experimentation in Young Children's Learning: Deleuze and Guattari in early childhood education*. New York and London: Routledge.

Pearson, K-A.(1997). *Viroid Life: Perspectives on Nietzsche and the Transhuman Condition*. New York and London: Routledge.

Ranciere, J.(1987). 무지한 스승: 지적 해방에 대한 다섯 가지 교훈. 양창렬 역(2008). 서울: 궁리.

(Translated in English) Ranciere, J.(1987). *Le Maitre Ignorant*. Paris: Fayard.

Rosanvallon, J.(2009). 들뢰즈와 가타리의 무한 속도. 성기현 역(2012). 파주: 열린책들.

(Translated in English) Rosanvallon, J.(2009). Deleuze & Guattari à vitesse infinie. Paris: Ollendorf & Desseins.

Skirbekk, G. and Gilje, N.(2001). 서양철학사1. 윤형식 역(2016). 파주: 이학사.

(Translated in English) Skirbekk, G. and Gilje, N.(2001). *A History of Western Thought*. New York and London: Routledge.

Williams, J.(2003). 들뢰즈와 가타리의 차이와 반복: 해설과 비판. 신지영 역(2010). 서울: 라움.

(Translated in English) Williams, J.(2003). *Gilles Deleuze's Difference and Repetition: An Introduction*. Edinburgh: Edinburgh University Press.

__________.(2011). *Gilles Deleuze's Philosophy of Time: A Critical Introduction and Guide*. Edinburgh: Edinburgh University Press.

__________.(2013). Time and Education in the Philosophy of Gilles Deleuze. *Deleuze and Education*. (ed.) Semetsky, I. Edinburgh: Edinburgh University Press. 233-251.

DEATH EDUCATION

유대교의 죽음사상과 교육적 의미

05

심민수

유대인은 기원전 22세기경 아브라함을 시조로 씨족에서 민족으로 발전하였다. 아브라함과 그 이후 초기 족장 시대에 이들은 히브리인이라고 불려졌다. '히브리'라는 말은 원래 고대근동에서 유랑인, 나그네, 하층민 등을 지칭하는 사회적 범주의 일반명사였으나, 훗날 아브라함과 그 후손들을 지칭하는 고유명사가 되었다. 3대 족장인 야곱 이후 수 백 년 동안 인구가 급속히 번성하여 지파로 구분해야 할 정도가 되었고, 기원전 11세기 경 왕정시대에 이르러 하나님이 야곱에게 주셨던 이름인 '이스라엘'을 국가명으로 사용하게 되었다. 왕정시대 3대 왕인 솔로몬 사후, 나라가 둘로 분열되었다. 이 두 나라 중 북이스라엘은 기원전 722년에 앗수르 제국에 의해 정복되어 사라졌고, 남유다 왕국만이 명맥을 이어 가면서 이때부터 유대인이라는 말을 사용하게 되었다. 이는 북이스라엘의 10지파가 사라지고 남유다 왕국의 유다 지파가 중심이 되어 민족을 유지하였기 때문이다.[1] 하지만 남유다 왕국마저도 기원전 586년경에 신흥제국 바벨론에 의해 멸망하였고, 70년간 바벨론 땅에 포로로 잡혀가 고난을 당하다가 바벨론을 정복한 페르시아의 키루스(Kirus, 고레스)에 의해 해방되어 일부가 고향으로 돌아와 민족을 재건하기에 이른다. 이때 파괴되었던 성전을 다시 세우게 되는데, 이 시기를 기점으로 유대인의 역사를 제2성전시대라 한다. 유대교는 제2성전시대에 성전과 회당을 중심으로 제도권의 형태와 비제도권의 형태로 나뉘어 발전하게 되었다. 특별히 이 시기엔 토라의 중요성을 깨닫고 이를 근간으로 하여 종교 규례들을 정비하였다. 이렇듯

1) 당시 유다 지파와 함께 남유다 왕국에 속했던 베냐민 지파는 매우 적은 무리만이 남아 있었던 터라 남유다 대부분의 인구는 유다 지파로 구성되어 있었다. 또한 베냐민 지파였던 초대왕 사울을 제외하면 남유다의 왕들은 유다 지파 사람들이었다.

유대교는 유대인의 역사와 밀접한 관계를 맺으며, 고유의 민족 종교로 발전하면서 유대인의 정신세계에 깊은 영향을 남겨 왔다.

01 유대인의 죽음사상 형성의 근간

한 민족의 정신을 이해하기 위해서는 그 문화를 이끌어내는 데 역할을 한 종교를 확인하는 것이 필수적인 요건이다. 유대인의 정신과 사상을 끌어낸 원천은 바로 유대교이다. 유대교의 경전과 관련 문서들은 결국 유대인들의 정신과 사상의 뿌리가 되었다. 따라서 먼저 유대교의 경전에 대해 살펴보자.

1) 토라와 타나크

토라torah는 '교화, 지시'를 의미한다. 토라는 유대교의 경전인 타나크의 맨 앞에 배치된 다섯 권의 책을 가리킨다. 이 다섯 권의 책(오경이라 칭함)은 모세가 하나님의 계시를 받아 기록했다고 전해진다. 율법의 내용을 담고 있다고 하여 흔히 율법서라고도 한다. 여기에는 유대교의 도덕적·실천적 행동 규범을 기록하고 있으며, 또 한편으로 하나님의 백성으로 선택된 이스라엘 형성의 초기 역사를 담아내고 있다.

유대 민족이 토라의 중요성을 인식하게 된 계기가 있다. 솔로

몬이 죽은 뒤 남북으로 분열되었던 왕국들이 차례로 멸망하면서 남유다 왕국의 유대교 선생들은 앞서 정복당한 북이스라엘 왕국의 멸망 이유에 대해 많은 의구심을 갖게 되었다. 이스라엘 민족은 전지전능하신 하나님에 의해 보호받는 선택된 민족이거늘 어찌 멸망하게 되었는지, 또 멸망 후 100년도 지나지 않아 10지파가 모두 완전히 사라졌는데, 바로 그 사라진 이유가 어디에 있었는지 유대교 선생들은 그 까닭을 알고자 고민에 빠졌다. 결국 그들은 이스라엘 민족에게 닥친 모든 고난은 하나님의 말씀인 토라를 떠난 연고라고 해석했다. 그리하여 포로로 잡혀간 바벨론 땅에서 회당을 세워 그곳에서 하나님의 말씀인 토라를 연구하고 가르치기 시작했다. 그러니까 그들은 민족 쇠락의 길에서 토라를 가르치면서 자신들의 민족정체성을 재정립하기에 이르렀던 것이다. 그 이후 토라는 민족의 정신세계를 좌우하는 가장 강력한 근거가 되었다. 이러한 역사적 배경을 통해 토라는 유대인들의 삶과 죽음 인식에도 직접적인 영향을 주게 되었다.

유대교에서 정경을 타나크tanakh라고 한다. 타나크는 율법서토라 외에도 예언서(네비임: neviim)와 성문서(케투빔: ketubim) 등 세 유형의 책들로 구성되어 있다. 유대인들이 바벨론 포로생활에서 풀려나 70년 만에 고향으로 돌아온 후, 한동안 리더십과 가르침의 부재로 혼란스러웠다. 제1차 귀환(기원전 536, 스룹바벨 인솔 49,897명) 이후 80년 뒤(기원전 457, 에스라 인솔 1,754명)에 고향으로 돌아온 학사 겸 제사장인 에스라가 하나님의 말씀을 통해 개혁을 일으키고자 당시까지 전승되어 내려오던 유대교의 권위 있는 자료들을 모아 집대성하였다. 그 후에도 계속적인 정경화 과정을 통해 기원전 2세기 유대교 랍비들에 의해 타나크가 1차적으로 확정되었다고 한다.[2)] 유대인들의 정신문화의 뿌리인 타나크에는 죽음과 관련된 가르침들이 직간접으로 담겨 있다.

2) 탈무드

유대교의 율법 구성을 보면 모세가 기록하여 전해 내려온 성문 율법토라과 유대교 선생인 랍비들에 의해 가르쳐져서 구전되어 내려온 구전 율법이 있다. 기원후 220년경에 유대인 공동체의 수장격 인물인 유다 하나시R. Judah Ha-Nasi가 랍비들과 회합을 열어 구전된 율법을 집대성하였는데, 이것이 미쉬나mishnah이다. 이 구전된 율법은 토라에서 구체적으로 제시하지 않은 부분에 대한 각 시대의 새로운 상황에 따라 랍비들이 가르친 추가적인 해석, 추론, 실천규정 등을 모은 것이다. 따라서 미쉬나는 토라를 근간으로 하여 유대교 선생랍비들의 추론적 해석이라 할 수 있다. 예를 들어, 토라에 안식일 규정이 나오는데 시대에 따라 사회적 환경이 바뀌면서 안식일에 대한 추가 규정이 필요하게 되었고, 종교지도자들이나 랍비들이 이 규정들을 만들어내었다. 바로 이런 자료들이 구전 율법의 내용으로 전승되었던 것이다. 기원후 220년경 미쉬나 완성 이후, 3세기 동안 팔레스타인과 바벨론의 유대교 랍비들은 미쉬나를 연구하고 토론하였다. 그 결과로 또 다른 수많은 자료들이 생겨났고, 이를 '게마라gemara'라고 지칭하게 되었다. 기원후 5-6세기경에 미쉬나와 게마라를 합쳐서 총 6부 63권의 탈무드가 완성되었다.[3)] 탈무드의 핵심 내용

---

2) 타나크의 최종적인 정경 확정은 기원후 90년경 벤 자카이(Yohanan ben Zakkai; 기원전 30-기원후 90)가 이끄는 얌니아 회의에서 최종 확정되었다고 하는 주장도 있다.

을 한 마디로 말하자면, 지상의 인간의 삶에 관한 것이고, 간혹 천상에 관한 이야기를 하더라도 이는 대부분 지상적 삶과의 연계성 속에서 설명되었다. 헬레니즘의 이원론적 사고에서 보면 지상적 삶과 육체는 천상적 삶과 영혼에 비한다면 낮은 차원에 속한 것으로, 그 중요도가 떨어지지만 유대교의 가르침은 이런 관점과는 매우 다르게 가르쳐 왔다. 유대교는 타나크와 탈무드에서 비롯된 일원론적 관점에 기초하여 육체와 영혼정신, 지상과 천상의 관계를 조화롭게 설명한다. 예를 들어, 토라모세오경에 나오는 창조 원리에 따라 인간의 본성적 구조를 설명함에 있어서 세상적인 육신과 천상의 영혼으로 구성되어 있는 하나의 통일체적 존재로 풀이한다. 따라서 죽음 개념도 육신의 시간이 끝나고 영혼의 시간으로 전환되는 과정으로 이해한다.

02 유대인 종교문화와 죽음사상 내용

1) 죽음에 대한 유대교 경전의 교훈

유대교의 경전인 타나크히브리어 성경에는 죽음과 관련된 단서를 제공하고 있다. 타나크에는 모든 죽음에 대해서 획일적인 판단을 내리는 것은 아니다. 우선, 사람이 죽는다는 것은 인간을 구

3) 탈무드를 유대교의 경전으로 취급하는 문제는 유대교의 종파마다 다르다. 유대교 안의 여러 종파들이 모세의 토라만을 경전으로 인정하고 랍비 문서인 탈무드의 권위를 인정하지 않는다. 대표적인 예로 카라이테 유대교(Karaite Judaism)는 탈무드에 권위를 인정하지 않고 있으며, 한걸음 더 나아가 삽바티안 계통의 여러 유대교 종파는 탈무드의 권위를 아예 부정한다. 바벨론 탈무드는 72권으로 구성되어 있다.

성하는 여러 요소 중에서 육체가 흙으로 돌아가는 것을 의미한다. 인간은 육체body와 영sprit으로 구성되어 있는데, 인간이 죽으면 영은 떠나고 육체는 흙으로 돌아가는 것이라고 죽음을 풀이하고 있다(욥기 34편1-15 시편 104:29 146:4 에스겔 12:7). 원래 인간의 생명은 하나님께로부터 주어지는 것이며 인간 스스로 선택한 것이 아니다. 생명을 주시는 분도 거두시는 분도 하나님이시다(욥기 1:21, 34:14). 따라서 죽음은 하나님에 의해 결정된 이생에서의 종결이며, 생명이 주어진 것처럼 죽음도 주어진 것으로 피할 수 없는 어떤 것이라고 가르친다.

유대교는 인간의 생명에 무한한 가치를 부여한다. 미쉬나는 창조된 한 사람의 영혼을 파괴하는 것과 전 세계를 파괴하는 것은 동일한 것으로 다루며, 한 사람의 영혼을 지탱하는 것은 전 세계를 지탱하는 것과 동일한 것으로 설명한다(Sanhedrin 4:5). 그만큼 인간의 생명을 중요시하고 귀히 여긴다. 생명과 관련하여 유대교의 전통은 사람의 생명이 창조주인 야웨 하나님에 의해 주어지는 것으로 가르친다. 고대 근동지역에는 토테미즘과 애니미즘 등과 같은 하등 종교의 관점에서 자연은 인간보다 우월한 존재로 보고 신봉 대상으로까지 삼았던 것과는 사뭇 다르다. 고대 근동의 일반적인 인간 개념과는 별개로, 유대인들의 종교 관점에서는 창조주의 형상(성품과 능력)을 따라 피조된 특별한 존재로 인간을 인식했다. 하나님과의 인격적인 교제를 필요로 하는 존재로 그려짐으로써 삶에 찾아오는 문제를 매우 높은 신학적 차원으로 끌어올렸다. 이러한 가르침은 고대인들에게는 매우 충격적일 수 있는 것이었다. 유대교 나름의 이러한 독특한 인간 이해는 죽음의 문제와도 연결된다.

인간의 생명은 창조주에 의해서 주어진 것이고 지상에서 인간의 영혼이 육체와 결합하여 살게 하신 시간이 그치면 그 영혼은 본래의 자리로 돌아가야 한다는 것이 유대교의 가르침이다. 이런 가르침은 몇 가지 해석이 가능하다. 첫째, 죽는다는 것은 사멸이 아니라 사람의 영혼이 머물 자리가 바뀌는 것이다. 둘째, 죽는다는 것은 하나님이 정해 놓으신 지상에 머물 시간이 끝났다는 것을 의미한다. 셋째, 죽음은 지상의 시공 차원에서 영원한 차원으로 옮겨가는 것이라는 의미이다. 유대교에서 의미하는 생명과 죽음에 관한 인식의 독특성이 바로 여기에 있다. 일반 동양종교나 헬라종교에서도 부분적으로 유사한 죽음에 대한 인식이 있다. 이 지상(혹은 현세)에서의 삶만이 아니라 현세를 벗어난 다른 세상이 있으며, 인간은 육체가 죽어 흙으로 돌아간다 할지라도 인간의 정신 혹은 영혼은 또 다른 차원에서 존재하거나 다시 다른 형태의 형상을 입고 돌아온다는 식이다. 이렇듯 이 지상의 삶현세만이 아니라 다른 차원의 삶이 존재한다는 이 전제는 유사하다. 하지만 유독 유대교의 사상 속에는 창조주와의 관계 속에서 생명과 죽음의 문제를 다루고 있다는 점이 특이하다. 창조주가 이 지상에 머물게 하신 시간이 인생의 출생에서 임종까지의 시간이라고 전제하고, 지상에서의 삶을 창조주 하나님이 머물도록 허락한 시간으로 보고 있다는 것이다. 이 지상에서의 삶은 짧고 육체적 제한 속에서 사는 삶이다. 그래서 헬라인들은 영원한 세계보다 하등하고 천박한 것이라고 여겼다. 반면 유대교에서는 지상의 삶은 영원한 것을 준비하기 위한 삶이고 따라서 더욱 중요한 시간이라는 것이다. 그러므로 유대인의 사상적 배경이 되는 타나크와 탈무드는 이 지상적 삶의 가치와 중요성을 강조하고 있다. 이러한 강조는 오랫동안 유대인의 정신세계 속에 영향을 주어 죽음에 이르기 전, 지상에서의 삶에 의미를 부여하고 현실 속에서의 인간의 책임을 강조해 왔다(레빈, 2010: 268).

유대교의 율법은 법[기준]과 규례를 매우 중요시한다. 생명과 죽음을 가르는 기준을 세우는 일에도 매우 철저하다. 유대교 율법(할라카, Halakah)에서 죽음은 창조주 하나님이 그 영혼을 되찾아 가시는 것으로 정의되기 때문에, 주변 사람들은 한 개인의 죽음 시점을 알 수 없다고 본다. 따라서 신적 권한에 속한 죽음 시점을 외면한 채 인간이 자행하는 타의적, 자의적 죽음 조작 행위를 용납하지 않는다. 같은 맥락에서 유대교의 율법은 일반적인 상황에서 자살을 금지하고 있다. 어떤 형태의 안락사나 보조 자살도 배제한다. 의도적인 자살 행위를 살인행위로 간주한다(Werber, 1996-1997: 28-31). 이런 금지는 살인에 대한 토라의 가르침에 근거한다(출애굽기 20:13, 신명기 5:17). 자살이 유대교의 율법에 의해서 확실히 금지되어 있다는 것은 다음의 3가지 원칙에 기초한다. 첫째, 자살은 신성한 창조를 부정하는 것이며, 둘째, 영혼의 불멸을 부정하는 것이며, 셋째, 죽음의 속죄를 부정하는 것이라는 점이다. 이미 전술한대로 생명은 창조주의 신성한 역사로 주어진 것이며, 생명 부여의 주체는 창조주인데 인위적 자살은 생명을 부여한 존재에 대한 부인이 된다는 것이다. 또한 영혼은 불멸하는 존재인데 인간의 육체를 인위적으로 제거한다고 하여 영혼마저 제거할 수 없는 노릇이기에 영혼을 부정하는 이런 행위는 용납될 수 없다는 것이다. 더욱이 죽음은 유대교에서 속죄의 의미를 담고 있다. 죗값을 치루는 행위이다. 원래 희생제물로서의 죽음의 의미는 유대교에서 매우 중요시 된다. 이는 생명의 단절을 통해서만 죗값을 지불할 수 있기 때문이고 이것이 유대교에서 소개하는 죄의 신학이다. 그런데 속죄에 대한 문제 해결

없이 자의적으로 죽음을 택하는 행위는 율법이 정해 놓은 하나님과의 관계 회복의 원칙을 근본적으로 부정하는 행위이다. 이러한 이유로 인하여 유대교에서는 자살과 같은 인위적 생명 단절 행위를 용납하지 않는다. 오늘날 생명존중사상이 희박해져 가는 이런 때에 매우 유익한 가르침이 아닐 수 없다.

또 한편으로, 안락사의 문제가 오늘날 매우 중요한 사회적 이슈이기도 한데, 이 문제와 관련하여 현대 유대교에서는 적극적인 안락사와 소극적인 안락사를 구별하여 적극적인 안락사를 금지하고 있다. 다만 생명연장장치를 제거하는 등의 의료적 차원의 소극적 안락사의 경우에는 다양한 사례를 선별하여 용인하기도 하지만, 안락사에 대한 문제에 있어서 전반적으로 금지되는 경향이 짙다(Werber, 1996-1997: 34-42). 안락사와 같은 문제를 판단하는 데 있어서 유대교의 전통적 입장은 다음의 세 가지 원칙에 판단 근거를 둔다. 첫째, 어느 누구도 위협을 가하지 않는 사람을 죽이는 행위는 살인으로 간주된다는 것이다. 이는 살인에 대한 정의에서 비롯된 원칙이다. 둘째, 사람은 누구도 자신의 몸을 절대적으로 소유하지 못한다는 것이다. 사람의 영혼은 하나님께 속한 존재라는 원칙이다.[4] 셋째, 인생은 어느 순간에도 무한한 가치를 지니고 있다는 것이다. 무한한 가치를 지니고 있는 생명을 인위적으로 누군가가 혹은 당사자가 함부로 할 수 없다는 원칙이다(Werber, 1996-1997: 36). 이러한 유대교의 전통적 사상은 현대 유대교의 해석적 입장에서도 거의 그대로 반영되고 있다. 현대 유대교에서 제시하는 적극적 안락사 거부의 네 가지 이유는 다음과 같다(Werber, 1996-1997: 36). 첫째, 인간의 삶은 자신의 것이 아

4) 에스겔 18:4 "모든 영혼이 다 내게 속한지라 아버지의 영혼이 내게 속함 같이 그의 아들의 영혼도 내게 속하였나니 범죄하는 그 영혼은 죽으리라."

니라 하나님께 속한 것이며, 따라서 오직 하나님만이 생명을 취할 권리를 지니고 있다. 둘째, 유대인의 법은 삶의 질에 관심이 없으며, 모든 삶의 순간을 신성하게 여긴다. 셋째, 사람은 사망의 궁극적 원인이 되는 상해를 포함하여 가해를 금지한다. 넷째, 불법한 행위의 대행기관은 용납될 수 없으며 살인은 부당한 행위로서 다른 사람을 죽음에 이르게 하는 가속적 대리 행위를 허용할 수 없다. 이와 같이 현대 유대인의 적극적인 안락사에 대한 거부 사유는 고대 유대교의 사상적 뿌리에 의존한다고 할 수 있다. 다만 소극적 안락사의 측면에서 현대 유대교 랍비들은 의학적 진보로 인해 형성된 새로운 상황에서 율법에 기초하여 추가적인 입장을 제시하였다. 즉, 소극적 안락사의 경우에는 다음의 전제 속에서 의료적 입장이 허용될 뿐이다. 첫째, 의사는 치유하도록 하는 데 그 권한이 주어졌다. 둘째, 자살은 금지되어 있으며 금지된 자살을 도울 권리는 없다. 셋째, 자살을 돕는 의사는 근본적으로 유대인의 율법과 하나님이 허락하신 치유의 권한을 침해한다(Werber, 1996-1997: 43-44). 이러한 추론의 기본적 토대는 오랫동안 유대교 전통의 영향 가운데 형성된 도덕적 가치에서 비롯되었다. 유대교의 오랜 유산의 핵심 가치는 죽음이 아니라 삶과 가족이다. 그러니까 죽음을 삶과 가족이란 현실적 주제와의 관련성 속에서 해석한다는 말이다. 따라서 그들은 적극적인 안락사를 받아들이지 않고 소극적인 안락사[5]와 장기기증의 경우에는 할라카유법의 해석에 기초하여 일부 수용한다(Werber, 1996-1997: 37-41). 이러한 유대교의 전통은 랍비적인 율법에 기초하

5) 소극적 안락사라는 것은 환자의 소생가능성과는 무관하게 환자나 환자가족의 요청에 따라 환자에게 필요한 의학적 조치를 하지 않거나 인위적인 생명 연장 장치를 제거하는 것을 말한다.

면서도 오늘날 인류의 창조적 의료 기술의 진보를 무시하지 않는다는 것을 보여 준다. 이러한 접근법은 가족의 고통을 줄여주고 타인의 생명을 구할 수 있게 함으로써 세상에 기여한다는 티쿤 올람Tikkun Olam[6]의 유대적 이상을 실현하는 길이기도 하다.

2) 죽음 그리고 사후에 대한 유대교의 가르침

유대교의 탈무드는 현실의 삶에 대한 강한 의미부여를 보여준다(레빈, 2010: 268). 타나크에는 죽음 이후의 삶에 대한 이상적인 기대를 보여 주지 않는다. 세상은 야웨 하나님이 창조주로서 친히 지으셨으며 선물로서 사람들에게 베푸셨다고 설명한다. 게다가 죽음 그 자체는 하나님의 명을 거역하고 불순종한 인간들에게 죄의 댓가로서 주어진 것이라는 매우 부정적인 이미지를 지닌다. 삶의 조화를 파괴하는 것들과 연결되기도 한다. 하나님의 계율을 어긴 인간들의 타락의 결과는 세상의 창조 시점과는 너무도 다른 상태, 즉 저주 아래 놓임으로써 질병과 재난과 증오와 다툼으로 가득한 상태를 가져왔다. 그런 저주스런 타락은 인간의 지상에서의 삶마저도 한계적 상황에 처하게 했고, 육체의 죽음이라고 하는 결말로 치닫게 만들었다. 토라의 첫 책인 창세기에 나오는 이러한 스토리는 유대인들의 정신세계에 죽음에 대한 부정적 이미지를 각인시키기에 충분했다. 그럼에도 불구하고 타나크토라와 탈무드미쉬나의 내용은 선택된 민족인 유대인들의

6) 많은 유대인들의 성공 이면에는 유대교의 사상과 정신인 티쿤 올람이 있다. 티쿤은 '고친다'는 뜻이고, 올람은 '세상'이란 의미이다. 티쿤 올람이란 '세상을 개선한다' 혹은 '세상을 이롭게 한다'는 뜻을 담고 있다(http://jewishencyclopedia.com/).

삶에 매우 현실주의적 입장을 담아낸다. 따라서 죽음 자체를 극적인 것으로 다루지 않으며 죽음에 대한 고대근동의 다른 문화와는 근본적으로 다른 태도를 취하게 했다. 창조주가 피조물에게 지상에 머물도록 허락한 시간의 종점에 다다랐음을 인식하는 정도로 죽음을 대할 뿐이다. 피조물 중심이 아니라 창조주 중심적인 인식인 것이다.

유대교에서 죽음과 부활과 죽음 이후 개념은 모두 동등한 권위를 지닌 개념에 속한다. 기원후 220년 완성된 미쉬나에 보면 "부활을 거부하는 사람은 다가올 세상에서 배제될 것"이라고 했다(Sanhedrin 10.1). 그만큼 죽은 자의 부활이 있다는 것을 강조하기 위한 역설이었다. 그러나 유대교 전통은 부활에 대해서 많은 이야기를 하지는 않는다.[7] 이것에 대해서는 두 가지 의견이 있다. 하나는 고대 바벨론과 이집트의 이교적 불멸사상과는 구별하고자 하는 의도가 있었다는 의견과 다른 하나는 유대교의 정신은 개인에게 집중되어 있는 것이 아니라 민족에게 집중되어 있다는 것이다. 다시 말해 "유대 민족은 역사 속에서 결코 소멸되지 않는다"는 민족의 현실 존재에 집중적인 관심을 가지고 있었기 때문이라는 의견이다(Goldenberg, 1992: 99). 실제로 유대 민족은 하나님과 거룩한 언약 관계를 맺고 하나님의 백성이 되었기 때문에 한 개인의 소멸보다는 민족 그룹 전체가 언약 관계를 지속해 가는 것에 궁극적 관심을 지니고 있었다. 그런 이유로 인하여 유대인들에게 있어서 죽음 이후 부활에 대한 생각에는 주로 민족

7) 여기에서는 유대교의 관점과 유대인의 이해에 대한 이야기를 하지만 비종교인들을 비롯한 모든 유대인들의 보편적인 생각이라고는 할 수 없다. 다만 유대교의 가르침은 현대에까지 그 명맥을 유지해 왔고 일정 범위에서 상당한 영향을 미쳐왔기 때문에 유대교적 죽음사상이 유대인 사회에 전반적인 영향을 주었을 것이라는 논리는 무리한 추정이 아니다.

집단적인 회복 혹은 소생의 의미를 담고 있다. 호세아서 6장 1-2절은 이렇게 기록한다. "오라. 우리가 여호와께로 돌아가자 여호와께서 우리를 찢으셨으나 도로 낫게 하실 것이요, 우리를 치셨으나 싸매어 주실 것이니라. 여호와께서 이틀 후에 우리를 살리시며 셋째 날에 우리를 일으키시리니 우리가 그의 앞에서 살리라." 이 본문과 함께 또 하나 중요시 되는 본문인 에스겔 37장에도 기원전 587년경 남유다 왕국이 멸망의 시점에 에스겔의 환상 경험을 제시하면서 다시 회복될부활할 이스라엘을 예언하고 있다(에스겔 37: 1-14).

그렇다고 유대교의 경전들이 개인의 부활을 간과한 것은 아니다. 토라의 첫 책인 창세기에 보면 족장들의 부활 신앙에 대한 인식이 등장한다. 창세기 25장 8절에 아브라함의 죽음을 표현하는 대목에서 그가 "열조에게로 돌아갔다"고 하고, 다음 절에서는 막벨라 굴에 매장되는 행위가 서술되고 있다. 여기서 명백히 사람의 영혼과 육체를 구분하여 서술하고 있다. 다시 말해 열조에게로 돌아갔다는 것은 영혼이 육체와 분리된 후에 열조들이 머무는 곳으로 옮겨졌음을 피력한 것이다. 족장은 죽은 자의 시신을 소중히 여겼으며 야곱과 요셉의 경우에도 자신의 뼈를 약속의 땅에 장사해 달라고 유언을 남기기도 한다(창 47:29-31, 출 13:19). 이 유언은 부활에 대한 소망이 담겨 있는 것으로 흔히 해석돼 왔다. 타나크 가운데서 시편 17편 15절에 시인은 이렇게 노래했다. "나는 의로운 중에 주의 얼굴을 보리니 깰 때에 주의 형상으로 만족하리이다." 여기서 깬다는 의미는 영혼이 부활체 안으로 옮겨지는 것을 뜻하고 있다. 묵시를 보여 주는 다니엘에도 이런 구절이 나온다. "땅의 티끌 가운데서 자는 자 중에 많이 깨어 영생을 얻는 자도 있겠고, 수욕을 받아서 무궁히 부끄러움을 입을 자도 있을 것이며(단 12:2)" 이 본문은 죽은 자를 잠자는 자로 묘사하고 있고, 그들이 깨어날 것을 소개하는데 이는 부활의 의미로 해석될 수 있다.

타나크의 네비딤예언서인 이사야서 26장 19절에는 이런 구절이 나온다. "주의 죽은 자들은 살아나고 그들의 시체들은 일어나리이다. 티끌에 누운 자들아, 너희는 깨어 노래하라. 주의 이슬은 빛난 이슬이니 땅이 죽은 자들을 내놓으리로다." 본문은 남유다 왕국이 멸망하고 많은 백성들이 바벨론으로 잡혀갈 것에 대한 예언이 담긴 묵시의 한 대목이다. 이 구절은 많은 학자들이 죽은 자들의 실제적인 부활을 선포한 것이라고 주장한다. 타나크의 정경에는 들어 있지 않으나 유대교의 문서 중 하나인 마카비 2서 7장은 부활에 관한 유대교 고유의 신앙적 태도가 매우 구체적으로 나온다. 헬라계 시리아 통치자인 안티오커스 에피파네스 4세(Antiochus IV Epiphanes: 기원전 215-164)의 박해로 한 어머니가 일곱명의 자녀들을 잃게 되는 장면에서 죽음 앞에서 다음과 같은 신앙적 고백으로 순교한다. "우주의 왕께서 우리들을 영원히 새로운 생명으로 일으키실 것이다(9절) … 하나님께서 자비를 베푸시사 너희들에게 생명과 호흡을 다시 주실 것이다(23절) … 그를 그의 형제들과 함께 돌려 주시시라(29절)."

기원후 3세기 초엽의 문서인 미쉬나의 가르침 역시도 죽음 이후 부활이 있다는 선언을 하고 있다. "부활을 부인하는 자들은 참으로 다가올 세상의 기쁨에서 배제될 것"이라고 경고하였다. 부활에 대한 생각은 유대교적 사상이 배어있는 오래된 신조에서도 나타난다. 12-3세기 철학자 마이모니데스(Maimonides: 기원후 1135-1204)도 그가 남긴 신조 속에 부활에 대한 확신을 담아내어 지금까지도 유대교인들 사이에 매우 중요한 신조로 회자되고 있다. "13. 나는 … 그 일이 창조주께 기쁨이 될 때에는 죽은 자의 부활이 있으며, 그의 말씀이 영원토록 찬양 받으실 것을 믿는다(에를리히, 2007: 69)." 또한 유대교에서 아주 중요시되는 랍비 전례의 표준 18개 축복기도문인 소위 아미다amidah의 두 번째 기도문은 죽은 자들에 대한 부활을 소망하며 창조주를 다음과 같이 칭송한다.

> 오 주여, 당신은 영원히 전능하시며, 당신은 죽은 자들에게 생명을 주시며, 당신은 구원의 위대한 능력을 지니셨습니다. 당신은 사랑스런 친절로서 살아있는 것들을 지탱하시며 위대한 자비로 죽은 자들을 부활케 하십니다. 당신은 떨어지는 자들을 받아주시며, 병든 자를 고치시며, 포로된 자를 해방시키며 먼지 속에서 잠든 자들에게 당신의 믿음을 유지케 하십니다. 생명을 죽이기도 하고 살리기도 하는 구원을 가져다 주는 당신 같은 왕이 어디 있겠습니까? 당신은 죽은 자에게 생명을 주시는 신실하신 분이십니다. 죽은 자를 부활케 하시는 당신을 축복합니다(Goldenberg, 1992: 107).

이러한 종교 문화 속에서 유대교 랍비들은 몸의 부활을 전제로 하는 다음과 같은 흥미로운 내용도 가르쳤다. 부활 때를 위하여 혹시 손발이 절단된 사람의 무덤에는 죽은 자의 사지까지 함께 묻어서 필요시에 사용할 수 있도록 하라고 가르쳤는데, 실제로 그러한 전통이 이어졌다. 그 밖에도 탈무드에는 몸이 부활할 것이라는 전제로 여러 토론 사례들이 나온다. 실례로 재혼한 미망인이나 재혼한 홀아비가 부활 때에 누구와 함께 살아야 할 것인가 하는 토론이 나온다(Eisenberg, 2010: 191). 부활을 주장하는 바리새파와 이를 거부하는 사두개파의 논쟁이 상기 진술과 관련된 흔했던 논쟁이었다.[8] 유대교의 부활에 대한 신앙은 그들의 장례 풍습에도 나타난다. 화장이나 방부처리와 같은 매장 행위는 유대인들에게는 혐오스러운 것이었다. 육체는 사후 자연 분해되는 것이 옳다고 보았다. 하나님의 형상대로 창조되었지만 죽음은 인간 타락 이후 모든 사람에게 운명적인 귀결이 되었고, 인간의 육체는 임종 직후 영혼과 분리되어 영혼은 하나님께로 돌아가고 육체는 땅으로 돌아가는 것이 인간의 운명에 맞는 자연스런 결말이라고 유대인들은 믿어 왔다. 그러므로 유대인의 전통은 육체가 화염에 의해 사라지는 것을 거부했고, 흙으로 돌아가야 할 육체를 방부처리하여 보존하는 것조차 극구 거부했다 (Eisenberg, 2010: 182).

3) 장례 절차에 나타난 죽은 자에 대한 예우

유대교의 전통에 따라 장례를 돕는 것은 대단히 중요하고 훌륭한 선행이라고 가르친다. 이는 보상을 바라지 않는 덕행이기 때문에 아름다운 것이다.[9] 운구나 시신 매장 지원은 그중에 으뜸이 된다. 장례 절차의 시작은 '거룩한 친구들'이란 의미의 헤브라 카디샤Hevra Kadisha라는 명칭의 장례조직을 정하는 것이다.

---

8) 기원후 1세기 초엽 유대교 안에는 사두개파와 바리새파가 가장 강력한 파벌 경쟁을 벌이고 있었다. 이 중에 사두개파는 보수 기득권 종교를 대변하고 바리새파는 서민 종교를 대표했다. 전자는 토라에 나오지 않는 부활이나 천사를 거부했고 후자는 인정했다. 그러다가 기원후 70년경에 로마에 의해 예루살렘이 파괴될 때 성전까지 완전히 무너져 유대교가 심각한 타격을 입게 되었다. 이에 따라 사두개파는 몰락하고 일부 바리새파가 남아 랍비 유대교로 발전해 왔다.

9) 전도서 7장 2절 "초상집에 가는 것이 잔칫집에 가는 것보다 나으니 모든 사람의 끝이 이와 같이 됨이라 산 자는 이것을 그의 마음에 둘지어다."

여기에는 고인의 자손과 마을 사람들이 참여하여 장례가 진행된다. 이런 풍습은 마을 공동체의 일체감과 협동심을 자극하고 서로간의 상부상조의 정신을 고양시켜 왔다. 가장 어려운 시간, 위로가 필요한 시간에 마을 사람들이 동행해 주는 것은 마을의 공동체성을 확보하는 데도 매우 중요한 요소로 작용했다. 유대인들은 마을 안에서 헤브라 카디샤로 선임되는 것을 영예로운 것으로 여겨왔고, 금전적인 이해관계가 아니라 명예를 위하여 섬기는 것이라 생각해 왔다. 유대교인들은 무엇보다도 임종의 순간을 지켜 주는 것을 미덕으로 여겨왔다(Eisenberg, 2010: 182). 이는 임종을 앞에 둔 사람에게 최대의 예우와 도리를 다하는 일이었다.

유대교인들은 임종이 다가오면 자신의 죄를 고백하는 참회의 기도를 드리는 것이 마땅하다고 믿는다(Ehrlich, 2002: 109). 순교를 당하는 순간 쉐마shema 기도를 드렸던 랍비 아키바(Akiba ben Joseph: 기원후 40-135)의 역사적 예를 본받아, "이스라엘아, 들으라. 주되신 하나님은 오직 한 분이시다. 나의 하나님, 나의 조상들의 하나님, 저의 회복과 죽음이 당신의 손에 달렸음을 당신 앞에 고백합니다. 당신이 원하시오면 저를 회복시켜 주시고, 죽어야 한다면 저의 죽음으로 저의 모든 죄를 용서해 주옵소서"라는 쉐마기도를 드리고 숨을 거둔다. 이에 임종을 지키는 유족들과 친지들은 다음과 같이 화답한다. "복되신 주님이시여, 당신은 주되신 우리의 하나님이요, 만유의 왕이시요, 진정한 심판자시니이다." 임종자가 숨을 거둔 직후 유족들은 전통에 따라 자신들의 겉옷을 찢으며 슬픔을 표한다. 이 옷을 찢는 행위를 '크리아kriah'라고 한다. 크리아 행위는 30세 이상 유족이 하게 되는데 결혼 일주일 미만의 신혼부부는 제외된다. 어떤 것도 신혼의 기쁨을 앗아가서는 안 된다는 것인데, 현실의 삶을 중요시 하는 유대인들의 생각을 엿볼 수 있다. 임종자의 숨이 넘어가면 눈을 감겨주고 입을 닫아주고 몸을 반듯이 눕히고 팔다리를 곧게 펴 주고 발을 문 쪽으로 향하여 눕힌다. 이 외에 고인의 몸에 손을 대는 것은 금기사항이다. 모든 것이 정돈되면 머리 쪽에 촛불을 켜 둔다. 잠시 유족들과 친지들은 고인에게 용서를 구하는 정숙한 시간을 갖는다. 상가의 거울은 모두 가려서 살아있는 사람이 자기 몸을 보는 것을 막는다. 그것이 고인에 대한 예의라 한다. 왜냐하면 고인은 지금 그 모습이 부서지고 있는 시간이기 때문이다. 이렇듯 유대인들은 고인에 대해 최대의 경의를 표함으로써 죽음이 모든 것의 사멸이 아니라 여전히 그의 영혼과 인격이 살아있음을 의식한다. 이것은 죽음은 육체의 소멸일 뿐 영혼은 지속적으로 존재한다고 하는 유대인들의 죽음 인식을 잘 반영하는 것이다. 유대인들도 죽은 사람의 시신을 깨끗이 닦는 종교의식을 거행한다. 이것을 '타하라tahara(행 9:37)'라고 한다. 여기서 집례자는 죄의 용서와 영혼의 평강을 위해 기도하며 시신을 정결히 닦는다. 수의와 관련하여 유대인들은 부자와 빈자가 모두 공평할 수 있도록 하는 전통을 남겼다. 값비싼 천이나 관을 사용하는 것을 절제시키고 평등한 모습으로 묻히도록 전통을 만들었다(Eisenberg, 2010: 184). 장례식은 임종 후 24시간 안에 치러진다. 흙에서 왔으니 속히 흙으로 돌려보내는 것이 고인에 대한 예이며, 영혼은 하나님께로 갔는데 육신을 산 자들의 땅에 여전히 머물게 하는 것은 고인에 대한 모독이고 유족들은 수치스러운 것이라 여겼다. 고인의 친구들이 시신을 넣은 관을 운구하는 데 이것은 매우 좋은 덕행으로 여겨졌고, 고인 운구 시 중간에 7회 정도 멈춰 서서 전도서에 7차례 '인생이 헛되다(헤벨: Heber)'고 한 말을 반영하는 절차를 갖는다. 무덤에 관을 내려놓은 후에는 "그가 평강 중에 그의 자리로 돌아가기를"이라고 외친다. 첫 삽의 흙이 부어지는 소리는 유가족에겐 이별의 소리이기에 특별한 의미로 경험된다. 모든 흙에 관이 덮여 보이지 않게 되기까지 자리에 모두 머문다. 무덤을 떠난 후 정결례를 따라 손을 씻는다(Eisenberg, 2010: 183-4).

유대 전통에 따라 상가 집을 방문하였을 때, 유족이 먼저 말을 걸기 전에는 말하지 않는다. 유족은 일주일(쉬바; shivah) 간, 집에 촛불을 밝히며 이발이나 목욕을 금한다. 화장은 금지되며 가죽 구두를 신지 않는다. 심지어 의자에도 앉지 않으며 토라 공부도 멈춘다. 칠일 이후 첫 번째 안식일에 회당에 나간다. 회중들은 개회 찬송을 부른 후 유족에게 "주께서 시온과 예루살렘을 위하여 슬퍼하는 다른 많은 사람들 중에 당신을 위로하시길 바랍니다"라고 위로한다. 장례식 후 삼실일(쉬로심; sheloshim) 동안 유족들은 축하 파티를 금하며 결혼식 참석도 하지 않는다(Eisenberg, 2010: 185-6). 창세기 35장에 야곱이 아내 라헬을 위하여 비석을 세운 전통에 따라 시편 119편의 일부를 사용하여 비문에 기록한다. 유대법은 일반적인 경우 시체 해부를 금한다. 인간의 형상이 인위적으로 훼손되는 것을 금하는 것이다. 이처럼 유대인들은 인간을 육체와 정신과 영혼을 지닌 전인적인 존재로 여기며 인격과 영혼뿐 아니라 죽은 시신에까지도 그 예우를 적용한다.

03 죽음 이후 영혼의 심판과 불멸

유대교에서는 죽음 이후 영혼이 가는 곳을 스올sheol이라 한다. 스올은 히브리어로 '보이지 않는 세계' 혹은 '죽은 자들의 세계'라는 의미이다. 타나크에는 '죽은 사람들이 가는 장소'로 스올이라는 단어가 여러 차례 기록되어 있다. 유대교에서 스올은 죽은 후 벌을 받아 가는 곳이 아니라 죽으면 모든 영혼이 가는 곳으로 여겼다. 타나크에 보면 창세기 37장에 처음 등장한다. 요셉의 형들이 가져온 요셉의 옷을 본 야곱이 아들 요셉이 죽은 것으로 알고 절망하며 울면서 고백한 말 속에 나온다. "그의 모든 자녀가 위로하되 그가 그 위로를 받지 아니하여 이르되 내가 슬퍼하며 스올로 내려가 아들에게로 가리라 하고, 그의 아버지가 그를 위하여 울었더라." 스올은 타나크에 특히 시편에서 가장 많이 발견된다. 16차례 나온다. 그 밖에도 욥기와 잠언 그리고 이사야서에 여러 번 등장한다. 시편 139편에 보면 이런 표현이 나온다. "내가 주의 영을 떠나 어디로 가며 주의 앞에서 어디로 피하리이까. 내가 하늘에 올라갈지라도 거기 계시며 스올에 내 자리를 펼지라도 거기 계시니이다(시편 139:7-8)." 유대교에서 죽은 자들이 가는 곳으로서 스올은 여전히 하나님의 주권이 미치는 장소로 이해된다.[10)]

---

10) 기독교계 학자들의 견해는 유대교인들의 일반적인 해석과는 차이가 난다. 구약 성서 중에 시편과 전도서에서만 스올이 모든 사람들에게 적용된 것으로 많은 기독교 학자들은 생각한다. 스올은 오직 악한 자가 가는 곳으로 해석한다(Johnston, 2002: 83). 킹 제임스 역에는 종종 스올을 '지옥'으로 번역하기도 하였다. 그러나 구약 성경에 스올에서 심판을 암시하지 않고 있기 때문에 지옥으로 번역하는 것에 이의를 제기하는 경우도 많다(Ibid.). 기독교계 학자들이 공통적으로 인정하는 것은 스

후기 에언서(케투빔)인 아모스서 9장 2절에는 이런 기록이 나온다. "그들이 파고 스올로 들어갈지라도 내 손이 거기에서 붙잡아 낼 것이요, 하늘로 올라갈지라도 내가 거기에서 붙잡아 내릴 것이며" 본문 기록은 스올이든 하늘이든 모두 하나님의 주권 아래 있음을 분명하게 보여 주고 있다. 스올조차도 하나님의 창조된 세계의 일부라는 생각을 반영한다. 유대교의 종교 문헌들에서 스올은 사람이든 동물이든 악인이든 선인이든 죽으면 가게 되는 곳으로 나타난다. 이 스올에서는 노동이나 장래에 대한 준비나 지식이 필요하지도 않은 곳으로 묘사되고 있다. "네가 장차 들어갈 스올에는 일도 없고 계획도 없고 지식도 없고 지혜도 없음이니라(전도서 9:10)" 스올에 대한 유대교의 가르침은 육신이 죽은 후에도 인간의 영혼은 어딘가에서 사멸하지 않는 존재로 남아 있다는 것이다. 이것은 죽음에 대한 부정적 이미지를 새롭게 전환시킨다. 육체의 죽음 후에도 인간은 여전히 존재한다는 증언은 사람들의 정신 사상과 정서 감정상 허무와 절망감을 상쇄시킨다.

유대교 전통에서 죽음 이후의 삶에 대해서 모든 것이 명확하게 제시되는 것은 아니다(Ehrlich, 2001: 109). 죽은 자가 심판을 받도록 일으켜질 것인지, 현실의 삶에서 저질러진 잘못에 대한 심판을 받을 것인지 그리고 그들 중에 율법에 합당한 자만이 다가올 세상과 연결되는 것인지 하는 모든 것이 구체적이고 일관되게 확인되지는 않는다. 이 점은 기독교의 가르침에서 볼 수 있는 죽음 이후의 삶에 대한 명확한 교훈과는 차이가 난다고 볼 수 있다. 이런 불명확함에도 불구하고 유대교 교사랍비들의 가르

올이 모든 죽은 자가 향하는 곳인가 악한 자들만 향하는 곳인가에 상관없이 전반적으로 부정적인 분위기로 묘사되고 있다는 데 공감한다.

침미쉬나과 토라에 따르면 신성한 심판을 암시하는 교훈들이 빈번히 나타나고 있다(Eisenberg, 2010: 191-2). 토라의 창세기 19장에 보면, 소돔과 고모라의 사악함을 심판하시는 하나님을 극적으로 묘사하고 있다. 이런 본문에 대해서 사두개인과 바리새인들이 공존했던 기원후 1세기엔 서로 다른 견해를 가지고 있었다. 사두개인들은 지옥이나 내세의 심판 따위는 토라에는 거론된 적이 없다는 이유로 존재 따위를 인정하지 않았으나, 바리새인들은 모든 것을 초월해 계신 하나님의 통치권을 내세에서의 심판 문제로까지 확대하였다. 기원후 70년에 예루살렘이 멸망한 뒤로는 예루살렘 성전을 중심으로 세력을 펼쳤던 사두개파는 사라지고 바리새파의 일부 랍비들만이 남아, 유대교가 그 명맥을 유지하게 되면서 바리새파 랍비들이 주장하던 지옥이니 심판이니 하는 문제들이 다시 부각되었다.

탈무드는 원래 다양한 이야기들과 주장들이 한데 어우러져 있다. 따라서 서로 간에 차이나는 해석과 의견들이 혼재해 있기도 하다. 그럼에도 불구하고 전반적으로는 내세의 존재, 영혼의 불멸, 심판의 가능성 등을 언급하고 있다. 다만 지옥보다는 천국을 부상시키는 데 치중하였고, 내세보다는 현실의 삶에 초점을 맞추고 있음을 주목할 필요가 있다. 이시도르 엡스타인Isidore Epstein은 그의 저서 『유대교』에서 이런 기록을 남겼다. 유대교에서 "인간이 하나님의 영원한 동역자가 될 것이라는 사상은 '불멸'에 힘을 실어 주었다 … 불멸도 인간을 부르신 하나님의 섭리 가운데서 가능하므로 죽음 이후의 삶뿐만 아니라 영혼이 하나님께로 더 가까이 나아가는 과정을 뜻한다고 봐야 할 것이다(레빈, 2010: 270)." 유대교인들이 장례식 때 사용하는 '슬픔의 기도문'의 일부는 단순한 시적 표현이 아니라, 믿음과 소망의 구체적인 표현을 통해 하나님과 함께 하는 불멸의 존재로서의 영혼을 상정한다. "하늘에 거하시며 자비로 충만하신 하나님, 당신의 임재의 날개 아래서, 청결하고 거룩한 곳에서 창공의 빛처럼 빛나고, 정신에 이르기까지 완전한 쉼이 있게 하소서 … 누가 영원한 곳에 갔을 꼬? 낙원에서 그의 휴식이 있기를. 자비로우신 그분의 날개 아래서 보호받고 그 영이 생명의 띠에 묶여지기를! … 그가 평화로운 휴식 속에서 쉼으로 우리가 아멘이라고 말할 수 있기를(Goldenberg, 1992: 108)." 죽음 이후의 영혼의 불멸과 심판의 가능성을 염두에 둔 유대교의 이러한 종교적 교훈과 실제는 유대인들로 하여금 죽음 이전에 펼쳐지는 현실적인 삶에 책임 있는 존재로 서게 하였고, 유대인 사회가 이어온 윤리적 전통에 충실히 참여하도록 이바지하였다는 것을 기억할 필요가 있다.

04 유대교에서 보는 고귀한 죽음, 순교

유대인들은 순교를 매우 높게 평가한다. 죽음 중에서도 순교야말로 가장 고귀한 죽음이라 생각한다. 타나크유대교 성경에 속한 다니엘과 또 다른 고대 문헌인 마카비서상, 하에는 순교를 고귀한 죽음으로 다루고 있다. 다니엘에는 다니엘과 그의 세 친구들이 나온다. 이들은 남유다 왕국이 기원전 6세기에 바벨론 제국에 의해 멸망되는 과정에서 포로로 잡혀갔으나, 영민한 젊은이들로 인정받고 제국의 정책 아래 특별대우를 받게 되었다. 그러나 이들은 당시 유대인들만이 지닌 유일신 사상으로 인해 엄청난 위험에 처하게 된다. 그들이 겪은 에피소드의 개략적 내용은 다음과 같다.

다니엘 3장에는 세 친구들의 이름이 사드락과 메삭과 아벳느고라고 밝히고 있다. 이들은 당시 왕의 총애 아래 있던 다니엘의 추천을 받아 바벨론의 지방 관리로 임명됐다(다니엘 2:49). 어느 날 바벨론 왕의 종교 정책 변화로 인해 주요 직무를 잘 수행하던 그들에게 급박한 위협이 닥친다. 느부갓네살왕의 종교 정책 변화라는 것은 다름 아니라 제국의 모든 백성들이 그가 세운 금신상에게 충성과 헌신의 표시로 절을 하도록 하는 것이었다. 따라서 제국의 모든 백성들은 금신상에 절을 해야 했는데, 만일 이를 거부하는 자들에게는 풀무불에 던져지는 극형에 처해진다는 것이었다. 문제는 사드락과 메삭과 아벳느고가 믿고 있던 유대인의 종교는 유일하신 하나님 외에 다른 신우상에게 절하는 행위는 신앙을 저버리는 배도의 행위로 간주된다는 것이었다. 따라서 이들은 자신들의 신앙적 입장을 고수함으로써 왕의 진노를 사게 되었다(단 3:8-12). 왕의 회유를 저버리고 종교적 신념을 포기하지 않은 세 젊은이들의 다음 기록은 자못 장엄하다.

“사드락과 메삭과 아벳느고가 왕에게 대답하여 가로되 느부갓네살이여, 우리가 이 일에 대하여 왕에게 대답할 필요가 없나이다. 만일 그럴 것이면 왕이여 우리가 섬기는 우리 하나님이 우리를 극렬히 타는 풀무 가운데서 능히 건져내시겠고, 왕의 손에서도 건져 내시리이다. 그리 아니하실지라도 왕이여, 우리가 왕의 신들을 섬기지도 아니하고 왕의 세우신 금신상에 절하지도 아니할 줄을 아옵소서 (다니엘 3:16-18).” 이어지는 다니엘 3:28에는 이렇게 기록하고 있다. “… [그들은] 그 몸을 버려서 왕의 명을 거역하고 그 하나님 밖에는 다른 신을 섬기지 아니하며.” 이 대목은 세 유대인의 신앙 정체성이 얼마나 견고했는지 죽음의 위협 앞에서도 두려워하지 않는 당당함을 보여 주고 있다. 결국 사드락과 메삭과 아벳느고, 이 세 사람의 대답은 왕의 진노를 사서 풀무 불에 던져지게 되었다. 그러자 왕과 신하들을 놀라게 하는 일이 벌어지게 되는데 … 불에 타야 할 사람들이 풀무 가운데로 다니는 것이었다. 왕은 바로 그들을 꺼내주라 명했다. 그 기록은 이렇다. "느부갓네살이 말하여 가로되 사드락과 메삭과 아벳느고의 하나님을 찬송할지로다. 그가 그 사자를 보내사 자기를 의뢰하고 그 몸을 버려서 왕의 명을 거역하고 그 하나님 밖에는 다른 신을 섬기지 아니하며, 그에게 절하지 아니한 종들을 구원하셨도다 그러므로 내가 이제 조서를 내리노니 각 백성과 각 나라와 각 방언하는 자가 무릇 사드락과 메삭과 아벳느고의 하나님께 함부로 말하거든 그 몸을 쪼개고 그 집으로 거름터를 삼을지니 이는 이같이 사람을 구원할 다른 신이 없음이니라 하고 왕이 드디어 사드락과 메삭과 아벳느고를 바벨론 도에서 더욱 높이니라(다니엘 3: 28-31)." 이렇게 하여 죽음 앞에서도 당당하게 자기들의 신앙적 입장을 고수했던 세 사람이 살아나는 기적을 경험했다는 이야기이다.

이야기는 여기서 멈추지 않는다. 느브가넷살(Nebuchadnezzar: 기원전 605-562) 왕 직후 벨사상 왕 때 바벨론은 페르시아에 함락되고 왕이 된 다리오(Darius the Mede: 기원전 550-486)는 다니엘을 페르시아 제국을 다스리는 세 총리 중에 한 명으로 임명한다. 그런데 유대교 신앙에 철저하여 매일 같이 하나님께 기도하던 다니엘에게 한 차례 엄청난 신앙적 위협이 찾아온다. 왕의 수하의 최고 관료들이 왕에게 나와 30일간 왕 외에 다른 그 누구에라도 기도하는 자는 사자굴에 던져지도록 하는 왕명을 내리도록 요구하였다. 마침내 이런 왕명이 공포되고 집행되는 시기에도 다니엘은 하나님께 기도하기를 그치지 않았다. 이리하여 그를 모함하여 제거하려던 무리들의 함정에 빠지게 된 것이었다. 왕은 그를 구하려 애썼으나 결국 사자굴에 그를 집어넣게 되었고, 그 결과는 극적인 반전의 드라마처럼 전개된다. 일련의 사건 기록은 이러하다.

> 왕이 궁에 돌아가서는 밤이 맞도록 금식하고 그 앞에 기악을 그치고 침수를 폐하니라. 이튿날에 왕이 새벽에 일어나 급히 사자굴로 가서 다니엘의 든 굴에 가까이 이르러는 슬피 소리 질러 다니엘에게 물어 가로되 사시는 하나님의 종 다니엘아, 너의 항상 섬기는 네 하나님이 사자에게서 너를 구원하시기에 능하셨느냐. 다니엘이 왕에게 고하되. 왕이여, 원컨대 왕은 만세수를 하옵소서. 나의 하나님이 이미 그 천사를 보내어 사자들의 입을 봉하셨으므로 사자들이 나를 상해치 아니하였사오니 이는 나의 무죄함이 그 앞에 명백함이오며, 또 왕이여 나는 왕의 앞에도 해를 끼치지 아니하였나이다. 왕이 심히 기뻐서 명하여 다니엘을 굴에서 올리라 하매 그들이 다니엘을 굴에서 올린즉 그 몸이 조금도 상하지 아니하였으니 이는 그가 자기 하나님을 의뢰함이었더라. 왕이 명을 내려 다니엘을 참소한 사람들을 끌어오게 하고 그들을 그 처자들과 함께 사자굴에 던져 넣게 하였더니 그들이 굴 밑에 닿기 전에 사자가 곧 그들을 움켜서 그 뼈까지도 부숴뜨렸더라. 이에 다리오 왕이 온 땅에 있는 모든 백성과 나라들과 각 방언하는 자들에게 조서를 내려 가로되, 원컨대 많은 평강이 너희에게 있을지어다. 내가 이제 조서를 내리노라. 내 나라 관할 아래 있는 사람들은 다 다니엘의 하나님 앞에서 떨며 두려워할지니 그는 사시는 하나님이시오, 영원히 변치 않으실 자시며, 그 나라는 망하지 아니할 것이요, 그 권세는 무궁할 것이며, 그는 구원도 하시며 건져내기도 하시며 하늘에서든지 땅에서든지 이적과 기사를 행하시는 자로서 다니엘을 구원하여 사자의 입에서 벗어나게 하셨음이니라 하였더라. 이 다니엘이 다리오 왕의 시대와 바사 사람 고레스 왕의 시대에 형통하였더라(다니엘 6: 18-28).

계속되는 역사 속에서 다리오 왕에 이어 왕위에 오른 고레스(Cyrus: 기원전 590-530) 왕은 포고령을 내려 유대인들을 포로 생활에서 해방시켜 줌으로써 바벨론 땅의 유대인들은 고국으로 돌아가는 기쁨을 얻게 되었다. 이런 역사적 전개는 앞서 믿음을 견고하게 지킨 다니엘 같은 신앙인들이 보여 준 본보기로 인해 페르시아 내 유대교의 입지가 굳건해지고 긍정적인 이미지가 뿌리를 내렸던 결과였다. 자신의 신앙을 확고하게 붙잡음으로써 인생에 극적인 반전을 경험하고, 더 나아가 유대교와 유대 민족의 설 자리까지 견고하게 했다는 이런 놀라운 이야기는 타나크의 교훈 아래 살아왔던 유대인들에게는 매우 강렬한 신앙적 인상을 심어 주어 삶과 죽음을 주관하시는 하나님에 대한 확실한 인식을 뿌리내리게 하였다.

고귀한 죽음에 대한 유대교의 이해는 유대교의 전통 자료인 마카비서에서도 등장한다. 마카비I서에는 고귀한 죽음을 구체적으로 보여 주는 '한 어머니와 일곱 아들의 장렬한 순교' 이야기가 기록되어 있다. 이 기록은 부모가 어떤 신앙 태도를 취함으로써 자녀들에게 불굴의 신앙 모델이 될 수 있는지를 보여 주는 매우 극적인 이야기이다. 당시 헬라계 시리아 제국의 통치자인 안티오커스 에피파네스의 유대교 탄압 정책으로 순교의 자리에 처한 한 유대인 어머니가 죽음을 불사한다. 이 유대인 어머니는 그의 일곱 아들들과 함께 잡혀와 악독한 왕 앞에 세워졌다. 그들은 온갖 고문과 회유로 종교적 배도를 유도받았다. 그러자 한 아들이 나서서 말했다. "우리를 심문해서 무엇을 알아내겠다는 것입니까? 우리 조상의 법을 어기느니 차라리 죽고 말겠습니다." 이 말을 듣고 왕은 화가 나서 솥과 가마를 불에 달구라고 명령하였다. 명령대로 솥과 가마를 뜨겁게 달구자 남은 형제들과 어머니의 눈앞에서 왕은 그들의 대변자로 나섰던 아들의 혀를 자르고 머리카락을 밀고 사지를 자르라고 명령하였다. 이어 왕은 완전히 불구가 되어 버린, 그러나 아직은 숨이 붙어 있던 그를 불로 달구어진 냄비에 집어넣으라고 명령하였다(마카비II서 7: 2-5). 어머니는 여섯 아들들이 신앙을 지키다 고문받고 죽어가는 모습을 계속해서 지켜보았다. 아들 하나하나가 죽어 나갈 때마다 어머니는 그 자녀들을 격려하며 거룩한 생각을 가득 담아 두려움을 이기도록 아들들의 용기를 북돋우며 격려하였다. 마지막 남은 아들에게 그는 이렇게 말한다. "아들아, 나를 불쌍히 여겨다오. 나는 아홉 달 동안 너를 배 속에 품고 다녔고 너에게 세 해 동안 젖을 먹였으며, 네가 이 나이에 이르도록 기르고 키우고 보살펴 왔다. 얘야, 너에게 당부한다. 하늘과 땅을 바라보고 그 안에 있는 모든 것을 살펴보아라. 그리고 하나님께서 이미 있는 것에서 그것들을 만들지 않으셨음을 깨달아라. 사람들이 생겨난 것도 마찬가지다. 이 박해자를 두려워하지 말고 형들에게 부끄럽지 않게 죽음을 받아들여라. 그래야 내가 그분의 자비로 네 형들과 함께 너를 다시 맞이하게 될 것이다(마카비II서 7:27-9)." 어머니의 말씀이 끝나기도 전에 마지막 남은 아들은 안티오커스를 향해 그의 악행을 강렬하게 고발하며 자신이 믿는 하나님의 강력한 심판을 예언하듯 소리 높여 외쳤다. 이에 분노한 안티오커스는 그를 죽이고 어머니까지 살해하게 된다는 이야기이다.

유대인의 역사에서 이 이야기는 종교를 넘어 수많은 유대인 어머니들에게 강한 인상을 심아 주었고, 그 결과로 강인한 자세의 유대인 어머니 상을 만들어 왔다. 유대인들이 20세기 가장 비극적인 사건이었던 홀로코스트의 현장에서 죽음을 앞두고 보여 준 장엄한 모습들, 특히 유대인 어머니들이 보여 주었던 강인하고 당당한 모습은 이와 같은 과거 역사의 주요 모본 사례로부터 교훈을 받았기 때문이라 해도 지나치지 않을 것이다.

05 유대교의 죽음사상이 주는 교육적 의미

앞서 살펴본 유대교의 죽음사상을 반추해 볼 때 유대인의 삶에 기여해 왔던 교육적 시사점은 다음과 같다.

1) 유대교의 죽음사상은 창조주의 주권적 섭리와 창조 질서 속에서 죽음을 해석하게 한다.

유대교에서는 출생과 성장, 쇠퇴, 죽음을 창조적 질서 속에서 해석함으로써 창조주인 하나님이 생명을 주기도 하고 생명을 거둬 가기도 한다는 전제를 가지고 인생을 해석한다. 이러한 생명과 인생에 대한 해석은 생명과 죽음을 이해하는 데 있어서 독특하고도 고유한 문화를 낳았다. 세속적 유대인을 제외하더라도 종교적 유대인들은 인간 생명에 대한 의미와 개념이 특별하다. 유대교 정경인 타나크의 성문서 중 욥기에 나오는 다음 구절은 매우 잘 인용되는 본문이다. “내가 모태에서 알몸으로 나왔사온즉 또한 알몸이 그리로 돌아가올지라 주신 이도 여호와시오, 거두신 이도 여호와시오니 여호와의 이름이 찬송을 받으실지니이다(욥기 1: 21).” 이 본문은 유대교인들의 삶과 죽음에 관한 생각에 매우 중요한 인상을 심었고, 고난 속에서 죽음을 맞이하는 유대인들의 태도에 영향주어 왔던 표상이었다. 유대교인들은 철저하게 생명의 주인은 하나님이시며 삶과 죽음이 하나님의 손에 달려 있음을 믿었고, 이런 사상은 대부분의 유대인들에게도 영향을 미쳤다. 그리고 그 생명은 소중한 것이기에 보살펴야 하고 하나님이 거두시기 전까지는 그 생명의 보존을 위해 최선을 다해야 한다는 의식을 깊이 내면화 하였다.[11] 아울러 자기 생명을 함부로 내버리는 일도 극히 드문 일이 되게 하였다. 남의 생명이든 나의 생명이든 모든 생명은 하나님께로부터 오는 것이며, 하나님이 부르시는 죽음의 시간이 다가오기 전에 이 지상에서의 삶을 가족들과 함께 행복하게 누리며 "세상을 이롭게 하는 것(티쿤 올람: Tikkun Olam)"이 인간의 도리라 생각하게 되었다.

2) 유대교의 죽음사상은 죽어가는 사람에 대한 존경심과 죽어가는 사람의 마지막 소망을 강조한다.

유대교에는 사후에도 존경의 대상이 되고 영향력을 미치는 인물들이 많이 있다. 그러나 훌륭한 인물들이라고 해도 그들을 숭배하지는 않는다. 그 이유는 아무리 훌륭해도 인간은 불완전한 존재라는 점을 전제하기 때문이고, 인간을 숭배하는 것은 유대교의 유일신唯一神적 종교 문화에서는 용납될 수 없는 일이기 때

11) 2006년 레바논과 이스라엘 사이에 전쟁이 발발하였는데 그 원인이 바로 2명의 이스라엘 병사가 헤즈볼라에 의해 납치되어 이들을 구출하기 위한 작전이 벌어지면서 시작되었다. 이스라엘 군대에서는 전쟁에서 싸우다 전사한 군인은 극히 애도하지만 적에게 납치된 병사는 반드시 구해 온다는 철칙이 있다. 구해오다가 더 많은 사람들이 희생되지만 죽음은 생명의 주관자이신 하나님 소관의 문제이고 병사를 구출해 오는 것은 군인의 문제라는 원칙이 있다.

문이다. 유대교는 하나님과 인간의 영역을 엄중히 구분한다. 사람을 신격화하는 일은 그들에게는 정당한 것이 아니다. 유대교의 가르침은 모든 사람들 간의 평등한 관계에 주목한다. 앞서 살펴본대로 다만 죽어가는 사람에 대한 인격적 예우에 힘쓴다. 따라서 유대교 전통 안에서 그들의 장례 절차는 매우 엄격하며 절도 있는 모습을 보인다. 장례식의 모든 절차는 고인에 대한 엄숙함과 예의와 존경의 마음이 배어 있다. 유족들은 애도의 모습으로, 조문객들은 위로의 자세로 임한다. 유대교의 전통은 마지막 순간에 유족들이 함께 하는 것을 중요시 한다. 임종의 순간은 마지막 송별의 시간이다. 흔히 먼 여행을 떠나는 사람에게 진중하게 작별 인사를 나누듯, 마지막 순간의 이별은 매우 각별할 수밖에 없고 이런 점에 있어서 유대인들의 의미부여는 남다르다. 임종 직후에는 24시간 내에 고인을 매장한다. 그 이유는 고인의 영혼이 흙으로 돌아갈 육체를 이미 떠났기에 그의 시신을 방치하지 않고 속히 흙 속으로 돌려보내는 것이 그에 대한 예의라 믿기 때문이다. 임종 이후에는 일주일간 애도의 시간을 가지며, 이때는 정숙한 모습으로 일상의 많은 것을 삼가하며 애도의 마음을 지속한다. 이런 절차는 죽음 앞에서 유족들의 마음에 깊은 교훈을 남긴다. 인간의 삶에 대한 진지함과 정숙함 그리고 절제된 삶의 국면 속에서 갖게 되는 자기 통제력 그리고 한 줌의 흙으로 돌아가는 인생의 무상함, 한 걸음 더 나아가 지상에서의 남겨진 삶에 대한 새로운 다짐 등과 같은 다른 상황에서는 배울 수 없는 무게감 있는 성숙한 사고의 과정을 경험한다.

3) 유대교의 죽음사상은 죽음을 앞둔 유대인들로 하여금 자신의 죄를 고백하며 모든 갈등 관계에 있는 사람과 화해하게 한다.

죽음을 앞두고 자신의 죄를 참회하는 모습은 유대교의 오랜 종교 전통에서 비롯된다. 유대교에는 7대 종교적 명절이 있다. 유대교인들은 매년 이 7가지 종교적 절기행사를 축제로 지낸다. 고대에는 이 모든 명절에 희생물을 받치는 제사가 있었다. 기원후 70년 로마에 의해 예루살렘 성전이 파괴된 후로는 제사를 지낼 수 없게 되었지만, 여전히 고대의 전통적 종교 명절을 지금까지 지내오고 있는 것이다. 이 중에 새해 벽두에 드리는 신년 절기가 있다. 흔히 나팔절이라고 하는 로쉬 하사나(Rosh Ha Shanah; The Head of the Year, Awakening to Judgement)이다. 이 나팔절에 이어지는 것이 열흘간의 대속죄 기간이다. 새해를 맞아 묵었던 죄를 회개하고 그 기간에 갈등 관계에 있던 이웃, 친지 혹은 가족들과 화해의 시간을 갖는다. 이러한 용서의 경험은 이들의 삶에 배어 있는 매우 중요한 습관이기도 하다. 이런 모습은 임종의 자리에서도 다르지 않다. 유대교인들은 인간의 행복은 사람들과의 관계를 어떻게 맺느냐에 의존한다고 생각했다. 따라서 해마다 새해 벽두에 화해의 시간을 갖는 것이다. 그런 삶의 특징이 생활화되고 내면화된 유대교인들은 이제 임종 앞에서 최종 심판자이신 하나님께 죄를 고백하고, 동시에 이 땅의 인간관계 속에서 갈등으로 어려웠던 사람들과도 용서와 화해의 시간을 갖고 마지막을 아름답게 마무리 하는 것이다. 이런 모습은 자녀 세대에 매우 진지한 교육적 유산으로 이어진다. 매우 훌륭한 교육적 실천이라 할 수 있다. 이상의 가정 문화와 종교 문화는 유대인들로 하여금 자신들이 속한 공동체를 화목하고 건전하게 만들 수 있게 하였고, 역사적으로 수많은 고난을 경험하면서도 서로를 지탱해 주는 강력한 보호 장치를 확보해 주었다.

4) 유대교의 죽음 이후 세계에 대한 인식은 유대인들이 역사 속에서 각박한 현실을 견디어 내는 데 중요한 의미로 작용해 왔다.

제2성전시대 후기[기원전 2세기~기원후 1세기]에 당시 유대 사회를 양분하던 유대교파는 바리새파와 사두개파이다. 사두개파는 귀족층과 보수적 경전 해석의 입장을 취했다. 따라서 토라에 없는 영생이니 부활이니 하는 개념 따위는 수용하지 않았다. 반면 바리새인들은 사두개인들과는 달리 서민층을 대변했고, 죽음 이후의 삶이 존재한다고 대부분 믿었다. 종파를 넘어 유대교는 전반적으로 이 지상에서의 현실적인 삶에 의미를 두고 충실한 삶을 살도록 교훈한다. 그러면서도 예루살렘 파괴[기원전 70년] 이후 바리새파에서 랍비 유대교로 발전한 유대교에서는 죽음 이후의 세계가 존재한다고 믿어 왔다. 다만 유대교에서는 죽음 이후에 대해서는 구체화된 교리나 확정된 담화가 없는 것이 사실이다. 그럼에도 불구하고 죽음 이후의 세계에 대한 그들의 기대는 분명히 드러난다. 중세 유대 사회에서 가장 존경을 받았던 모세 마이모니데스(Moses Maimonides: 1135-1204)는 그의 『13 신경』 마지막 대목에서 이미 일부 전술한 신앙고백을 남겼다(Ehrlich, 2002: 69). "13.

나는 … 그 일이 창조주께 기쁨이 될 때에는 죽은 자의 부활이 있으며 그의 말씀이 영원토록 찬양받으실 것을 믿는다." 마이모니데스처럼 영향력 있는 종교적 명사들의 신조나 글을 통해 유대교인들은 죽음 이후의 삶에 대한 소망을 간직한 채, 험난한 현실의 운명을 받아들일 수 있었다. 유대교에서 죽음이란 일종의 관문을 통과하는 의례이고 절차로 이해되었기에, 죽음 이후 세계에 대한 막연하면서도 소망어린 그림들을 가지고 있었다. 그것이 결국 유대 사회가 역사의 수많은 고난 속에서도 지속적으로 공동체를 지켜올 수 있었던 중요한 지지대였다. 마이모니데스 『13 신경』의 10조항과 11조항은 이렇게 고백한다. "10. 나는 창조주께서 … 인간의 모든 행위와 모든 생각을 아신다고 믿는다. 11. 나는 창조주께서 … 계명을 지키는 자들에게 선으로 갚으실 것이며 계명을 어기는 자들을 벌하실 것임을 믿는다." 마이모니데스의 신조에 따르면 비록 현세를 사는 동안, 누군가에 의해 고통을 당한다 할지라도 하나님이 모든 것을 다 아시고 분명히 심판의 주가 되신다는 믿음을 반영함으로써, 원한 없이 임종을 맞게 하는 정신적·정서적 순화의 촉진자 역할을 하였던 것으로 보인다. 일반적으로 세상 사람들은 죽음을 두려움으로 맞이한다. 더욱이 죽음 이후 세계에 대한 공포도 느낀다. 그러나 유대교인들은 창조주의 섭리를 따라 이생을 마감해야 할 예정된 임종의 시간에 다다르게 되면, 죽음은 단지 관문을 지나가는 것과 같은 절차에 불과하다고 믿었다. 그 이후에는 창조주의 공정한 심판 그리고 그 결과로 인해 또 다른 거처가 준비되어 있다고 믿었기에 죽음을 두려움 없이 냉정하고도 자연스럽게 맞이할 수 있었다. 20세기 최악의 사건으로 지칭되는 홀로코스트유대인 집단학살 현장에서 유대인들이 보여 주었던 수많은 의연했던 사례들, 역사 속에 유대교 박해가 있었을 때마다 순교의 현장에서 유대인들이 보여 주었던 의연한 모습들은 바로 그러한 죽음과 죽음 이후 세계에 대한 인식이 깊이 내면화된 결과라고 보는 것이 옳을 것이다.

참고문헌 REFERENCE

메이어 레빈(2010). 『유대인이 가르치는 철학 이야기』. 변순복 역. 서울: 도서출판 대서출판사.

정재걸(2013). 『삶의 완성을 위한 죽음교육』. 서울: 지식의 날개.

Bowker, John.(1991). *The Meanings of Death*. Cambridge: Cambridge University Press.; 존 바우커(2005). 『세계 종교로 보는 죽음의 의미』. 박규태, 유기쁨 역. 파주: 청년사.

Ehrlich, Carl S.(2002). *Understanding Judaism.* London: Duncan Baird Publishers Ltd.; 칼 에를리히. 『유랑 민족의 지팡이 유대교』. 최창모 역. 서울: 유토피아.

Eisenberg, Ronald L.(2010). *What the Rabbis Said: 250 Topics from the Talmud.* Santa Barbara, CA: ABC-CLIO Corporate.

Goldenberg, Robert(1992). "Bound up in The Bond of Life : Death and Afterlife in the Jewish Tradition.": Obayashi, Hiroshi ed. *Death and Afterlife: Perspectives of World Religion*s. New York.

Johnston, Philip.(2002). *Shades of Sheol: Death and Afterlife in the Old Testament.* Downers Grove, IL: InterVarsity Press.

Kraemer, David.(2000). *The Meanings of Death in Rabbinic Judaism.* New York: Routledge.

Kubler-Ross, Elisabeth.(1970). *Death and Dying.* New York: Macmillan.

Mendenhall, George E.(1992). "From Witchcraft to Justice: Death and Afterlife in the Old Testament."; Obayashi, Hiroshi ed.(1992). *Death and Afterlife; Perspectives of World Religions.* New York: Greenwood Press.

Obayashi, Hiroshi.(1992). *Death and Afterlife: Perspectives of World Religion*s. New York: Greenwood Press.

Rabinowicz, Harry.(1964). *Guide to Life: Jewish Laws and Customs of Mourning.* London: Jewish Chronicle Publications.

Central Conference of American Rabbis.(1978). "Sanhedrin," *The New Union Prayer Book for the Days of Awe: Gates of Repentance 5*. New York: Central Conference of American Rabbis.

Werber, Stephen J.(1996-1997). "Ancient Answers to Modern Questions: Death, Dying, and Organ Transplants - A Jewish Law Perspective, 11" *Jewish Law & Health 13.*

http://jewishencyclopedia.com/

https://www.shiva.com/learning-center/death-and-mourning/

Death Education

06 죽음의 의미와 교육적 전이: 고등학교 미술교과를 중심으로*

이화식**

* 본 글은 2016년 「고등학교 미술교과서에 나타난 죽음의 의미와 교육적 가치」(예술교육연구, 14-2)를 수정하고 보완한 것이다.

** cremt@hanmail.net

01 들어가며

현재 죽음에 대해 다양한 분야에서 관심이 증가되고 있다. 이렇게 죽음이 중요한 화제가 된 것은 죽음은 우리의 삶의 조건이기 때문이다. 삶 자체가 가지는 의미는 그 속에 유한성의 죽음을 내포하기 때문이다. 삶은 생명을 의미하며 생명이 없는 곳, 즉 물질세계는 죽음도 없다. 그러므로 죽음이 있기 때문에 삶이 존재한다. 삶과 죽음은 서로를 뿌리칠 수 없는 동반자 또는 반려의 관계에 있다. 그러므로 올바른 죽음을 이해해야만 삶을 올바르게 이해할 수 있다. 하지만 삶의 반대쪽에 죽음이 있다는 확실한 사실만을 우리가 알뿐이고, 우리는 죽음의 길은 알 수 없다. 우리가 살아 있는 동안 우리는 결코 죽음을 체험할 수가 없다. 죽음을 체험했다는 것은 이미 죽어 있다는 것을 의미하기 때문이다. 그러므로 미지의 죽음에 대한 불안감과 공포를 가지고 있으며, 죽음에 대한 앎의 지식도 없다. 우리가 죽음에 대해 관심을 갖고 그것을 탐구해야 되는 것은 죽음에 대한 우리가 알 수 없는 지식이 아니라 우리에게 주어지는 의미일 것이다. 즉, 죽음이라는 한계 상황이 우리에게 주어지는 의미이다. 죽음이 갖는 불안과 공포 때문에 죽음을 익명의 다른 사람들의 일이라고 '피해 가기'나 아직은 나의 일이 아니라고 여기는 '거리 두기', 종교에 귀의하여 영생을 얻는 '뛰어 넘기'보다는 죽음을 자연스러운 것으로 받아들이는 노력과 그것이 나의 삶에 어떤 의미가 있는지에 대해 이해하려는 시도가 바람직할 것이다.

이와 같이 확실한 죽음이라는 실체에 대해서 우리는 그것에 대한 표현 자체를 터부와 금기했다. 그 결과 죽음 문제는 이성적으로 접근하기보다는 감성적으로 접근하여 왜곡시키는 결과를 낳았다. 그래서 학교교육에서는 죽음에 대해 공식적 교육과정으로 접근하기보다는 영 교육과정null curriculum으로 제외시키는 방법을 선택했다(이화식, 2014). 하지만 외면하고 싶은 죽음 문제를 교육의 장으로 제시한다면 청소년들로 하여금 그릇된 죽음에서 벗어날 수 있고, 삶을 보다 본질적으로 살아갈 수 있을 것이다. 이러한 요청에서 현대의 죽음교육이 시작되었으며 죽음교육은 많은 성과를 내고 있다. 죽음 문제를 교육의 장으로 가져와 청소년들이 죽음에 대해 보다 의연해졌으며 삶을 보는 눈 또한 건강해졌다는 결과가 나오고 있다. 미국의 예를 들면 1970년대 후반부터 죽음교육이 본격적으로 중고등학교 교과에 편성되기 시작했고, 대학에서는 죽음을 보다 깊게 고찰하기 시작했다. 독일의 경우는 중학생용 교과서에서 죽음을 소개하고 있다. 특이한 것은 뉴질랜드의 경우에는 죽음을 보건health and physical well-being이나 예술arts에서 가르치고 있다(Deeken, 2003).

우리나라의 경우 2000년 이후 일부 대학에서 죽음을 교양 과목에서 다루기 시작했다(김명숙, 2011). 또한 교육계뿐만 아니라 사회의 다양한 분야[1)]에서 죽음을 중요한 주제로 다루기 시작했다.

---

1) 죽음에 대한 교육은 크게 네 가지 접근 방법이 있다. 첫째, 종교나 철학을 통하여 접근하는 방법이다. 왜냐하면 철학의 주된 주제는 현실 세계뿐만 아니라 사후 세계에 대해서도 이성을 통하여 통찰하고자 한다. 또한 종교에서 보는 기본 세계는 사후 세계이기 때문이다. 둘째, 문학이나 예술을 통하여 접근하는 방법이다. 죽음은 각각의 사회나 문화의 틀 속에서 발전하고 변화되어 온다. 또한 각각의 사회나 문화 속의 죽음은 다양한 예술을 포함한 다양한 문화 활동을 통해서 나타나기 때문이다. 셋째, 심리학 및 정신의학적으로 접근하는 방법이다. 죽음에 직면하거나 타자의 죽음과 가까이 하고 있는 사람들의 심리적 변화는 일상적인 틀에서 벗어나 엄청난 충격이기 때문이다. 넷째, 의학적, 법률적 접근 방법이다. 죽음은 물질의 죽음을 기본으로 한다. 하지만 현대의학에서는 인간의 육신의 죽음에 대해 많은 논쟁거리를 제공하고 있으며, 개인의 사회적 구성원이기 때문에 개인의 죽음 또한 사회 공동체에서

하지만 중고등학교에서는 죽음교육은 아직까지 윤리 관련 일부 교과에서 지식 중심으로 접근하는 실태이다. 그래서 죽음을 다양한 시각에서 접근하는 시도도 부족하며 죽음을 독립된 주제로 선택하여 융합적으로 접근하는 시도가 부족한 것도 사실이다. 그래서 본 연구는 이와 같은 목적을 달성하기 위해 미술교과서에서 제시되어 있는 죽음을 철학적으로 접근하여 분석하고 죽음을 주제로 한 수업 모형을 제시하고자 한다. 죽음을 고등학교 교육과정의 중심 주제로 구성하는 이유는 크게 두 가지가 있다. 첫째, 최근에 청소년들의 자살 문제나 여러 가지 일탈 행위로 인해 타인의 인명을 손상시키는 경우가 증가되고 있다. 이것은 자신의 삶이나 타자의 삶에 대한 이해의 부족이 잠재되어 있다. 그러므로 중고등학교 과정에서 죽음에 대한 교육이 필요이다. 둘째, 현재 우리 사회가 물질 만능주의 시대라고 해도 과언이 아니다. 그로 인해 많은 장점도 있지만 부작용도 발생하고 있다. 이러한 물질에 반대되어 생명을 중시하는 교육이 필요하며, 생명의 의미를 강화시켜 주는 것은 생의 반대인 죽임이다. 그러므로 죽음에 대한 교육은 곧 생명 존중 사상에 귀결될 것이다.

그리고 본 연구와 같이 미술을 중심으로 죽음을 주제로 융합하는 접근은 다음과 같은 두 가지 장점이 있다. 첫째, 죽음이 갖는 정체성을 가장 효과적으로 접근할 수 있기 때문이다. 우리가 죽음에 대해 알고 싶어 하는 것은 죽음에 대한 지식이 아니라 의미이다. 그러므로 교육에서 죽음을 접근하는 방법이 지식이 주가 되는 주지교과보다는 의미를 내포하고 있는 상징을 사용하는 예술교과가 적절할 것이다. 둘째, 미술은 표상을 표현한 장르

변화를 요구하기 때문이다.

이기 때문이다. 죽음은 형이상학적 특징과 형이하학적 특징을 동시에 가지고 있다. 그러므로 미술은 마음 속의 죽음에 대한 표상을 구체적인 시각적 표현으로 나타내는 장르이기 때문에, 죽음에 대한 접근이 가장 구체적이고 효과적이다. 그러므로 본 연구에서는 고등학교에서 미술교과서에 나타난 죽음의 의미를 해석하고, 이를 통해 미술을 이용한 죽음교육의 내용과 방법을 모색할 것이다.

02 죽음에 대한 인식

삶이 있는 자들은 항상 삶의 유지를 궁극적인 목표로 삼는다. 그래서 영원히 살고자 기대하지만 결국 죽어야 한다. 그래서 철학자와 종교가들은 죽음의 문제에 대한 다양한 해법을 제시한다. 그중에서 종교 중심의 세계관을 가지고 있는 사람들은 죽음을 초월할 수 있는 내세來世를 제시하고 현세적인 삶을 경시하는 방식의 해법을 제시한다. 반대로 비종교 중심의 세계관을 가지고 있는 사람들은 내세를 무시하고 현세 중심의 삶을 강조한다. 본 연구는 이와 같이 죽음에 대한 양단 간의 관점을 제시하여 막연한 죽음에 대한 불안과 공포를 극복하며, 교육적 가치를 탐구하고자 하였다.

종교 중심의 세계관은 서양의 기독교와 동양의 불교적 관점으로 다시 구분될 수 있으며, 세속 중심 관점은 관념주의와 생철학, 실존주의 죽음으로 구분될 수 있다.

1) 종교적 관점에서 죽음

종교적 관점에서 죽음은 서양의 기독교와 동양의 불교로 크게 구분할 수 있다. 물론 기독교와 불교 이외의 다양하고 많은 종교에서 독특한 죽음관을 제시하고 있지만, 본 연구에서는 기독교와 불교의 죽음만을 탐구하겠다. 왜냐하면 현재 세계적으로 많은 종교가 있지만 서구에서는 기독교가 많은 지역에 전파되어 있고, 동양에서는 불교가 가장 많이 전파되었기 때문이다. 더구나 한국에서는 기독교와 불교 인구가 종교 인구의 대다수를 차지한다고 해도 과언이 아니기 때문에 기독교와 불교에 한정하여 죽음관을 연구하고자 한다.

먼저 기독교에서의 죽음은 복합적인 성격을 가지고 있다. 기독교에서 죽음에 대한 최초의 정의는 두려움이다. 삶 속에 결코 있어서는 안 될 현상이 죽음이다. 기독교에서 죽음은 인간이 자신을 창조한 신에게 복종하지 않은 죄의 결과로 본다. 따라서 신에게 순종했다면 전혀 있지 않았을 것이 죽음이다(정진홍, 2010). 인간은 영원히 사는 존재, 단절이나 소멸을 예상할 수 없는 그러한 존재인데, 불행하게도 불순종이라는 범죄 때문에 신으로부터 죽음이라는 형벌을 받게 된 것이다. “죄의 대가는 죽음”(로마서 6:23)은 기독교의 죽음을 대표적으로 함의하고 있다. 그러므로 죽음은 두렵고 고통스러운 일이다. 죽음은 악이 초래하는 극도로 부정적인 상황이 현실화된 것이기 때문이다(정진홍, 2010). 그러므로 인간이 죽을 수밖에 없다고 하는 것은 자연스러운 현상이 아니다. 그것은 매우 부자연스러운 일이기 때문에 소박하게 승인하거나 수용할 일이 아니다.

따라서 죽음은 삶과 상반되는 것이다. 죽음이 삶에 대한 징벌이라면 죽음은 삶을 배척하고 파괴하고 저주하는 것이다. 당연히 삶과 죽음은 서로 적대적이다. 삶의 자리에서 보면 죽음은 피할 수 없는, 그러면서도 피해야 하는 '악惡'이다. 그러므로 죽음의 그늘에서 벗어나는 것이 '영원히 죽지 않는 삶'을 누리는 것이다(정진홍, 2010). 하지만 영생을 얻을 수 있는 길은 현실적인 방법으로는 해결이 안 된다. 영생을 얻기 위해서는 신을 통한 종교적인 방법으로 해결해야 하며, 그것이 자신의 과오에 대한 신의 용서와 그리스도에 대한 믿음을 통해서이다. 『요한복음』(3:15)에서 "저를 믿는 자마다 영생을 얻게 하려 하심이니라"하여 그리스도에 대한 믿음이 구원이요, 구원을 통해서 죽음을 극복할 수 있는 논리를 제공하고 있다. 이것은 곧 인간이 죽는 것은 신이 인간에 대한 징벌이므로 이러한 징벌에 대한 해방도 신을 통해서 얻어질 수 있다(정진홍, 2010; 林綺雲 外, 2012). 신이 인간에 대한 벌을 내리고 다시 신이 심판하고 그 삶에 대한 보상이 영원한 세계로의 안내이다. 그래서 다시 역설적으로 영원히 살기 위해서는 현실적인 죽음이 따른다. 왜냐하면 기독교적 사고 방식으로는 인간은 몸身과 영靈으로 구성되었기 때문이다. 영이라는 존재가 몸이라는 유한한 세계에서 해방되는 것이 죽음이고, 이러한 유한한 육체에서의 해방은 영이 영원한 세계로 갈 수 있는 하나의 사건이다. 왜냐하면 몸은 신으로부터 저주받은 증거이기 때문이다. 그러므로 저주받은 몸을 적극적으로 소멸시키는 것은 신과 가까이 갈 수 있는 통로이고 기회인 것이다. 그 결과 기독교에서는 죽음은 두렵지 않는 것이 되고 피해서는 안 될 것이 된다. 이에 죽음은 삶의 완성을 위한 선취先取해야 할 전제가 된다(정진홍, 2010). 더욱 발전해서 죽음은 신의 저주가 아니라 신의 세계로 들어가기 위한 축복된 사건이 될 수 있다.

기독교의 이러한 죽음은 많은 논란이 있지만 분명한 것은 죽음은 단순한 저주가 아니라 존재의 변화를 가져다 줄 하나의 사건이 될 수 있다는 것이다. 그러므로 죽음은 회피하거나 두려워할 것이 아니라 오히려 축복으로 받아들일 수 있다. 이러한 죽음에 대한 축복으로 이해를 통해서만 기독교의 '부활'을 이해할 수 있다. 많은 종교가 비슷하지만 기독교도 죽음에 대해서 끝이 아니라 새로운 시작을 제시한다.

다음은 동양의 대표적인 종교인 불교와 힌두교의 죽음으로 고찰할 수 있다. 그리고 불교와 힌두교의 죽음관은 서로 다른 면도 있지만, 연구 목적상 불교와 힌두교의 죽음이 서로 비슷한 점이 있어 불교의 죽음으로 힌두교의 죽음을 대신한다. 또한 동양의 사상에 많은 영향을 미친 유가나 도가의 죽음도 큰 의미가 있지만, 이들은 종교라기보다는 사상으로 보는 관점이 일반적이기 때문에 불교만을 언급한다.

불교에서 죽음의 현상은 수명의 종결이다(林綺雲 外, 2012). 불교에서 수명은 난暖과 식識으로 구성되며 죽으면 이러한 기능이 종결되는 것이다. 즉, 인연에 의해 일시적으로 신체와 의식이 결합하여 하나가 되면 살아 있는 것이고, 서로 분리되면 죽는 것이다(김용표, 2004). 그래서 눈, 귀, 코, 혀의 감각이 점차 사라지고 마지막으로 피부의 감각과 의식이 모두 정지되면 죽음이라고 한다(林綺雲 外, 2012). 이러한 죽음은 기본적으로 연기緣起 속의 윤회(輪回, samsara)와 전생轉生의 과정을 거친다(정현채, 2012). 윤회는 삶과 죽음이 인연이 되어 끝없이 이어지는 것을 말한다. 전생은 삶이 죽음을 계기로 다른 삶으로 바뀌어 이어진다는 의미이며, 인간의 현상적인 죽음을 인정하지 않는다. 그래서 죽음을 끝이 아니라 하나의 다른 시작으로 본다. 이와 같은 태어남과 죽음을 하나의 모습으로 보는 것은 다음과 같이 원효의 글에 잘 나타나 있다.

> 생과 사의 근본은 자체가 없다. 자체가 없으므로 따로 유전할 것도 없다. 그 모양조차 이미 유전할 것이 없는데 그 본체가 어찌 움직이겠는가! 그래서 말하기를 여래장에는 생사가 있지 않다고 한 것이다(大乘起信論疏·別記, 1991).

즉, 죽음을 통해 인간이 다른 존재로 변화하는 것이다. 하지만 유회나 전생의 중요한 또 하나는 이전의 삶이 죽음 이후의 삶에 영향을 미친다는 것이다. 이러한 구조는 모든 종교에서 나타나는 기본적인 구조이다. 이 구조에 의하면 '인생의 모든 고통一切改苦'을 깨달아 스스로 욕망에서 자유롭게 된 존재는 다시 사람이 되거나 더 이상 윤회의 사슬에 얽매이지 않는 자유로운 존재가 되지만, 그렇지 못하면 깨달음을 이룰 때까지 이어지는 순환의 고리에서 사람 아닌 존재로 되풀이 된다는 것이다(정진홍, 2010). 그러므로 죽음은 삶을 완성하는 사건이 된다. 불교에서는 삶을 고통의 연속이라 하여 고통을 벗어나는 길은 죽음의 길이고, 죽음 이후의 삶은 현재의 삶을 기반한 것이다. 그러므로 불교에서는 현재의 삶에서 죽음 이후의 세계를 구체적으로 제시한다. 대표적인 것이 열반nibbāna, 하늘devasabhā, 인간계manusya, 아수라asura, 아귀peta, 축생triyagoni, 지옥niraya을 제시하고, 자신들이 행한 선악의 행업에 의해서 이곳에서 태어나고 죽고를 반복하여 생사를 끊임없이 돈다(석법성, 2004; 정현채, 2012). 이것은 힌두교의 생사관하고도 유사하다. 힌두교에 의하면 인간의 출생은 죽음을 내포하는 필연적인 인과성이다. 현생은 전생의 업력에 의해 태어난 현상에 불과하고, 다시 현생은 내생을 인과적으로 연계시킨다. 이것이 윤회이다. 이 과보는 누구든 도망을 할 수 없는 인과응보이다. 그래서 생사란 바로 전생의 선악업善惡業에 의해 결정된 과보에 불과한 것이다. 현세의 죽음에 의해 다시 태어남을 재생이라 하고, 재생은 전생의 과업에 의해 윤회의 과정 속의 하나의 생명 과정에 불과한 것이다(석법성, 2004). 그래서 모든 생명체는 생사 변화에 의해 태어남과 죽음을 반복 순화하는 것에 불과하므로 세상에는 고정 불변의 실체Ātman은 없는 것이다. 이러한 관점에서 본다면 불교와 힌두교의 인생이란 생生·사死로 끊임없이 연결되는 윤회사상과 앞의 과정은 후의 과정에 영향을 주는 선악의 인과론을 특징으로 한다.

2) 세속적인 죽음

세속적인 죽음은 세 가지 관점으로 접근할 수 있다. 첫째는 관념주의 접근이고, 다음으로 생철학 관점이며, 마지막으로 실존주의 관점에서 죽음을 고찰할 수 있다. 먼저 관념주의 관점에서 죽음은 대표적으로 소크라테스와 플라톤의 관념으로 구분할 수 있지만, 본 연구에서는 소크라테스를 중심으로 탐구한다. 소크라테스는 당시 그리스신들을 믿는 시민이지만 관념주의적 철학자이기도 하다. 그러므로 죽음을 물질적인 관점에서 접근보다는 관념적인 세계관에서 접근하였다. 그래서 내세 중심적인 세계관을 가지고 있음에도 불구하고 현세적인 삶도 중시하여 죽음에 대한 통합적인 접근을 시도했다. 대표적인 예가 그 자신의 죽음이다. 그는 현세적인 삶을 살았음에도 불구하고 초연하게 죽어 갔다. 그는 아테네 법정에서 사형 선고를 받고 독약을 마심으로써 생을 마감했다고 기록되어 있다. 그의 죽음과 관련하여 플라톤은 다양한 저작에서 기록하고 있다. 대표적으로 『애우티프론Euthyphron』(2003)은 소크라테스가 법정 출두하여 진리를 주장하고 있으며, 『변론Apology』(2003)은 법정에서 삶을 구걸하지 않고 삶의 정당성을 설파하는 인물로 묘사하고 있고, 『크리톤Kriton』(2003)은 윤리적인 인물로 묘사하며, 『파이돈Phaedon』(2003)에서는 소크라테스가 생각하는 사후 세계를 묘사하고 있다. 이 중에서도 소크라테스의 죽음관이 가장 잘 나타나 있는 것은 『변론』, 『크리톤』이다. 이 중에서 『변론』이 초기 저작이며 『크리톤』은 중기 이후 저작이라 알려져 있다.[2] 그러므로 가장 소크라테스를 잘 나타내고 있는 것은 『변론』이라 할 수 있다. 여기에서 소크라테스는 철학적인 죽음을 맞이한다. 소크라테스에게 있어서 철학이란 무지를 자각하는 행위이기 때문에 철학적 삶이란 무지를 자각하고 사는 삶이다. 그러므로 철학적 죽음이란 죽음에 대한 무지를 자각하는 행위가 된다. 즉, 그는 죽음을 알지 못한다고 가정하고 죽음을 알 수 없기에 공포와 불안을 가지거나 외면해서는 안 되는 상태이다(정동호 외, 2004). 그러므로 소크라테스에 있어서 철학적 죽음이란 그가 평생 추구했던 '무지의 자각'이란 사태를 직면하는 상황에 불과한 것이다. 그 결과 그는 죽음을 초연히 맞이할 수 있게 된다. 그에 있어서 삶이란 항상 깨어 있는지를 검토하고 깨어 있지 않음을 자각하는 것이기 때문이다(Apology, 38a/2012).

---

2) 플라톤의 철학은 초기, 중기, 후기로 구분된다. 플라톤의 초기 철학은 대체로 소크라테스의 사상적 영향 하에 놓여 있으며, 중기 때부터 소크라테스의 영향에서 벗어나 자신의 독자적인 사상을 전개하기 시작한다(정동호 외, 2004).

그는 다음과 같이 무엇인가를 알고 있다고 생각하는 자만이 죽음이 두려워 삶을 구걸한다고 그는 생각했다. 철학은 무지를 자각하는 행위이기 때문에 죽음은 그러한 기회를 제공하는 사태에 불과한 것이고 두려운 사태가 아니라는 것이다.

> 죽음을 두려워한다는 것은 현명하지도 않으면서 현명한 것으로 생각하는 것 이외의 아무 것도 아니기 때문입니다. 그건 자기가 알지 못하는 것들을 자신이 안다고 생각하는 것이니까요. 왜냐하면 아무도 죽음을 모르며, 그것이 인간에게 좋은 모든 것 가운데서도 으뜸가는 것인지조차도 모르지만, 사람들은 그것이 나쁜 것들 중에서도 으뜸가는 것이라는 것을 잘 알고 있기라도 하는 듯이 두려워하기 때문입니다(Apology, 29a/2003: 146).

소크라테스는 '무지의 자각'이야말로 철학의 중요한 주제라고 생각했다. 그래서 사람들이 죽음을 알지도 못하면서 알고 있는 것처럼 최악의 사태로 여기는 것이 잘못된 것이라 여겼다. 그는 죽음은 무지의 사태이기 때문에 최악일 수도 있고 축복일 수도 있다. 확실한 것은 무지의 세계를 알 수 있다는 사실뿐이다. 철학자인 소크라테스는 이러한 사태를 부정하는 것이 모순된 것이다. 그는 무지의 사태를 앎의 사태로 전환시켜 줄 죽음을 거부할 이유가 없는 것이다. 그가 죽음을 초연히 받아들일 수 있는 이유도 무지를 자각하지 못하고 사는 사악한 삶에 순응하는 것보다 죽음을 선택하여 '무지의 자각'을 받아들이는 것이 더 가벼운 사태일 수 있기 때문이다.

두 번째 생철학의 관점은 쇼펜하우어Arthur Schopenhauer와 니체Friedrich Wilhelm Nietzsche의 관점에서 조망할 것이다. 먼저 쇼펜하우어는 삶의 궁극적 목표는 미몽에서 깨어나는 것이라고 하였다. 그의 죽음관은 『의지와 표상으로서의 세계Die Welt als Wille und Vorstellung』(1819/2008), 『부록과 추가Parerga und Paralipomena』(1851/ 2013)에 잘 나타나 있다. 그에 따르면 삶이란 욕망과 쾌락이며 죽음이란 고통과 파괴라 하여 죽음에 대한 부정적인 시각을 나타내고 있다. 그러므로 삶이란 죽음에 대한 투쟁 속에 있는 것이다(김정현, 2004). 그는 인간의 삶이란 고뇌와 괴로움으로 가득 차 있다고 하였다. 왜냐하면 자연계 중에서 무기물 세계에서는 자연력naturkraft, 식물 세계에서는 생명력lebenskraft, 동물과 인간 세계에서는 의지의 힘들에 의해 지배되고 있기 때문이다. 그러므로 인간이란 '하나의 의지 덩어리'이며, 인간의 의지wille란 목표도 없고 끝도 없이 그 무엇인가를 추구하고 갈구하는 것이다. 그래서 의지는 "모든 현상에서 본질을 이루고 있는 끊임없는 노력"(Schopenhauer, 1819/2008: 374)이기 때문에 결핍과 고통 속에 놓이게 된다. 물론 순간적으로 욕구는 충족되지만 이러한 충족은 또 다른 권태를 동반한다. 인간은 의지의 충족에 대한 권태를 이겨내지 못하고, 또 다른 대상에 대한 의지로 갈구와 그에 따른 불만족을 경험하게 된다. 인간의 의지는 삶에 대한 의지라 할 수 있다. 그에 의하면 삶에의 의지는 가장 내적인 인간의 본질이며 맹목적인 것이다. 인간은 존재의 유한성으로 "무한한 공간과 무한한 시간에 있어 인간 개체를 스스로 유한한 존재로 느끼"(Schopenhauer, 1819/2008: 373)는 존재이며 "무한한 공간과 시간에 비하여 … 미미한 크기"(Schopenhauer, 1819/2008: 373)의 흐름 속에서 존재 자체가 무화되어 죽어가는 존재이며 이것은 피할 길이 없다. 그래서 인간은 다음과 같이 죽음을 자신의 존재가 완전히 소멸되는 부정적인 것으로 생각하게 된다.

> 다수의 사람들이 이렇게 고통스러운 투쟁을 견디는 것은 생에 대한 사랑이라기보다는 오히려 죽음에 대한 공포 때문이다. 죽음이야말로 피하려고 해도 피할 수 없는 것이고, 배후에 숨어서 어느 때나 가까이 올 수 있는 것이다. 인생은 암초나 소용들이가 가득한 바다이며, 인간은 가능한 한 주의와 배려를 해서 이것을 피하는 것이다. … 죽음이야말로 고난이라는 항해의 최후 목표이며, 인간에게는 그가 피해 온 어떠한 암초보다도 나쁜 것이다(Schopenhauer, 1819/2008: 375).

그래서 인간이 경험하는 가장 나쁜 것이 죽음이며, 가장 큰 불안과 고통은 죽음의 불안과 고통이라고 보았다(Schopenhauer, 1919/2008). 그러나 그에 의하면 인간 의지와 상반되는 죽음에서 벗어나고자 하는 노력이 오히려 삶 자체로부터도 소외받을 수 있다(김정현, 2004). 그는 "탄생 이전과 죽음 이후에 우리는 무Ante ortum nihil est homo nec post funera quidquam"(Schopenhauer, 1989)라는 플루타르크plutarch 문장을 인용하며, 인간의 삶이란 본래 무라고 하였다. 그러므로 죽음이란 가상의 죽음이지 본래적인 죽음은 아닐 수 있다. 인간 인식에서 만들어낸 가상의 죽음을 극복할 때 삶의 자유를 얻을 수 있다.

다음으로 니체는 인간을 신체leib적 존재로 규정하였다. 신체 개념은 그가 인간에 대한 이원적 해석을 벗어나기 위해 선택한 전략적 개념으로, 정신과 육체라는 두 가지로 이원화될 수 없는 총체적 존재dei gesammtheit로서의 인간을 지시한다(백승영, 2004). 그는 인간은 이성과 육체 그리고 힘에의 의지Der Wille zur Macht라는 세 계기가 서로 불가분적으로 유기적 결합을 하고 있는 존재이다. 그는 총체적 인간은 초인Der Übermensch으로 구체화한다. 초인은 모든 인간적 한계를 극복하고 인간 이상을 초탈한, 완전한 이상적 인간이 아니라, 지상에서 구현 가능한 실존적 인간이다(백승영, 2014). 초인은 자기 자신을 넘어서고 극복하는über-sich-hinaus-gehen, 자기 자신을 새롭게 창조하는sich-schaffen 삶을 영위하는 인간이며, 초월 세계를 거부하고 지상에서의 삶을 유일한 삶으로 찾는 인간이다. 또한 자신의 의미와 가치의 설정자이자 창조자 역할을 한다. 그러므로 초인은 삶과 죽음도 의식적-의지적으로 구현한다. 초인의 죽음은 『차라투스트라는 이렇게 말했다Also sprach Zarathustra』(1896/2010)에서 다음과 같이 정의하고 있다.

"한때 죽어라."

… 차라투스트라는 이렇게 가르친다.

물론 적당한 때에 살아 보지 않은 자가 어떻게 적당한 때 죽을 수가 있겠는가? 그런 자는 차라리 태어나지 않는 게 더 좋았을 것이다. 나는 '쓸모없는 인간'들에게 그렇게 말한다.

… 삶을 완성시킨 자는 희망에 차 서약하는 자들에게 둘러싸인 채 찬란한 승리 속에서 자신의 죽음을 맞이한다.

… 두 번째는 전사로서 위대한 영혼을 아낌없니 바치는 죽음이다.

… 나는 그대들이 나의 죽음으로 대지에 대한 사랑을 더 깊게 할 수 있을 때 죽고 싶다. 그리고 나는 다시 대지의 한 부분이 되어 나를 낳은 어머니 품에서 안정을 얻고 싶다.

차라투스르라는 하나의 목적을 가지고 있다. 그는 공을 던졌다. 자, 친구여. 내 목적의 상담자가 되어라. 나는 그대들을 향해 황금공을 던지리라.

친구들이며, 내가 가장 보고 싶은 것은 그대들이 황금공을 던지는 일이다. 그래서 나는 당분간 대지에 머무르겠다. 내가 그렇게 할 수 있도록 허락하라! (Nietzsche, 1896/2010: 78-81).

그가 말하는 의지적-의식적 죽음은 첫째, 자유로운 죽음이다. 초인은 죽음을 자신이 원해서 스스로 선택하여 자신이 원하는 시간과 장소에서 죽는 것이다. 이와 같이 자신이 판단해서 죽는 것은 죽음을 숙명적 사건으로 받아들이지 않고 개인의 의지와 자유가 실현되는 경우이다. 삶을 의지적-의식적으로 살아가는 자는 죽음에 대해서도 의지적-의식적으로 대처한다. 그래서 죽음 또한 의지적-의식적으로 선취해야 한다. 또한 죽음은 미완과 절망의 죽음이 아니라 자기완성과 자유의 죽음이다. 삶을 무의미한 것으로 부정하거나, 삶을 열등함으로 인정하는 자는 죽음도 제때 이루어지지 않은 자연적인 죽음을 맞이한다. 그는 의지적-의식적인 삶을 영위했던 자는 자신의 죽음도 의지적-의식적으로 맞이한다. 즉, 삶에 대해 진지한 자세를 취했던 자는 죽음에 대해서도 진지하며, 삶을 무의미한 것으로 취했던 자는 죽음에 대해서도 그냥 죽어갈 뿐이다.

마지막으로 실존주의 관점은 하이데거와 야스퍼스의 관점에서 고찰할 수 있다. 하이데거는 『존재와 시간Sein und Zeit』(1927/1998)에서 인간의 본질적 성질을 죽음에서 찾았다. 그는 인간의 본질적 성격을 '현존재Da-sein'라 하여 인간은 자신의 존재를 '자신의 존재에 있어서 자신의 존재를 문제 삼는 존재'라 하였다. 이것의 의미는 인간이 '항상 의도적으로' 자신의 존재 전체를 문제 삼으면서 삶의 의미를 묻는다는 것을 의미한다(박찬국, 2004). 인간은 자신이 태어난 특정한 사회가 요구하는 체제에 따라 적응하며 살아간다. 그는 우리가 우리의 삶을 살아간다고 하지만 사회적으로 요구하는 사회적 형식에 따라 살고 있는 것이다. 하이데거는 이러한 삶을 '비본래적인uneigentlich 삶'이라고 하였다. 비본래적인 삶은 자신의 고유한 삶을 살지 않고 세상이 시키는 대로 살고 있는 것을 의미한다. 이것은 자신의 실존적 개인이 아니라 '사회적 인간das Man'으로 살아가는 것이다.

이러한 삶에서는 우리가 관계하는 모든 것들을 목적과 수단으로 여긴다. 그래서 우리가 살아가는 자연 세계와 인간 세계에 대하여 그것들을 본질적인 존재로 파악하지 못하고, 자신에게 도움이 되거나 방해가 되는 것으로 파악한다. 하이데거는 우리는 세상에 던져졌기 때문에 이러한 비본래적인 삶에서 벗어나는 것은 극히 어렵다고 하였다. 우리가 이러한 비본래적 삶과 세계의 공허함에 직면하게 되는 것은 죽음이라는 극단적인 한계 상황에 의해서이다. 그러므로 죽음은 우리를 비본래적인 삶에서 본래적인 삶으로 전환시켜 주는 힘을 갖는다. 왜냐하면 죽음은 각자 개인에게 "가장 고유하고, 무연관적, 건너뛸 수 없는 가능성die eigenste, gewißeste Möglichkeit"(Heidegger, 1927/1998: 336)이라 어느 누구와도 구별되는 유일한 삶의 역사이고, 세상의 많은 것들이 불확실해도 나에게 반드시 다가오는 필연적인 사건이다. 또한 이러한 죽음은 비본래적인 삶에서 추구했던 모든 가치를 한 순간에 무無로 만들기 때문이다. 그러므로 죽음은 이 점에서 단순한 삶의 종말이 아니라 본래적인 삶을 개시하는 사건이 될 수 있다. 그래서 죽음은 인간의 진정한 가치인 사랑, 우정, 일 등이 수단이 되고, 삶의 생존을 위한 재산이나 명성, 권력 등이 목표로 간주하여 살아가고 있는 비본래적인 삶을 본래적인 삶으로 전환시켜 주는 사건이다. 죽음은 인간의 존재와 그가 소중하게 생각하는 모든 것들을 앗아가는 재앙이 아니라, 오히려 본인뿐만 아니라 그를 둘러싸고 있는 모든 것들의 존재를 바로 인식할 수 있게 안내해주는 사건이다. 그러므로 하이데거는 다음과 같이 비본래적인 삶을 추구하는 사람은 "죽음 앞에서의 도피" (Heidegger,

1927/1998: 340-341)를 하고, 본래적인 삶을 추구하는 사람은 "죽음에로의 선구Vorlaufen zum Tode"(Heidegger, 1927/1998: 355)라 하여 죽음에로 자각적으로 앞서 달려간다고 하였다.

> (죽음에 대해) 미리 달려가 봄은 실존에게 극단적인 가능성으로서 자기 포기를 열어 밝히며 … 유한한 것으로 이해된 가능성에 대하여 자유롭게 되어서 현존재는 자신의 유한한 실존 이해에서부터 이 실존 가능성을 건너뛰는 타인의 실존 가능성을 오인하거나 또는 이 실존 가능성을 잘못 해석해서 자신의 고유한 실존 가능성으로 강제로 되돌려 놓는-그렇게 해서 가장 고유한 현사실적 실존을 포기하게 되는-위험을 추방한다(Heidegger, 1927/1998: 353).

따라서 죽음이 본래적 존재가 '죽음에 대한 선구'를 통해 '세상-존재'에서 상실되어 있는 비본래적 존재에서 자기 자신의 현존재가 될 수 가능성을 제시해 준다(Heidegger, 1927/1998). 이때 자기 자신이란 "자기 자신을 확신하고 … 죽음을 향한 자유 속에 있는 자신"(Heidegger, 1927/1998: 355)이다. 이제 죽음에 대한 불안은 죽음에 대한 기쁨으로 전환되는 것이다.

다음으로 야스퍼스는 하이데거와 일반적인 실존주의 철학자들과는 같은 맥락에서 죽음관을 제시하고 있다. 그의 『철학Philospphie II』에서 실존 철학의 핵심 개념 중의 하나로 죽음으로서의 '한계 상황grenzsituation'을 소개했다. '한계 상황'이 그의 철학이 핵심 개념이 되는 것은 그것에 의해 인간 개별체를 실존existenz 경험에 이르게 하는 매개체이기 때문이다(Jaspers, 1973). '한계 상황'은 일반 상황과 구별되는 상태이다. 여기서 상황이란 인간 존재의 생활환경을 형성하는 생활의 장이다. 인간은 상황 안에서 관계를 맺고 영향을 받으며 살아가기도 하고, 상황을 창조하며 살아가기도 한다. 야스퍼스에 의한 인간은 상황에 수동적으로 관계를 맺고 살아가기도 하며, 능동적으로 관계를 맺고 상항을 창조하며 살아가는 상태를 지칭한다(Jaspers, 1973). 이러한 점에서 인간은 다른 생명체와 구별된다. 이러한 상황들 중에서 인간의 의지로 창조하고 변경할 수 있는 상황이 일반 상황이고, 변경할 수 없는 상황이 '한계 상황'이다. 인간이 '한계 상황'에 직면했을 경우 인간은 인생의 유한성과 무의미성 앞에 직면하게 되며, 실존으로 살아갈 수 있도록 안내해 준다. 이러한 '한계 상황'은 고통, 투쟁, 죽음 등이 있지만, 그중에서도 대표적인 것이 죽음이다(Jaspers, 1973). 이러한 죽음은 인간을 질적으로 높은 수준으로 안내한다. 그는 인간 존재를 단순히 세상 안에서 세상에 대한 끊임없는 충동이나 욕망으로 자기 자신에게 존재하는 그 어떤 의미도 발견하지 못하고 살아가는 상태를 '현존재dasein'라 한다. 그래서 '현존재'를 넘어서 내가 나의 존재 방식을 선택하고 결단함으로써 자유의 가능성, 결단의 주체로서 살아가는 것을 '실존'이라 한다(Jaspers, 1973). 실존은 본능과 환경에 구속되어 있는 현존재와는 다르게 보다 높은 존재의 차원에 있는 존재 상태를 말한다. 하지만 여기에서 죽임이라는 '한계 상황'이 모든 생명체를 실존 상태로 안내하는 것은 아니다. 가령 동물도 죽음이 있다. 하지만 동물은 죽음을 의식하지 못하기 때문에 죽음은 동물에게는 '한계 상황'은 아니다. 또한 모든 인간이 죽음을 통해서 실존 상태를 경험하는 것은 아니다. 현존재에 있는 인간은 죽음이라는 '한계 상황'을 객관적으로 취급하거나 회피, 망각하며 세상일에 몰두하며 살아가다 죽음이 닥쳐오면 무력화되며, 허무와 절망 속에서 몰락하게 된다. 이들에게서 죽음은 객관적인 사실로서의 죽음에 불과한 것이다. 하지만 실존에 있는 인간은 죽음을 타인의 죽음으로 인식하지 않고 나의 죽음으로 인식하여 실존적 비약을 통해서 죽음과 직면한다(홍경자, 2013). 이것이 실존적 죽음이고, 죽음이 '한계 상황'이 되는 것이다(Jaspers, 1973). 즉, 야스퍼스는 죽음이 대표적으로 인간의 실존을 체험할 수 있는 계기가 되지만, 모든 사람이 실존으로 안내하는 매개체는 되지 않는다고 한다.

03 미술교과서에 나타난 죽음

1) 미술교과서에서 죽음의 의미

'미술교과서'는 초등학교, 중학교, 고등학교로 구분되어 개발되어 있다(교육과학기술부, 2011). 여기에서는 '죽음'이라는 주제를 고등학교 과정에서 분석하여 교육적 의미를 탐구하기 때문에 고등학교 교과서를 대상으로 한다. 교과서는 교육과정이 개정되면 변경되기 때문에 2009 개정 미술과 교육과정에 적용된 고등학교 미술교과서를 대상으로 한다. 2009 개정 교육과정(2011)을 적용한 고등학교 미술교과서는 『미술문화』와 『미술창작』이 있다. 『미술문화』(강규성 외, 2013; 이주연 외, 2013; 심영옥 외, 2013; 서권수 외, 2013; 조익환 외, 2013; 노용 외, 2013; 김선아 외, 2013)는 7개 출판사가 출판한 교과서를 대상으로 하고 『미술창작』(노영자 외, 2013; 강해중 외, 2013; 장지성 외 2013; 조익환 외 2013)은 4개의 출판사가 출판한 교과서를 대상으로 한다.

죽음에 대한 개념을 인위적으로 구분하고 차별화한다는 것은 많은 무리가 있다. 그럼에도 불구하고 죽음을 크게 종교적인 죽음과 세속적인 죽음으로 구분하고, 다시 종교적인 죽음을 서양 기독교의 죽음과 동양 불교, 힌두교의 죽음으로 구분하였다. 세속적인 죽음은 다시 관념론적 죽음과 생철학적 죽음, 실존주의 죽음으로 구분하였다. 이러한 구분을 바탕으로 죽음을 제재로 표현한 미술 양식과 미술 양식과 상징을 연결하면 **표 6-1**과 같다.

표 6-1 죽음에 대한 관점과 미술 표현

구분		죽음의 인식	죽음의 의미	대표자	미술 양식	미술 상징의 의미
종교	기독교	영성을 통한 믿음	부활, 축복	그리스도	기독교 미술	부활
	불교, 힌두교	고통에 대한 인식	윤회, 열반	석가모니	불교 미술, 힌두 미술	윤회
세속	관념론	이성을 통한 통찰	해방, 영혼 회귀	소크라테스, 플라톤	고전주의, 초현실주의, 표현주의	해방, 미지의 세계, 불안, 공토
	생철학	현실적 자아의 삶에 대한 대면	고통, 없어짐	쇼펜하우어, 니체	사실주의, 풍속화	고통, 회피의 대상
	실존주의	위기에 대한 직면	실존의 계기, 한계상황	하이데거, 야스퍼스	바니타스, 개념 미술	실존의 체험

기독교에서는 죽음을 영성을 통한 믿음으로 인식할 수 있다고 한다. 또한 죽음은 부활이자 축복으로 여긴다. 이러한 죽음에 관련된 미술 양식은 기독교 미술이 된다. 기독교 미술에서는 그리

스도의 죽음을 통하여 죽음이 끝이 아니라 죽음을 통해 그리스도 안에서 다시 삶을 나타내고 있다. 그리고 동양권의 종교인 불교나 힌두교에서도 죽음은 열반이며, 삶의 또 다른 시작인 윤회의 한 부분으로 인식한다. 이러한 죽음은 불교 미술이나 힌두교 미술에서 표현되어 있다. 하지만 본 연구 대상이 되는 교과서에서는 불교 미술에서 죽음은 언급되지 않고 힌두교 미술을 통해서만 죽음을 제시하고 있다. 힌두교에서는 힌두교 신상을 통하여 죽음은 삶과 연계되는 윤회의 과정일 뿐이라고 제시하고 있다.

다음으로 비종교적인 죽음의 담론을 다루고 있는 관념론과 생철학, 실존주의에서 죽음은 보다 현실적인 관점에서 접근하고 있다. 관념론은 종교와 같이 기타 세속적인 철학과 다르게 영혼세계를 인정한다. 관념론에서는 죽음에 대한 인식은 기본적으로 종교론과 유사하다. 영혼의 존재를 믿기 때문에 죽음 또한 육체에서 해방되어 이데아의 세계인 영혼의 세계로 회귀하는 것으로 봤다. 하지만 종교와는 다르게 이성을 통해 통찰해야 한다고 한다. 이것이 종교와의 차이점이다. 죽음의 의미는 육체에 대한 해방이 될 수 있지만, 죽음은 알 수 없는 세상이기 때문에 무지를 자각할 수 있는 기회일 수 있다. 이러한 죽음관은 고대 그리스 사회를 표현한 고전주의, 인간의 무의식을 시각화한 초현실주의, 이성보다는 감성을 표현한 표현주의 미술에서 나타나 있다고 할 수 있다. 먼저 고대사회를 표현한 고전주의 작품에서는 고대 사회를 표현함으로써 당시 사람들이 가졌던 죽음관을 시각화하였다. 이때 죽음은 미지의 세계이자 육신의 해방을 의미한다. 다음으로 초현실주의는 심리학적으로 프로이트의 정신분석학에 영향을 받았다. 정신분석학에서는 자아라는 현실적인 의식consciousness보다는 꿈이나 환상의 무의식unconsciousness의 세계에 더 큰 가치를 부여하는 관점이다(Eggen & Kauchak, 2004/2006). 이들은 무의식에서 속에 잠재되어 있는 죽음을 의식화하여 이것을 다시 시각적으로 표현하였다. 이들이 표현한 죽음은 무의식의 세계이며, 미지의 세계이다. 그러므로 이들의 죽음은 관념론과 연계된다. 그리고 표현주의는 인간의 의지, 감성, 정서 등의 주관적인 세계를 강조한 양식이다. 이들은 표현하고 있는 형식 또한 사실적인 방법보다는 주관에 의한 심상 표현이 주류를 이룬다. 그래서 이들은 죽음을 감성이나 정서 속에 자리 잡은 알 수 없는 불안과 공포로 표현하였다. 그러므로 이들의 죽음은 관념론과 연결되었다고 할 수 있다.

생철학은 지극히 현실적인 관점에서 삶을 조망하기 때문에 죽음도 현실적 자아의 삶에 대한 대면을 통해서 직면하게 되며, 죽음은 고통이자 없어짐으로 믿는다. 그래서 이들은 모든 다른 관점보다도 죽음을 부정적으로 바라본다. 이들의 죽음을 표현한 양식은 실제적인 삶을 표현한 사실주의나 풍속화가 대표적인 양식일 것이다. 사실주의나 풍속화는 실제적인 삶을 표현하고 있기 때문에, 현실적인 죽음을 가장 적절히 표현하고 있다고 할 수 있다. 그래서 이들 양식에 나타난 죽음은 고통이나 회피의 대상으로 표현하고 있다.

마지막으로 실존주의에서는 죽음을 가장 긍정적으로 조망하고 있다. 이들은 죽음은 위기라는 한계상황에 대한 직면이며 이러한 직면이 본질적인 삶인 실존의 계기가 된다. 실존은 비본래적인 삶에서 본래적인 삶을 살 수 있도록 이끌어 주는 계기이다. 이러한 실존적인 삶에 계기가 될 수 있는 죽음에 대해서는 17세기부터 이어지는 바니타스 양식과 현대의 개념 미술에서 잘 나타나 있다. 본 연구에서 말하는 바니타스는 17세기 바로크 양식의 특정 양식을 말하는 것이 아니라 죽음을 상징으로 표현한 모든 양식을 지칭한다. 그리고 개념 미술은 삶의 다양한 주제를 대상으로 우리에게 문제를 제기하는 형식으로 발전한 현재의 양식이다. 이들이 주로 다루고 있는 주제들은 삶과 죽음, 소유와 존재, 생산과 파괴의 문제 등 우리 삶의 필수적인 가치에 대한 담론들이다. 그래서 이들 양식들이 표현하는 죽음은 삶의 한 면이기 때문에 삶을 가치 있게 만들어 주는 긍정적인 계기이다.

2) 미술교과서에 반영된 죽음에 대한 분석과 해석

미술교과서에 반영된 죽음은 크게 두 가지 측면에서 접근하였다. 하나는 미술교과서라는 교육과정에서 죽음을 어떤 내용과 어떤 형식으로 소개하고 있는가와 죽음을 어떤 교수학습 방법으로 지도하는가에 대한 것이다. 본 미술교과서 분석을 통해서 본다면 죽음은 독립된 주제로 다루지 않고 다른 미술적 요소를 제시하는 수단에서 죽음에 관련되어 지문과 도판이 제시되는 형식을 따르고 있다. 그러므로 미술교과서에는 죽음의 교육 방법은 제시되어 있지 않다. 그래서 미술교과서에서 죽음을 다루는 내용만을 탐구할 수 있다. 각각의 교과서별로 죽음을 다루고 있는 내용은 다음과 같다.

『미술문화』(강규성 외, 2013; 이주연 외, 2013; 심영옥 외, 2013; 서권수 외, 2013; 조익환 외, 2013; 노용 외, 2013; 김선아 외, 2013)에 나타난 죽음의 단원 내용별 구분은 **표 6-2**와 같다. 『미술문화』(강규성 외, 2013; 이주연 외, 2013; 심영옥 외, 2013; 서권수 외, 2013; 조익환 외, 2013; 노용 외,

2013; 김선아 외, 2013)에서 죽음에 관련된 지문은 총 2건이고 도판은 총 26개이다. 지문 2건(강규성 외, 2013; 이주연 외, 2013) 모두와 도판 1개(서권수 외, 2013)는 색채에 관련된 부분에서 죽음을 인급하였다. 나머지 도판 25개 중에서 상징 6개(노용 외, 2013; 이주연 외, 2013; 서권수 외, 2013; 김선아 외, 2013; 조익환 외, 2013), 문화에서 4개(노용 외, 2013; 심영옥 외, 2013; 서권수 외, 2013; 조익환 외, 2013), 미술사에서 3개(심영옥 외, 2013; 서권수 외, 2013), 비평에서 2개(강규성 외, 2013; 서권수 외, 2013), 문양에서 2개(이주연 외, 2013), 작가 소개에서 2개(심영옥 외, 2013), 내면의 표현인 자화상에서 2개(서권수 외, 2013; 노용 외, 2013), 또한 미술의 다양한 형태인 공연 예술에서 1개(이주연 외, 2013), 수학에서 1개(서권수 외, 2013), 음식 1개(서권수 외, 2013), 동세 표현에서 1개(조익환 외, 2013)이다.

각각의 교과서별 내용은 다음과 같다. 먼저 『미술문화』(강규성 외, 2013)는 **표 6-2**와 같이 죽음에 대해서 지문 1건과 도판 1건을 소개하고 있다. 그중에 지문은 색의 상징 영역에서 검정이 죽음을 상징하는 색으로 제시하고 있다. 비평 부분에서 작품의 도상이 갖고 있는 상징을 다양한 관점에서 해석하는 방법을 제시하면서 죽음을 안내하고 있다. 그에 대한 사례 작품으로 바로크 시대의 바니타스vanitas 정물화를 소개하면서 해골이 갖고 있는 상징으로 죽음을 제시하고 있다.

『미술문화』(강규성 외, 2013; 이주연 외, 2013)는 **표 6-3**과 같이 죽음을 지문에서 1건, 도판에서 4건 제시하고 있다. 지문에서는 색의 상징 단원에서 검은색으로 죽음을 안내하고 있다. 도판은 4건이 소개되어 있다. 그중에서 문양과 미술이라는 단원에서 전통 공예인 도자기와 담요에서 죽음을 주제로 2건 소개하고 있다. 하나는 고대 그리스 토기에 나타난 죽은 사람의 도상이고, 다른 하나는 태평양 연안의 섬 지역의 담요에 나타난 범고래의 죽음이다. 또 하나는 야외무대 디자인 중에서 죽음을 주제로 한 무대디자인을 제시하고 있다.

『미술문화』(심영옥 외, 2013)는 죽음을 **표 6-2**와 같이 도판에서 5건 제시하고 있다. 죽음을 도판에서 제시하는 영역은 크게 이해 영역에서 1건, 미술사에서 4건을 제시했다. 이해 영역에서는 통합 영역인 미술과 문화에서 1건 제시했고, 미술사 영역에서는 서양의 현대 작가 1건, 한국의 현대 작가 1건, 고전주의 1건, 포스트모더니즘 1건이다. 서양의 현대 작가에서는 바스키아(Jean Michel Basquiat, 1960~1988, 미국) 작품을 소개하면서 그의 작품 주제와 작품을 연계했다. 또한 한국의 현대 작가에서도 전수자 작품을 소개하면서 그의 작품 주제와 작품을 연계했다. 그리고 고전주의 양식에서 다비드(Jacques Louis David, 1748~1825, 프랑스)가 고대의 역사적 사건 중 하나인 소크라테스Socrates의 죽음을 시각화한 작품을 제시하였다. 포스트모더니즘 미술에서는 허스트 작품을 제시하였다. 미술과 문학 영역에서는 문학과 연관성이 높은 라파엘로전파Pre-Raphaelites 작가 중 하나인 밀레이(John Everett Millais, 1829~1896, 영국)가 『햄릿(Hamlet)』을 주제로 표현한 작품을 제시하였다.

『미술문화』(서권수 외, 2013)는 죽음을 **표 6-2**와 같이 도판에서 8건 제시하여 교과서 중에서 가장 많은 비중을 차지하고 있다. 그리고 많은 교과서에서 죽음을 이해와 감상 영역에서 제시하고 있었지만, 『미술문화』(서권수 외, 2013)는 표현 영역 중 자화상에서 죽음에 관련된 도판을 소개하고 있다. 또한 이해 영역 중 색에서 색의 상징을 제시하며 죽음에 관련된 도판을 1건 제시하고, 이해 영역 중 통합 부분에서 죽음을 3건 제시하고 있다. 구체적으로 보면 미술과 음식, 미술과 문학, 미술과 수학 영역에서 죽음에 관련된 도판이 제시되었다. 나머지 감상 영역인 비평에서 3건이 제시하였는데, 도상학 영역에서 1건, 비평 방법에서 1건, 미술사 중에서 인도미술사에서 1건이 제시되었다. 자화상에서는 칼로(Frida Kahlo, 1907~1954, 멕시코)의 자화상이 제시되었다. 색의 상징에서는 구석기 시대 벽화, 미술과 음식에서는 윤진영(1969~)의 사진 작품, 미술과 수학에서는 키네틱 아트kinetic art 작가 중에서 최우람(1970~)의 작품, 미술과 문학에서는 문학과 연관이 많이 있는 라파엘로전파의 대표 작가인 밀레이의 작품이 제시되었다. 감상 영역인 도상학에서는 바니타스 화풍의 헨스텐버그(Herman Henstenburgh, 1667~1726, 네덜란드)의 작품과 비평에서는 죽음을 주제로 하는 허스트(Damien Hirst, 1965~, 영국)의 작품이 제시되었다. 또한 인도미술사에서는 힌두교의 신상이 제시되었다.

『미술문화』(조익환 외, 2013)는 죽음을 **표 6-2**와 같이 도판에서 4건 제시하고 있다. 4건의 죽음에 관련된 도판은 모두 이해 영역에서 제시되었고, 1건은 감상에서 제시되었다. 먼저 조형 요소와 원리 중 동세에서 1건이고, 통합 영역 중 미술과 문학에서 2건이 제시되었다. 또한 감상은 비평 부분 도상학에서 제시되었다. 동세에서는 그리스의 조각 작품 중 죽음 속에서 동세가 잘 표현된 작품이 제시되었으며, 미술과 문학에서는 허스트의 작품과 밀레이의 작품이 제시되었다. 비평의 도상학에서는 바니타스 화풍의 바일리(David Bailly, 1584~1657, 네덜란드)의 작품을 제시되었다.

『미술문화』(노용 외, 2013)는 죽음을 **표 6-3**과 같이 도판에서 3건 제시하고 있다. 3건의 죽음에 관련된 도판은 모두 이해 영역에서 제시되고 있다. 먼저 이해 영역 중 이념과의 통합에서 나우먼(Bruce Nauman, 1941~, 미국)의 개념 작품이 제시되었고, 역사와의 통합에서 역사적 사실을 전달하는 다비드 작품이 제시되었다. 마지막으로 미술의 기능 중에서 감성의 표현 영역에서 표현주의 작가인 뭉크(Edvard Munch, 1863~1944, 노르웨이)의 작품이 제시되었다.

마지막으로 『미술문화』(김선아 외, 2013)는 죽음을 **표 6-2**와 같이 도판에서 1건만 제시하여 모든 교과서 중에서 가장 적게 죽음을 제시하고 있다. 1건의 죽음은 비평 중에서 도상학 영역에서 제시되었다. 다른 교과서와 마찬가지로 바로크 시대의 바니타스 정물화를 통해 죽음의 상징을 전달하고 있다.

표 6-2 『미술문화』에 제시되어 있는 죽음에 관한 지문과 도판

<table>
<tr><th rowspan="2">저자</th><th colspan="6">죽음에 대한 분석</th></tr>
<tr><th>영역</th><th>지문 내용</th><th>도판</th><th>도판 제목과 도판 내용</th><th>죽음관</th><th>쪽</th></tr>
<tr><td rowspan="4">강규성 외</td><td>색채의 활용</td><td>… 죽음을 상징하는 검정 …보편적으로 사용되기도 한다.</td><td>·</td><td>·</td><td>·</td><td>33</td></tr>
<tr><td rowspan="2">비평</td><td rowspan="2">·</td><td rowspan="2"></td><td>스테인비크 〈인생의 무상함에 대한 알레고리〉</td><td rowspan="2">실존주의</td><td rowspan="2">105</td></tr>
<tr><td>… '바니타스(vanitas)' … 이 작품에서 광선은 죽음을 상징하는 해골로 향한다.</td></tr>
<tr><td colspan="2">1건</td><td colspan="4">1건</td></tr>
</table>

저자	죽음에 대한 분석					
	영역	지문 내용	도판	도판 제목과 도판 내용	죽음관	쪽
이주연·장경아·유장열	색의 상징	검정 … 허무, 부정, 주검	·	·	·	26
	문양과 문화	·		〈크라테르 토기〉 삶과 죽음을 서술적으로 묘사하고 있는 크라테르이다.	생철학	134
	문양과 문화	·		〈칠캣족의 담요〉 태평양 북서 지방 원주민 틀링기트 족이 태평양 북서부 해안에서 흔히 볼 수 있는 범고래 떼의 죽음을 양식화한 문양으로서 자연 세계와 초자연적 세계를 표현한 …	생철학	136
	공연 예술	·	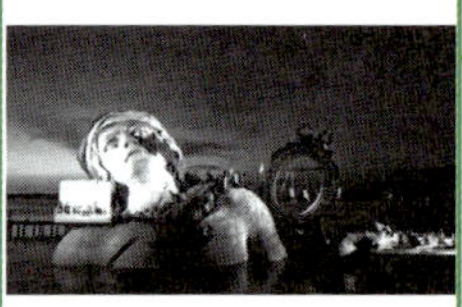	〈앙드레 쉐니어 오페라 무대〉 '앙드레 쉐니어' 오페라 무대는 19세기 신고전주의 화가인 다비드의 '마라의 죽음'을 모티브로 한 무대 디자인 …	생철학	150
	1건		4건			
심영옥 외	현대 작가	·		바스키아 〈부엘리타〉 [바스키아] … 유희적이고 소박한 형상들을 표현하고 … 죽음의 상징들을 … 흑백 문제, 환경 문제, 사회적 메시지들을 풍자화하였다.	생철학	25

저자	죽음에 대한 분석					
	영역	지문 내용	도판	도판 제목과 도판 내용	죽음관	쪽
	한국의 현대 작가	·		전수자 〈떠도는 도시들〉 작가는 여러 색의 친근한 일상 사물인 이불보가 가진 상징적인 의미들, 꿈과 눈물, 아픔, 탄생, 사랑과 죽음을 자신의 퍼포먼스를 통해 이야기하고자 하였다.	실존주의	81
	고전주의 미술	·		다비드 〈소크라테스의 죽음〉 소크라테스가 그의 민주주의적 이상을 포기하기보다는 차라리 독약 사발을 마시려는 순간을 보여 주고 있다.	관념론	95
	포스트모더니즘 미술	·	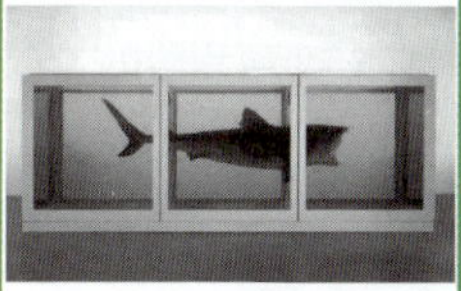	허스트 〈살아 있는 사람의 마음 속에 존재하는 죽음의 육체적 불가능성〉 ·	실존주의	103
	문학과 미술	·		밀레이 〈물에 빠진 오필리아〉 셰익스피어 소설 '햄릿'에 등장하는 오펠리아는 죽음이 찾아온 순간 손에 쥐고 있는 양귀비로 죽음을, 데이지로 순수함, 팬지로 실패한 사랑을 말하고 있다.	생철학	171
	0건		5건			
서권수 외	자화상	·		프리다 칼로 〈자화상〉 6세에 앓은 소아마비, 18세에 척추를 부러뜨린 교통사고 이후 그림을 그리기 시작한 칼로는 평생 죽음과 고통 그리고 삶에 대한 강렬한 애착을 화폭에 담았다.	생철학	23

저자	죽음에 대한 분석					
	영역	지문 내용	도판	도판 제목과 도판 내용	죽음관	쪽
	색의 상징	·		구석기 시대 벽화 목탄의 검은색으로 그린 삶의 흔적이 남아 있다. 여러 민족에게 검정은 죽음을 상징하는데 반대의 경우도 많다.	생철학	42
	음식과 미술	·		윤진영 〈영적 성장〉 사진은 자연이 지닌 생성과 소멸의 순환 그리고 그 이면의 생명력을 이야기하고 있다.	관념론	33
	미술과 문학			밀레이 〈오필리어〉 그림 속 여인이 들고 있는 붉은 양귀비 꽃은 죽음을 상징한다.	생철학	72
	미술과 수학	·		최우람 〈기계생명체〉 뱀 머리가 자신의 꼬리를 물며 돌아가는 형태로 천여 개가 넘는 기계 부속으로 고안된 작품이다. 처음과 끝이 하나의 원을 그리며 이어지면서 삶과 죽음이 곧 하나임을 의미한다.	관념론	76
	주제	·		헨스텐버그 〈죽음을 기억하라〉 인간, 일상, 삶	실존주의	112

저자	죽음에 대한 분석					
	영역	지문 내용	도판	도판 제목과 도판 내용	죽음관	쪽
	비평	·		허스트 〈살아 있는 자의 마음 속에 있는 죽음의 육체적 불가능성〉 유한한 삶에 대한 은유	실존주의	117
	인도미술사	·		힌두교의 신상 이 신상은 춤을 통해 죽음과 삶으로 이어지는 우주의 질서를 표현한다.	힌두교	130
	0건		8건			
조익환 외	동세	·		아테노도로스 〈로도스 섬의 하게산드로스(Hagesandros)〉 고통스러운 죽음 직전에 벌어지는 저항과 괴로움에 몸부림치는 인물의 동작이 잘 드러나고 있다.	생철학	70
	미술과 문학	·	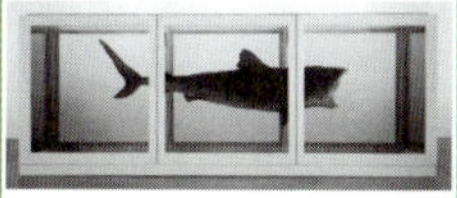	허스트 〈살아 있는 자의 마음 속에 있는 죽음의 육체적 불가능성〉 무관심과 냉소로 죽음을 보여주는 이 작품의 이면에는 숭고함과 비장함이 어려 있어 죽음에 대한 경고와 성찰을 불러일으킨다.	실존주의	73
	은유와 상징	·		바일리 〈젊은 화가의 초상이 있는 바니타스 정물화〉 사람의 머리뼈와 꺼진 촛불 등을 소재로 하여 인생의 덧없음을 표현하였다.	실존주의	82

저자	죽음에 대한 분석					
	영역	지문 내용	도판	도판 제목과 도판 내용	죽음관	쪽
	미술과 문학	·		밀레이 〈오필리아〉 오필리아는 자신의 아버지가 애인인 햄릿에게 살해당하자 실성하여 물속으로 뛰어든다. 그녀 옆의 양귀비는 죽음을 상징하고, 데이지 꽃은 비탄과 순결, 잃어버린 사랑을 나타낸다.	생철학	137
	0건		4개			
노용 외	확장으로서의 미술	·	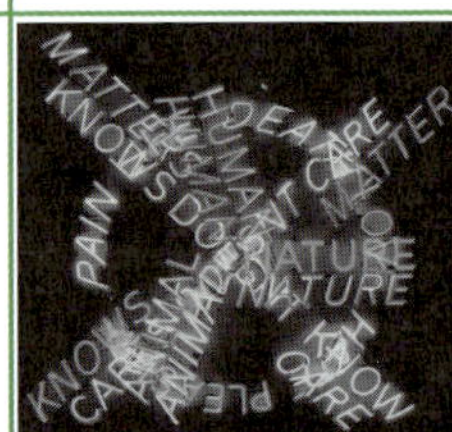	나우먼 〈삶과 죽음〉 작가의 생각을 글로 표현함으로써 미술표현 방법을 이미지뿐 아니라 글자로도 확장시켰다.	관념론	67
	기록으로서의 미술	·	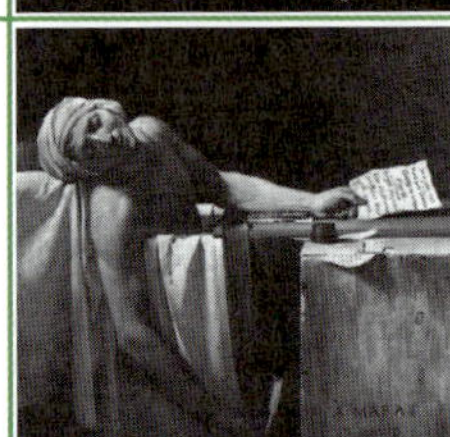	다비드 〈마라의 죽음〉 프랑스 혁명을 주도하였던 마라의 죽음 당시 순간을 숭고하면서도 엄숙하게 표현하고 있다.	생철학	63
	내면 표현의 미술	·		뭉크 〈사춘기〉 사춘기 소녀의 불안하고 미묘한 심리를 붉은 계열의 몸과 대비되는 어두운 그림자를 화면에 배치시켜 표현하고 있다.	생철학	91
	0건		3건			
김선아 외	은유와 상징	·		클래즈 〈바니타스 정물화〉 바니타스란 … 양식을 말한다. 작품의 소재로는 해골(죽음), 엎어진 유리잔(공허함), 깃털(가벼움) 등이 있다.	실존주의	37
	0건		1개			

『미술창작』(노영자 외, 2013; 강해중 외, 2013; 장지성 외, 2013; 조익환 외, 2013)에 나타난 죽음을 단원별로 구분하면 **표 6-4**와 같다. 『미술창작』(노영자 외, 2013; 강해중 외, 2013; 장지성 외, 2013; 조익환 외, 2013)에서 죽음에 관련된 지문은 없고, 도판만 12개이다. 도판 12개 중에서 상징에서 5개(노영자 외, 2013; 강해중 외, 조익환 외, 2013), 비평에서 2개(조익환 외, 2013), 조형 요소와 원리인 원근법과 대비에서 각각 1개(강해중 외, 2013), 미술의 양식인 정물화와 정크아트에서 각각 1개(강해중 외, 2013), 문화에서 1개(장지성 외, 2013)이다. 각각의 교과서별 내용은 다음과 같다.

먼저 『미술창작』(노영자 외, 2013)은 **표 6-4**와 같이 죽음에 대해서 도판 2건이 제시하고 있다. 죽음에 관련된 도판은 모두 이해 영역에서 제시되었고, 각각은 미술의 상징과 주제에서 제시되었다. 상징과 주제에서 상징적인 작품 활동을 한 고갱(Eugée Henri Paul Gauguin, 1848~1903, 프랑스)과 해링(Keith Haring, 1958~1990, 미국)의 작품을 제시하여 죽음을 언급하였다.

다음으로 『미술창작』(강해중 외, 2013)은 **표 6-3**과 같이 죽음에 대해서 도판 5건이 제시되었고, 미술창작 교과서 중에서 가장 많이 죽음에 관련된 도판을 제시하고 있다. 영역으로 구분하여 이해에서 1건, 감상에서 1건, 표현에서 4건 제시되었다. 이해 영역에서는 형태, 구도, 명암 등을 설명하기 위해 입체파의 피카소(Pablo Picasso, 1881~1973, 에스파냐) 작품을 제시하였다. 다음으로 감상 영역의 도상학에서 허스트 작품을 언급하여 죽음의 상징에 대해 소개하였고, 표현 영역에서는 정물화에서 1건, 원근법에서 1건, 정크아트에서 1건 제시하였다. 정물화에서는 바니타스 정물화 유형 중 스테인비크(Harmen Steenwyck, 1612~1656, 네덜란드)의 작품을 제시하였고, 원근법에서는 만테냐가 그리스도의 죽음을 목도

하는 마리아의 모습을 표현한 작품을 소개하였다. 또한 정크아트에서는 죽은 새를 찍은 사진 작품이 소개되었다.

다음으로 『미술창작』(장지성 외, 2013)은 **표 6-3**과 같이 죽음에 대해서 도판 4건을 제시하고 있다. 이 중에서 감상 영역에서 3건, 표현 영역에서는 1건이 제시되어 있어 다른 미술창작 교과서와는 다르게 감상 영역에서 가장 많이 죽음과 관련된 도판이 소개되어 있다. 먼저 감상 영역에서는 다른 교과서와 같게 비평 부분에서 죽음에 관련된 도판이 3건 소개되었다. 비평에서는 상징적인 행위 예술가인 보이스(Joseph Beuys, 1921~1986, 독일) 작품을 제시하였고, 무의식의 상징을 표현하는 초현실주의의 달리(Salvador Dali, 1904-1989, 스페인)의 작품이 제시되었으며, 바니타스 정물화를 표현하는 스테인비크의 작품이 소개되었다.

마지막으로 『미술창작』(조익환 외, 2013)은 **표 6-3**과 같이 죽음에 대해서 도판 1건만 제시하여 미술창작 교과서 중에서 죽음에 관련된 부분이 가장 적게 제시하고 있다. 1건의 죽음에 관련된 도판은 이해 영역의 역사와 문화에 관련된 부분에서 제시된 것이다. 로댕(François Auguste René Rodin, 1840~1917, 프랑스)의 작품 중에서 백년전쟁 중에 있었던 사건을 작품으로 표현한 것이 제시되어 있다.

표 6-3 『미술창작』에 제시되어 있는 죽음에 관한 지문과 도판

저자	죽음에 대한 분석					
	영역	지문 내용	도판	도판 내용	죽음관	쪽
노영자 외	미술의 상징	·		고갱 〈우리는 어디에서 왔는가, 우리는 누구인가, 우리는 어디로 가는가〉 인간의 탄생과 삶 그리고 죽음에 이르는 3단계의 과정을 잠자는 아기, 과일을 따는 젊은 사람, 죽음을 앞둔 노인으로 표현하였다.	관념론	19
	미술의 주제	·		해링 〈단위〉 인물과 지구, 하트 등의 형상으로 탄생과 죽음, 사랑, 전쟁과 평화 등 작가의 생각을 나타내고 있다.	생철학	27
	0건		2건			
강해중 외	정물화	·		스테인비크 〈바니타스 정물〉 바니타스의 부와 권력, 학문과 예술, 쾌락, 허영 등의 상징물을 죽음의 이미지와 함께 배치하여 세속의 부귀영화가 덧없음을 이야기하고 있다.	실존주의	
	원근법	·	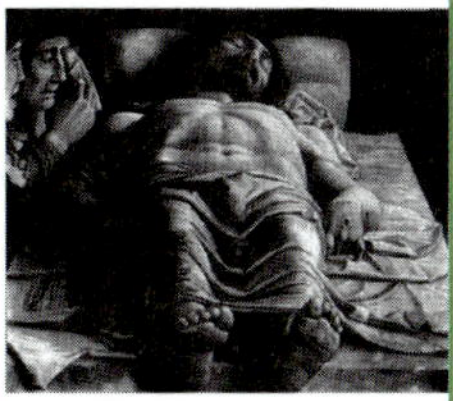	만테냐 〈그리스도의 죽음을 애도함〉 ·	기독교	11

저자	죽음에 대한 분석					
	영역	지문 내용	도판	도판 내용	죽음관	쪽
	미술의 상징	·	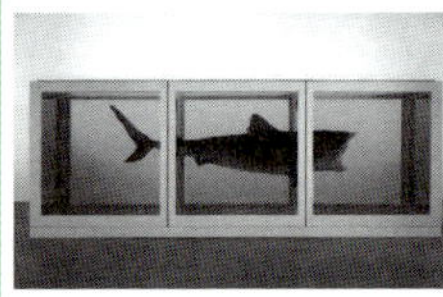	허스트 〈살아 있는 사람의 마음 속에 존재하는 죽음의 육체적 불가능성〉 바니타스(vanitas) … 부와 권력, 학문과 예술, 쾌락, 허영 등의 상징물을 죽음의 이미지와 함께 배치하여 세속의 부귀영화가 덧없음을 이야기함.	실존주의	23
	정크 아트	·		〈자이어(Gyre)로부터의 메시지〉 쓰레기 바다 속의 알바트로스의 죽음	생철학	99
	조형 요소	·		피카소 〈게르니카〉 나치에게 폭격당한 작은 도시에 대한 비보를 듣고 한 달 만에 그린 작품으로, 극적인 구도와 흑백의 치밀한 대비 효과에 의해 죽음의 주제를 입체주의로 보여 주고 있다.	생철학	168
	0건		5건			
조익환 외	미술과 상징	·		스테인비크 〈바니타스 정물〉 책과 악기는 예술과 학문을 상징하고, 보석은 부와 권력을, 술잔은 세속적인 쾌락을 상징하며, 사람	실존주의	17

저자	죽음에 대한 분석					
	영역	지문 내용	도판	도판 내용	죽음관	쪽
				의 머리뼈와 시든 꽃, 타는 양초는 죽음과 인생무상을 나타낸다.		
	조소의 확장	·	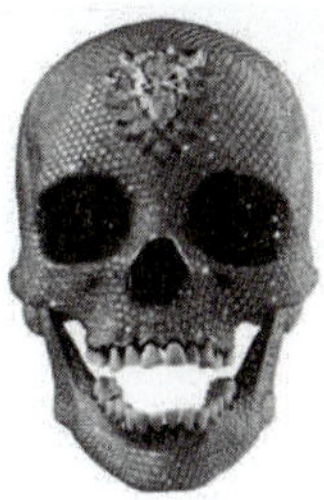	허스트 〈신의 사랑을 위하여〉 죽음을 상징하는 사람의 머리뼈를 백금으로 형을 뜬 후에, 부를 상징하는 다이아몬드로 뒤덮어 인간의 욕망과 죽음의 관계를 주제로 삼아 나타냈다.	실존주의	109
	비평	·		보이스 〈그랜드 피아노 같은 모양으로 침투하기〉 전쟁 중에 작가가 죽음의 위기에서 벗어나는데 결정적인 역할을 한 펠트 천을 재료로 하여 삶과 죽음, 생명의 순환, 상처의 치유 등을 상징적으로 표현하였다.	실존주의	162
	비평	·		달리 〈내란의 예감〉 이 작품은 탐욕스러운 식욕과 죽음을 병치시키거나 기형으로 만들어 기괴하고 비합리적인 모습으로 표현하였다.	관념론	162
	0건		4건			

저자	죽음에 대한 분석					
	영역	지문 내용	도판	도판 내용	죽음관	쪽
장지성 외	미술문화	·		로댕 〈칼레의 시민〉 14세기 영국과 프랑스의 백년 전쟁에서 칼레의 시민을 대표하여 처형을 자처한 인물들을 나타내었다. 고뇌하는 인물들의 표정과 심리적인 표현이 돋보인다.	생철학	37
	0건		1건			

미술교과서라는 교육과정에서 죽음은 하나의 주제이고, 각각의 도판이나 지문에서 다루는 죽음의 의미나 상징은 각각 다르다. 고등학교 미술교과서 『미술문화』(강규성 외, 2013; 이주연 외, 2013; 심영옥 외, 2013; 서권수 외, 2013; 조익환 외, 2013; 노용 외, 2013; 김선아 외, 2013)와 『미술창작』(노영자 외, 2013; 강해중 외, 2013; 장지성 외, 2013; 조익환 외, 2013)에서는 종교적인 죽음은 2개로 소개하고 있으며, 그중에서 기독교의 죽음은 1개, 동양권에서는 불교에서의 죽음은 전무하고 힌두교의 죽음은 1개를 소개하고 있다. 다음으로 세속적인 죽음은 종교적 죽음과 대비적으로 많은 도판으로 소개하고 있다. 구체적으로 관념론적 죽음은 6개, 생철학적 죽음은 16개, 실존주의적 죽음은 13개를 제시하고 있다. 이와 같이 죽음에 대한 주제가 비교적 세속적인 접근을 하고 있으며, 세속적인 접근 중에서도 현실적인 죽음인 생철학적과 실존주의적 접근이 다수를 차지하고 있다. 교육적으로 볼 때 삶의 의미와 가치를 추구하는 실존주의적 접근으로 죽음에 대해 접근하는 시도는 바람직하다고 볼 수 있다. 다음으로 교육과정에서 죽음에 대한 제시

형식인데, 첫 번째 방법은 지문으로 제시하는 방법과 두 번째 방법은 도판으로 구성하는 방법이다. 고등학교 미술교과서 『미술문화』와 『미술창작』에서 각각 27개와 12개를 제시했다. 이 중에서 지문으로 제시하는 것은 총 2건에 불과하고, 나머지는 도판으로 제시되어 있다. 지문으로 제시되어 있는 2건도 색의 상징인 검정색을 제시할 때 죽음이 언급되었다.

04 미술을 통한 죽음교육의 실제

본 연구와 같이 미술교과서에서 죽음을 독립된 것으로 제시하고 있지는 않지만, 독립된 주제로 선택되고 조직되는 것을 지금은 논의할 때이다. 그렇다면 죽음을 학교 미술교과의 주제로 선택하고 조직한다면 교수학습 방법에 대해 논의해야 한다. 먼저 미술 수업은 크게 표현 수업과 체험·감상 수업으로 구분되어 있다. 하지만 체험 영역은 표현 영역과 불가분의 관계이므로 체험과 창작을 통합하는 것이 바람직할 것이다. 또한 체험과 표현, 감상을 하나의 단원으로 구성하는 방법도 적절할 것이다. **표 6-4**와 같이 체험·표현 수업에서는 죽음을 간접적으로 체험하여 표현으로 연결시키는 방법이 있다. 또는 표현 활동 시간에 장례나 죽음을 주제로 선택하는 방법이 있을 것이다. 장례를 사례로 든다면 다양한 장례를 직접 체험하는 방법과 장례에 관한 예술 작품이나 사진 등을 이용한 간접 체험의 방법을 이용하여 장례의 의의, 문화를 체험하고 이해하도록 한다. 그 이후 자신이 생각하는 이상적인 장례를 평면이나 입체 형식으로 표현하도록 한다.

또한 학생들이 각각의 장례를 평면과 입체로 표현한 작품을 가지고 서로 자유롭게 작품이 가지고 있는 장례의 의미를 발표하여 서로의 생각과 감정을 공유하도록 유도한다. 다음으로 감상 활동에서는 죽음을 주제나 소재로 한 작품을 감상하는 방법이 있다. 예를 들면, 죽음의 경험과 사후 세계에 관련된 미술 작품을 감상하고 죽음에 대하여 이해의 폭을 넓히는 방법이 있을 것이다. 감상에서 죽음에 관련된 미술 작품을 관찰하여 각각의 철학과 종교가 죽음을 어떤 의미로 해석하고, 사후 생명의 가능성을 어떻게 이해하고 있는지 토론하는 과정이 대표적일 것이다.

표 6-4 죽음을 주제로 한 미술과 내용

구분	주제	내용	방법
체험+표현	삶과 죽음의 의미	죽음을 간접적으로 체험하여 삶의 가치 통찰하기	죽음 체험 및 사고와 감정 표현하기
	평화로운 죽음	장례 문화를 체험하고 장례 문화를 만들기 한국전통 장례 문화 이해하기	장례식에 관련된 미술 문화를 표현하기
감상	작가가 표현한 죽음	문화에 따른 죽음이해하기	문화에 따른 죽음의 세계 감상하기

구체적인 미술교과에서 죽음을 주제로 적용할 수 있는 교수학습은 표현 수업과 감상 수업을 하여 죽음의 과정sterben und tod을 수업 단계로 선택하는 방법이 있다. 죽음의 과정은 크게 여섯 가지로 전개된다. 첫째 과정은 부정denial, 둘째 과정은 분노anger, 셋째 과정은 타협bargaining, 넷째 과정은 우울depression, 다섯째 과정은 수용acceptance, 여섯째 과정은 희망hope의 단계이다(Ross, 1969/2008). 먼저 부정은 죽을 것이라는 것을 처음 접한 사람들은

의료진을 의심하고, 현실을 부정한다. 분노는 "왜 하필 내가 죽는가?"라는 분노가 나타난다. 타협은 죽음이라는 불가피한 사실을 어떻게든 연기하거나 사후 세계에서 보상을 받으러 헌신한다. 우울은 극도의 상실감을 갖는 단계이며, 수용은 죽음 직전의 단계로 죽음을 기다리는 과정이고, 희망은 죽음 속에서 새로운 미래를 꿈꾸는 과정이다. 이러한 죽음에 이르는 각각의 과정을 상상으로 체험하도록 하고, 다시 체험한 표상을 다양한 매체를 사용하여 표현하도록 유도하는 것이 있다. 즉, 체험 단계에서는 죽음에 대한 다양한 체험이 해당된다. 로스(Ross, 1969/2008)에 의하면 죽음에 대한 부정, 분노, 타협, 우울 단계가 해당된다. 즉, 죽음에 직면했을 때의 다양한 감정의 변화를 시간의 흐름에 따라 간접적으로 경험하도록 하고, 그때의 경험을 공유하도록 한다. 다음으로 표현 단계에서는 죽음을 다양한 양식과 매체를 가지고 표현하도록 한다. 로스(Ross, 1969/2008)에 의하면 수용 단계가 해당된다. 마지막으로 감상 단계에서는 죽음에 대하여 다양하게 표현한 결과물을 가지고 서로 반성적 성찰을 통하여 희망을 찾도록 한다. 로스(Ross, 1969/2008)에 의하면 희망의 단계로 적용할 수 있다. 이것을 적용한 교수학습 모형은 다음 **표 6-5**와 같다.

표 6-5 죽음을 주제로 한 교수학습 모형

주제		삶과 죽음의 경험 후의 삶의 가치		
학습목표		• 삶의 가치를 올바르게 판단할 수 있다. • 삶의 관점에서 죽음의 의미를 이해할 수 있다. • 삶의 관점에서 죽음을 신체 그림으로 표현할 수 있다.		
단계	시간	교수학습 활동	유의점	학습형태
도입	20	• 미술수업의 목적 등을 공유 • 미술수업의 규칙을 학생들과 함께 설정 - 다른 사람의 언어와 행동을 공감하기 - 다른 사람의 미술 표현에 대해 비판하지 말기 - 자신의 경험을 개방하기 - 자신의 감정 표현이 부담될 때 솔직하게 거부 의사를 표현하기 등 • 미술 주제에 대한 안내 - 가족의 죽음과 죽음의 직면? 소박한 일상이지만 행복한 하루하루를 보내고 있는 일곱살 쌍둥이 '팡떵'과 '팡다'의 가족. 행복했던 그들에게 어느 날 갑자기 예고되지 않았던 시련이 닥친다. 바로 27만의 목숨을 빼앗아간 지옥 같은 대지진. 폐허가 된 도시, 수많은 생명이 죽음을 맞이한 아비규환의 현장에서 쌍둥이 남매는 극적으로 살아남지만 무너진 건물의 잔해 속에 묻히게 된다. 쌍둥이의 생존 사실을 알고 구조대와 함께 아이들을 구하러 온 어머니는 자신의 목숨보다 소중한 쌍둥이 중 한 명만을 구해야 하는 운명의 선택 앞에 놓이게 된다. 가혹한 선택을 해야만 하는 어머니는 결국 아들인 '팡다'의 목숨을 선택하게 되고, 딸 '팡떵'은 죽음을 맞이해야 하는 채로 잔해 속에 남겨진다. 며칠 후 죽은 줄로만 알았던 '팡떵'은 다른 구조대에 의해 발견되어 지진사망자 보관소에 버려지지만, 죽은 아버지 곁에서 기적적으로 살아나게 된다. • 간단한 미술 재료 사용 방법 안내	- 수업 집단을 필요에 의해 구성할 수 있음 - 감정적 문제에 대해 유연하게 접근	일제지도

전개	죽음체험	30분	• 학습 주제에 관한 동영상 시청(15분) • 가만히 누워서 이미지 트레이닝을 통해 영화 속의 주인공이 자신이라고 역할 연기하기(죽음에 직면한 상황에 연출, 15분)  〈대지진〉  〈대지진〉	주제에 따라 몇 개의 장면을 편집 가능	일제 지도
	죽음표현	40분	• 모둠 설정(3~5명: 활동과 원생의 인원수를 고려) • 모둠별 주제에 맞는 표현 재료와 용구를 사용하여 표현 – 인체 신체 도형 이용하기(개별 활동, 협동 활동)  	표현 활동에서 개방성과 창의성을 강화	모둠 학습

<table>
<tr><td rowspan="2"></td><td></td><td></td><td>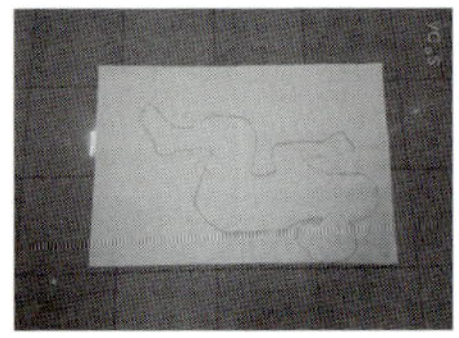 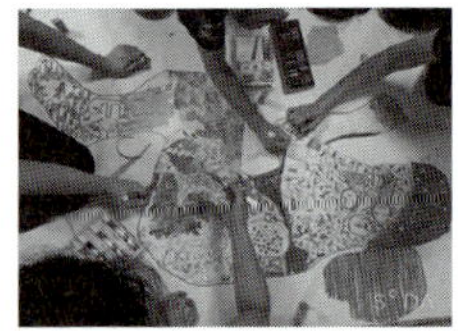
• 죽음이나 죽음에 직면한 상황에서 인물의 모습을 신체 본뜨기를 통해 칸투어드로잉으로 표현하기
• 죽음이나 죽음에 직면한 상황에서 당시의 감정을 신체 그림 안에 다양한 상징과 이미지로 표현하기</td><td></td><td></td></tr>
<tr><td>죽음감상</td><td>20분</td><td>• 개별이나 모둠별로 자신의 작품을 설명하고 감상하기
• 죽음이나 죽음의 직면한 상황에서 서로의 감정과 사고를 공유하기
• 미술 작품을 자기 발표를 통해 자신을 통찰
• 다른 학생의 작품과 발표를 통해 보편화 및 정보 제공</td><td>학습자의 심리적 상태를 다른 학습자와 연결하여 보편성과 응집력 강화</td><td></td></tr>
<tr><td>정리</td><td colspan="2">10분</td><td>• 주변 정리
• 차시 주제에 대한 안내</td><td></td><td>일제 지도</td></tr>
</table>

표 6-5와 같이 가족의 죽음을 목격하고 자신도 죽음 직전까지의 경험을 주제로 수업을 구성할 수 있다. 본 수업은 자연재해를 통해 가족의 죽음을 직접 목격하고 자신도 죽음 직전까지 경험한 주제를 다룬 영화를 시청하고 영화의 결정적인 장면(무너진 건축 자재에 파묻혀 누워있는 모습)을 학습자가 몸으로 재현한다. 죽음의 직간접적인 경험 속에서 죽음에 대한 사고나 감정을 다시 신체드로잉으로 표현하고, 이것을 다시 토론학습을 통해 죽음을 수용하도록 하는 것이다. 본 수업에서 '죽음 체험' 단계가 로스에 의하면 분노, 부인, 타협, 우울 단계이다. 죽음 체험 단계에서는 동영상을 시청하여 간접적으로 죽음 상황에 대해 공감하고 학습자도 실제 수행한다. 다음으로 '죽음 표현' 단계는 로스에

의하면 수용 단계이다. 죽음 표현 단계는 신체드로잉을 통해 죽음에 직면한 신체 모습을 그리고 죽음에 직면했을 당시 다양한 사고와 감정 등을 상징이나 이미지로 표현하도록 하는 단계이다. 다음으로 '죽음 감상' 단계는 로스에 의하면 희망의 단계이다. 이 단계에서는 학습자가 자신의 죽음에 직면했을 때의 다양한 사고와 감정에 대해 표현한 작품으로 서로 소통하는 과정이다. 이 단계를 통해 학습자는 삶과 죽음의 양면성을 이해하고, 죽음 후의 삶의 가치를 찾는다.

05 미술을 통한 죽음교육에 대한 마무리

죽음은 종교적인 죽음과 세속적인 죽음으로 구분하였다. 종교적인 죽음은 서양의 기독교적 관점, 동양의 불교적 관점으로 각각 구분하였고, 세속적인 죽음은 고대의 소크라테스와 플라톤의 관점, 근세의 쇼펜하우어와 니체의 관점, 현대의 하이데거와 야스퍼스의 관점으로 각각 구분하였다. 이러한 관점들을 기본으로 하여 고등학교 미술교과서인 『미술문화』, 『미술창작』에서 반영된 죽음을 앞의 관점에서 분석하고 해석하였다. 이를 통하여 현재 우리 중등 미술교육에서 이루어지고 있는 죽음교육을 분석하여 고등학교 미술교과에서 이루어져야 할 죽음의 내용을 제시하고자 하였다. 이를 위해서는 먼저 죽음에 대한 교육적 가치의 정당성이 확립되어야 한다. 이 문제는 우선 죽음이 교육적으로 가치 있는 주제가 되어야 하며, 다음으로는 죽음이 교육적으로 가치 있는 주제라면 죽음을 다루는 교과로써 미술교과가 중요한 매체와 방법이 되어야 한다. 이러한 문제가 해결되면 죽음에서의 어떤 내용을 미술교과 교육과정으로 담을 것인가에 대해 선택해야 하며, 이후 어떤 형식으로 구성해야 하는지에 대해 고민해야 한다. 교육과정에서 죽음을 교과 내용으로 선택하고 각각의 단원의 성격이나 목적에 맞게 형식적 구성이 끝나면 마지막으로 교수·학습 방법을 제시해야 한다. 죽음이 교육적으로 가치있는 내용이라고 하는 연구(김명숙, 2011; 이화식, 2014)는 많이 진행되었고, 죽음을 미술로 접근하는 연구(박영택, 2012; 이군호, 2011; 정현이, 2011; 최외선·박혜경, 2008)도 많은 성과를 이루고 있다. 하지만 죽음이라는 공통된 주제 중에서 죽음이 내포되어 있는 다양한 죽음의 의미 중 어떤 것을 제시할 것인가에 대한 논의가 부족하며, 어떤 형식으로 구성하고, 어떤 방법으로 제시할 것인가에 대한 연구가 부족한 편이다. 그래서 본 연구에서는 고등학교 미술교과서 『미술문화』, 『미술창작』에 나타난 죽음에 관련된 지문, 도판 등을 탐구하여 죽음의 내용과 형식이 어떻게 미술교과에 적용되고 실행되고 있는지를 연구하였다.

고등학교 미술교과서에서 죽음을 독립된 것으로 제시하고 있지는 않다. 죽음은 충분히 교육적 가치가 있고 미술교과에서 적용한다면 교육적 효과가 좋을 것이다. 그렇다면 다소 이질적인 주제인 죽음을 미술교과 교육과정에 적용하는 방법은 크게 부가모형additive approach과 변혁 모형transformation approach이 있을 것이다(Banks, 1998/2008). 부가 모형은 기존 교육과정의 구조, 목적, 특성들이 크게 손상됨 없이 유지된 상태에서 개념, 주제, 활동, 관점 등을 교육과정에 추가하는 접근법이다. 즉, 미술교과서의 기본 구조는 변형하지 않고 부록이나 심화 활동 등을 통해서 죽음을 제시하는 방법이라고 할 수 있다. 변혁 모형은 미술과의 목표,

특성, 내용 등을 죽음의 관점 등과 조화될 수 있도록 교과 내용을 변혁시키는 접근법이다. 두 가지 접근법 중에서 죽음을 미술교과에 적용하는 가장 현실적이고 합리적인 방법은 부가 모형이 될 것이다. 만약 변혁 모형으로 적용한다면 미술의 본래적 목적과 특성을 상실할 수 있고, 미술이 사회교과나 윤리교과가 될 수도 있기 때문이다. 그러므로 미술교과서에서 기본 구조와 특성을 유지하고 죽음을 주제로 특집이나 참고, 부록 활동 등을 통해서 죽음을 제시하는 방법이 가장 현실적이고 미술과의 특성에 알맞은 방법일 것이다.

본 연구와 같이 고등학교 미술교과서에서 죽음을 독립된 것으로 제시하고 있지는 않다. 하지만 죽음을 독립된 주제로 고등학교 미술교과서에서 제시한다면 어떠한 의미를 전달할 것인지에 대해 연구가 이루어져야 한다. 죽음이 제시하는 의미는 매우 다양하고 삶에 대한 방향도 다르게 전달할 것이다. 그러므로 각각의 철학이나 종교에서 다루는 죽음을 균형 있게 다루어야 한다. 현재 종교적인 죽음은 2개로 소개하고 있으며, 그중에서 기독교의 죽음은 1개, 동양권에서 불교에서의 죽음은 전무하고 힌두교의 죽음은 1개를 소개하고 있다. 다음으로 세속적인 죽음은 종교적 죽음과 대비적으로 많은 도판으로 소개하고 있다.

구체적으로 관념론적 죽음은 6개, 생철학적 죽음은 16개, 실존주의적 죽음은 13개를 제시하고 있다. 이와 같이 죽음에 대한 주제가 비교적 세속적인 접근을 하고 있으며, 세속적인 접근 중에서도 현실적인 죽음인 생철학적과 본래적인 삶을 강조하는 실존주의적 접근이 다수를 차지하고 있다. 교육적으로 볼 때 삶의 의미와 가치를 추구하는 실존주의적 접근으로 죽음에 대해 접근하는 시도는 바람직하다고 볼 수 있다. 하지만 삶의 의미를 풍부하게 해주는 관념적인 죽음이 지나치게 적고, 현실적이고 물질적인 삶을 강조하는 생철학적 죽음이 가장 많이 제시되어 있다는 것은 개선되어야 한다. 죽음에 대한 관념적인 접근과 유물론적 접근이 균형을 이루어야 하고, 본래적인 삶과 비본래적인 삶도 균형을 이루어야 한다.

참고문헌 REFERENCE

강규성, 이경애, 민미순, 한형규, 고유미(2013). 『미술문화』. 서울: 아침나라.

강해중, 강경근, 김효희, 문헌경, 박주서, 손창환, 송희성, 이재영, 정은호, 천형정, 김수영(2014). 『미술창작』. 서울: 미진사.

교육과학기술부(2011). 미술과 교육과정. 교육과학기술부 고시 제 2011-361호 [별책 13].

교육부(2013). 교육부 고시 제 2013-7호. 초중등학교 교육과정 총론.

김명숙(2011). 한국인의 죽음에 대한 인식과 태도에 관한 철학적 고찰 II. 『철학논총』, 64. 43-69.

김선아, 장지성, 안금희, 김현정, 김규용, 권유리, 이주원(2014). 『미술문화』. 서울: 천재교육.

김용표(2004). 불교에서 본 죽음과 종교 교육. 『종교교육학연구』, 19. 57-79.

김정현(2004). 죽음은 삶의 목적이다. 『철학, 죽음을 말한다』. 서울: 산해.

노영자, 이인숙, 윤정호, 이숙자(2014). 『미술창작』. 서울: 교학사.

노용, 조주호, 김혜경, 이나라, 성정원(2014). 『미술문화』. 서울: 미래엔.

박영택(2012). 한국 현대미술에 나타난 죽음의 이미지. 『시민인문학』, 23. 9-77.

박찬국(2004). 죽음은 삶의 완성이다. 『철학, 죽음을 말한다』. 서울: 산해.

백승영(2004). 죽음은 삶의 완성이다. 『철학, 죽음을 말한다』. 서울: 산해.

서권수, 최현수, 정기해, 이창구, 서인숙, 박혜원, 문현희, 민현숙, 조성희, 오성만, 김수영 2014). 『미술문화』. 서울: 미진사.

석법성(2004). 『사망학』. 서울: 운주사

심영옥, 최병재, 양민영, 이화식, 김병욱, 손형지, 원영주, 남기현(2014). 『미술문화』. 서울: 교학사.

원효(1991). 大乘起信論疏別(은정희 역). 서울: 일지사.

이군호(2011). 죽음의 무도: 미술적 모티프의 문학적 수용에 관하여. 『헤세연구』, 26. 81-104.

이주연, 장경아, 유장열(2014). 『미술문화』. 서울: 금성출판사.

이화식(2014). 실존주의 측면에서 영교육과정 연구. 『미술교육논총』, 28(3). 107-134.

장지성, 안금희, 김선아, 김규봉, 김현지, 윤아진(2014). 『미술창작』. 서울: 천재교육.

정동호(2004). 『철학, 죽음을 말하다』. 서울: 산해.

정진홍(2010). 삶을 위한 죽음, 죽음을 위한 삶: 종교적 고찰. 학문소통연구회 창립 3주년 기념 제2회 심포지움. 7-48.

정현이(2011). 죽음의 미학: 포스트모던 바니타스를 중심으로. 『현대미술사연구』, 30. 67-98.

정현채, 정진홍, 법타(2012). 『삶과 죽음의 인문학』. 서울: 한영문화사.

조익환, 김경서, 김용주, 김혜선, 성종실, 윤선미, 이현영, 임규정, 전재현(2014). 『미술문화』. 서울: 씨마스.

조익환, 김경서, 김용주, 김혜선, 성종실, 윤선미, 이현영, 임규정, 전재현(2014). 『미술창작』. 서울: 씨마스.

최외선, 박혜경(2008). 집단미술치료가 노인의 자아통합감과 죽음 불안에 미치는 효과, 미술치료연구, 15(4). 697-720.

홍경자(2013). 한계상황으로서의 죽음의식이 삶에 미치는 영향과 의미. 『철학논집, 33. 9-36.

林綺雲 外(2012). *生死學* 『죽음학』(전병술 역). 서울: 모시는사람들(원저 2007 출판).

Banks, J.(2008). (An) *introduction to multicultural education*. 『다문화교육입문』(모경환 외 역). 서울: 아카데미프레스(원저 1998 출판).

Deeken, A.(2003). *Shi e no junbi kyoiku no tameno 120 satsu.* 『죽음을 어떻게 맞이할 것인가』(오진탁 역). 서울: 궁리(원저 1993 출판).

Eggen, P., & Kauchak, D.(2006). *Educational Psychology*(6th)(신종민 외 역). 『교육심리학』. 서울: 학지사(원저 2004 출판).

Heidegger, M.(1998). Sein und Zeit. 『존재와 시간』(이기상 역). 서울: 까치글방(원저 1927 출판).

Jaspers, K.(1973). *Philosophie II*. Vierte Auflage. Berlin/Heidelberg/New York: Springer.

Nietzsche, F.(2010). *Also sprach Zarathustra*. Kritische Studienausgabe. 『차라투스트라는 이렇게 말했다』(곽복록 역). 서울: 동서문화사(원저 1896 출판).

Plato(2003). *Euthyphron, Apologia Sokratous, Kriton, Phaidon*. 『에우티프론 외: 플라톤의 네 대화편』(박종현 역). 파주: 서광사.

Ross. K.(2004). *On Dead and Dying*. 『죽음과 죽어감』(이진 역). 서울: 이레(원저 1969 출판).

Schopenhauer, A.(2008). *Die Welt als Wille und Vorstellung*. 『의지와 표상으로서의 세계』(권기철 역). 서울: 동서문화사(원저 1819 출판).

Schopenhauer, A.(2013), *Parerga und Paralipomena*. 『소품과 부록』(홍성광 역). 서울: 을유문화사(원저 1851 출판).

DEATH EDUCATION

예기(禮記)의 죽음론과 교육적 의의

07

이유정/강선보

이 글은 저자가 『교육철학연구』(한국교육철학학회) 제37권 1호에 게재했던 '『예기(禮記)』의 상례(喪禮)·제례(祭禮)에 나타난 죽음론의 교육적 의의'를 수정·보완한 것임.

01 서론

국내에서 죽음문제에 대한 연구가 대두되기 시작하면서 죽음교육 역시 중요한 주제로 부각되고 있다.[1] 대체로 죽음교육은 종교적 관점에서 제기되기 시작했다가, 실존주의 등의 철학적 입장을 통해 논의되었다. 최근에는 평생교육의 관점에서 노년기의 죽음대비교육[2], 도덕교육과 인성교육의 관점에서 청소년기의 죽음교육[3] 등에 대한 논의가 있었고 죽음교육을 특정 교과, 교육과정, 프로그램 등에서 다루어야 한다는 논의[4]도 있다. 이처럼 죽음교육에 대한 여러 담론 가운데 반드시 고찰해 보아야 할 부분 가운데 하나는 유가(儒家)의 죽음교육론이다. 이는 유가의 죽

---

1) 2000년대 이후 죽음교육에 대한 논의는 꾸준히 증가하는 추세를 보이고 있다. 지면의 한계로 죽음교육에 대한 연구 성과를 여기에서 일일이 열거하기는 어렵다. 그 가운데 죽음교육철학론을 다룬 연구논문을 소개하면 다음과 같다. 교육철학적 관점에서 죽음교육의 중요성과 필요성을 논한 연구로는 최옥선(1996), 김소희(2002), 강손근(2007), 김홍일(2007), 김용해(2010) 등을 들 수 있다. 특정 사상가나 철학사조에 입각하여 죽음교육론을 논한 연구로는 플라톤의 죽음교육론을 다룬 조상식·차미영(2009), 장지원(2014), 실존주의의 죽음교육론을 다룬 강선보(2003), 신교남·이병승(2013), 들뢰즈의 죽음교육론을 다룬 강선보·최승현(2013), 유가의 죽음교육론을 다룬 정영희(2009), 불교의 죽음교육론을 다룬 김용표(2004), 정재걸(2008), 강기선(2010), 안경식(2014), 기독교 죽음교육론을 다룬 김난예(2004), 원불교 죽음교육론을 다룬 김도공(2011) 등이 있다.

2) 노년기의 죽음교육에 대한 연구로는 이이정(2006), 정재걸(2007), 박형규·변순옥·정지웅(2010), 송양민·유경(2011), 김성희·송양민(2013) 등이 있다.

3) 아동 및 청소년기의 죽음교육에 대한 연구로는 임영식·오세진(1999), 이재영(2004), 지봉환(2007), 한숙자·박미하(2009), 노상우(2010), 권은주·조진희(2011), 정재걸 외(2013), 정재걸 외(2014) 등이 있다.

4) 특정 교과나 프로그램을 통한 죽음교육에 대한 연구로는 김도희(2010), 한미정(2012), 정재걸 외(2014) 등이 있다.

음론이 한국 기존의 죽음론의 원형이기 때문이다.

선진유가는 죽음의 본질 문제를 구명하려 들지 않은 것으로 알려져 있다. 공자는 괴력난신怪力亂神, 즉 괴이한 일, 폭력, 난동, 귀신에 대해 말하지 않았다.[5] 뿐만 아니라 제자인 계로季路가 귀신을 섬기는 방법을 묻자 사람을 잘 섬기지 못하면서 어떻게 귀신을 섬기겠느냐고 답한다. 계로가 이에 대해 재차 묻자 삶을 모른다면 어찌 죽음을 알겠느냐고 반문하였다.[6] 이러한 언술만을 표면적으로 살펴본다면 공자는 삶에 보다 주목해 왔다고도 해석할 수 있을 것이다.

하지만 선진유가가 죽음을 완전히 도외시한 것은 결코 아니다. 특히 선진유가는 죽은 사람에 대한 상례와 제례에 깊은 관심을 보였다. 예를 들면, 공자가 상례와 제례의 중요성을 강조했다는 점은 『논어論語』「팔일八佾」 등에서 여러 차례 언급되고 있다. 『예기禮記』의 「곡례曲禮」, 「단궁檀弓」, 「왕제王制」, 「증자문曾子問」, 「예운禮運」, 「상복소기喪服小記」, 「대전大傳」, 「소의少儀」, 「잡기雜記」, 「간전閒傳」, 「삼년문三年問」, 「상복사제喪服四制」 등에서는 상례·제례 및 조상에 대해 자세히 논하고 있다(정창수, 2013: 48).

공자학파나 선진유가가 죽음 이후에 대해 전혀 관심이 없었다고 보기는 어렵다. 오히려 그들은 형이상학적으로 완전히 설명할 수 없는 현상에 대해 천착하기보다는 죽음을 둘러싼 삶에 더 초점을 맞춘 것이라 할 수 있다. 즉, 설명 불가능한 영혼론에 대한 구체적인 설명을 차치하고, 죽음을 맞이하거나 떠나보내는 과정을 통해 죽은 자를 위로하고 산 자의 마음을 안정되게 하려

5) 『論語』「述而」: 子不語怪力亂神. 참조.

6) 『論語』「先進」: 季路問事鬼神. 子曰, "未能事人, 焉能事鬼?" 曰, "敢問死." 曰, "未知生, 焉知死?" 참조.

는 목적이 강했다. 그 과정에서 강조된 것이 상례와 제례이다. 한국 전통에서 인간의 통과의례로 알려진 관혼상제冠婚喪祭 가운데 상례·제례喪祭가 모두 강조되고 있다는 점은 이러한 사유와 의식의 전승이라 할 수 있다.

더욱이 상례와 제례는 예법의 발단이자 근본으로 이해된다. '예禮'라는 글자에서 "시示가 신神으로서 내적인 외경 의식을 대표한다면, 예/풍豊은 그릇으로서 형식, 즉 의식을 대표하고 있다(최영찬 외, 2003: 113)." 축자적으로 '예'는 제기祭器에 음식을 담아서 정성을 표하는 제사 의식이라 할 수 있다. 즉, 제사 의식에서 "곡물, 고기, 술 따위의 음식물을 정성껏 바치는 데서 예가 시작되었다"고 할 수 있다(加地伸行, 1993/이근우 역, 2002: 147). 제사 의식의 대상은 신적 존재로, 천지신명과 조상신을 모두 포함한다. 따라서 예의 핵심적인 내용은 천지신명과 조상신에 대한 제사 의식에 있다고 할 수 있다(溝口雄三 外 編, 2001/김석근 외 역, 2011: 438).

상례와 제례가 예와 밀접하게 연관된다는 사실은 『논어』를 통해서도 입증된다. 공자는 노나라 대부인 맹손孟孫·숙손叔孫·계손季孫 세 집안이 천자의 종묘제사에서 부르는 노래를 사용하자 이에 크게 분노한다.[7] 계씨季氏가 천자가 제사 지내던 태산에서 제사를 지내자 그의 가신家臣인 재유冉由가 그 참람됨을 고칠 수 없다는 사실에 한탄하기도 한다.[8] 지위에 걸맞지 않은 제사는 예에 크게 위배되기 때문이다. 뿐만 아니라 『논어』에서 상례와 제례는 유가의 도덕의식 형성에 깊이 관여하는 것으로 보인다. "돌아가신 분을 삼가 잘 보내드리고 예전에 돌아가신 선조를 잘

7) 『論語』「八佾」: 三家者以雍徹. 子曰, "'相維辟公, 天子穆穆', 奚取於三家之堂?" 참조.

8) 『論語』「八佾」: 季氏旅於泰山. 子謂冉有曰, "女弗能救與?" 對曰, "不能." 子曰, "嗚呼! 曾謂泰山不如林放乎?" 참조.

추모하면 백성의 덕德이 후한 곳으로 돌아갈 것”[9]이라는 서술은 상례와 제례의 도덕적 중요성을 강조하는 것이다.

상례와 제례의 중요성은 선진유가의 기본적인 예법을 서술하고 있는 ‘삼례三禮’, 즉 『의례儀禮』, 『주례周禮』, 『예기禮記』에서 한층 분명하게 드러난다. 『의례儀禮』는 삼례 가운데 가장 오래된 책이자 가장 핵심적인 내용을 담고 있는 책으로, 관혼상제 등 고대의 전통 사회의식을 상세히 기술하고 있다. 주공周公이 기록했다고 알려져 있는데, 한대 정현鄭玄이 집대성하여 오늘날까지 전해지고 있다. 『주례周禮』 역시 주공이 지었다고 알려지는데, 주나라의 예법과 관직 체계를 상술한 책이다. 이 책은 조정의 관료 기구와 직무를 서술한 일종의 법전이다. 다만 『주례』의 사료적 가치에 대한 의문 때문에 실제 그와 동일한 통치제도가 있었는지 여부는 확실치 않다는 것이 통설이다(이춘식, 2007: 89). 『예기禮記』는 본래 예의 해설서를 의미했다. 본래 경전은 아니었지만, 삼례 관념의 정착 이후 경서처럼 다루어졌다(溝口雄三 外 編, 2001/김석근 외 역, 2011: 443). 『의례』는 예법의 세칙을 기록한 책이며, 『주례』는 법전인데 반해, 『예기』는 예의 본질과 의미를 잘 설명하고 있다는 점에서 상례와 제례의 죽음론을 논하기에 가장 적절한 텍스트로 보인다.

여기에서는 『예기』를 통해 상례와 제례에 대한 선진유가의 입장을 고찰하고, 여기에 보이는 선진유가의 죽음론을 탐색할 것이다. 또한 상례와 제례의 교육적 기능을 탐색하고 죽음교육적 의의를 구명하고자 한다. 다만 『예기』에서 다루고 있는 상례·제례 세목에 집중하기보다는 선진유가가 상례·제례에 주목하게

9) 『論語』 「學而」: 曾子曰, “愼終追遠, 民德歸厚矣.” 참조.

된 배경을 조명하고자 한다.

02 상례喪禮 · 제례祭禮의 죽음관

1) 영혼관: 혼백魂魄의 구분

상례와 제례는 망자의 시신을 처리하는 방식과 망자·고인을 애도하는 일련의 예의활동을 지칭하는 것으로, 망자·고인을 처리하는 방식과 그를 애도하는 방식을 이르는 말이다(공병석, 2013: 19). 대체로 상례와 제례는 모두 인간의 의식 발달정도가 일정 수준에 도달한 문명에서 나타나기 시작한다. 양자는 모두 인간에게 영혼 관념이 인간에게 인지된 이후 등장하게 되었으며, 고대 중국의 최초 원시관념은 약 2만 년 전에 생겨난 것으로 추정된다. 영혼관이 생겨난 이후 상례와 제례 등의 풍습이 시작하게 되었으므로, 영혼관과 상례·제례는 밀접한 관련을 지니고 있다. 『예기』에는 영혼에 대한 서술이 드러나기 시작하는데, 이를 통해 당대의 영혼관을 고찰해 볼 수 있다.

> 사람이 죽으면 혼은 하늘로 올라가고, 형백은 땅으로 들어간다. 따라서 제사지낸다는 것은 음과 양을 향해서 신령을 찾는 것이 된다(이상옥 역주, 2003: 736).[10]
>
> 공자가 재아에게 말씀하셨다. "사람의 몸에는 기와 백이 있으나, 기란

신의 신기한 작용이요, 백이란 귀의 신기한 작용이다. 그러므로 귀와 신을 합하여 설교해야만 인간에 대한 교훈이 완전한 것이다. 살아 있는 사람들은 반드시 죽으나 죽으면 또한 반드시 흙으로 돌아간다. 그와 같이 죽은 인간 그것을 귀라고 말한다. 사람이 죽으면 뼈와 살은 땅속에서 썩어 묻힌 채 흙이 되고, 기는 하늘로 떠올라가서 영험한 신령의 무리 속에 들어간다. 모든 사람이나 물건이 죽으면 그 정기가 뭉쳐서 강한 향기를 뿜어 느끼는 사람들의 마음을 슬프게 하는 것인데, 그것이야말로 신령의 신기한 작용인 것이다(이상옥 역주, 2003: 1180-1182)."[11]

연릉의 계자가 그의 맏아들의 장례를 치르면서 다음과 같이 말한다. "뼈와 살이 흙으로 되돌아갔으니 천명이로다. 혼기는 어디든지 갈 수 있다. 어디든지 갈 수 있다." 공자는 이를 두고 "연릉계자가 하는 말은 모두 예에 합당한 것 같다"고 말하였다(이상옥 역주, 2003: 361).[12]

위의 서술에서는 혼魂과 형백形魄, 기氣와 백魄을 각각 구분하고 있다. 여기에서 혼과 기는 모두 하늘로 올라가는 속성을 지니고 있다. 인간의 정신적인 부분이 바로 여기에 해당된다. 이는 신神의 작용에 의한 것으로, 양陽의 원리를 따른다. 한편 형백形魄과 백魄은 땅으로 들어가는 속성을 지니고 있다. 인간의 육체적인 부분이 백魄이다. 이는 귀鬼의 작용에 의한 것으로, 음陰의 원리를

---

10) 『禮記』「郊特牲」: 魂氣歸于天, 形魄歸于地, 故祭, 求諸陰陽之義也.

11) 『禮記』「祭義」: 宰我曰, "吾聞鬼神之名, 不知其所謂." 子曰, "氣也者, 神之盛也, 魄也者, 鬼之盛也. 合鬼與神, 教之至也. 衆生必死, 死必歸土, 此之謂鬼. 骨肉斃于下, 陰爲野土. 其氣發揚于上, 爲昭明, 焄蒿悽愴, 此百物之精也, 神之著也."

12) 『禮記』「檀弓」下: 延陵季子適齊, 於其反也, 其長子死, 葬於嬴博之間, 孔子曰, "延陵季子, 吳之習於禮者也." 往而觀其葬焉. 其坎深不至於泉, 其斂以時服" 旣葬而封, 廣輪揜坎, 其高可隱也. 旣封, 左袒, 右還其封, 且號者三, 曰, "骨肉歸復于土, 命也! 若魂氣則無不之也, 無不之也." 而遂行. 孔子曰, "延陵季子之於禮也其合矣乎?" 참조.

따른다. 사람이 살아 있을 때 혼백은 서로 얽혀 있었으나, 사람이 죽으면서 이들은 흩어지게 된다. 그 결과 혼은 하늘로 올라가고 백은 땅으로 내려가며, 혼은 신령의 무리로 들어가고 백은 땅에서 썩게 된다(정병석, 2013 참조). 혼백의 구분에 대한 서술을 정리하면 표 7-1과 같다.

표 7-1 혼백(魂魄)의 구분

혼백(魂魄)	속성
혼(魂); 기(氣)	하늘[天]로 올라감; 신(神)의 작용; 정신적; 양(陽)의 원리
형백(形魄); 백(魄)	땅[地]으로 들어감; 귀(鬼)의 작용; 육체적; 음(陰)의 원리

물론 선진유가는 내세 혹은 혼백의 특성을 분명히 설명하지는 못하였다. 이들에게 혼백은 여전히 명백하게 알 수는 없는 것이었으며, 상례와 제례는 산 사람에게 달려 있는 문제였다. 선진유가는 제사를 극진하게 지낼 것을 강조했지만, 실제로 신이 흠향하는지 그렇지 않은지는 정확히 알 수 없다고 말한다. 다만 상례와 제례를 지내는 것은 산 사람인 상주가 죽은 사람을 공경하려는 마음이 있기 때문이다.[13] 이렇듯 선진유가가 혼백의 문제를 완전히 해결하였다고 보기는 어렵다. 하지만 혼백의 구별과 그 속성에 대한 언급에서 알 수 있듯이 선진유가는 현실을 중시하긴 하였으나 영혼이 존재하지 않는다는 입장은 아니었다(김덕균, 2004: 293). 이들은 설명 가능한 범위 내에서 혼백의 문제를 설명하고, 이를 기반으로 상례와 제례에서의 제사 의식 행위를 정당화하고자 하였다.

---

13) 『禮記』「檀弓」下: 奠以素器, 以生者有哀素之心也. 唯祭祀之禮主人自盡焉爾, 豈知神之所饗, 亦以主人有齊敬之心也! 참조.

인간이 죽은 이후 혼백은 구분되지만, 제사 의식은 땅으로 내려간 백魄이라는 음기와 하늘로 올라간 혼魂이라는 양기 양자 모두를 대상으로 한 것이었다. 묘제墓祭라는 제사 의식은 땅에 남아 있는 형백뿐만 아니라 하늘로 올라간 혼을 불러들이고 기리려는 의례 행위였다. 상례와 제례는 음과 양을 모두 아우르는 제사 의식이었다고 할 수 있다.

이러한 제사 의식이 산 자와 망자 간의 만남을 의미하긴 했지만, 망자는 혼백이 이미 분리된 존재이므로 산 자와 엄연히 구분될 필요가 있다고 여겨졌다. 즉, 양자의 관계성은 긍정되었지만, 양자의 존재방식은 구분되었다. 상례와 제례는 망자와 산 자를 확연하게 구분해주는 역할을 하였다. 예를 들면, 상례의 초혼招魂은 망자의 혼이 다시 돌아올 것을 간절히 바라는 의식으로, 이를 통해 살아 있는 사람들은 망자의 혼이 다시 돌아올 수 없음을 확인하게 된다. 이처럼 망자가 완전히 세상을 떠났다고 인식함으로써 상례가 시작되고, 이후로 망자와 산 자의 상태는 완전하게 구분된다. 이처럼 망자와 산 자의 존재방식이 서로 다르기 때문에 양자가 사용하는 물건도 구분되어야 한다고 믿어졌다.

공자께서 말씀하셨다. "죽은 자를 보내는 데 있어서 예를 완전히 죽은 자로 대하면 불인不仁하다. 그러니 그렇게 할 수 없다. 죽은 자를 보내는 데 완전히 산 자에 대한 예로써 극진하게 한다면 지혜롭지 못하다. 그러니 그렇게 할 수 없다. 그런 까닭에 사자死者에게 쓰는 죽기竹器는 산 사람에게 쓸 수 없게 만들었으며, 질그릇은 질이 거칠어서 광택이 없고, 목기木器는 소박하여 새기고 다듬은 무늬가 없다. 거문고와 비파는 비록 줄을 벌려 놓았으나 탈 수 없고, 우생竽笙은 비록 갖추었으나 볼 수 없으며, 종과 경쇠는 비록 있으나 순거簨簴가 없다. 즉, 명기明器라고 하는 것

> 은 신명神明의 도道로 대우하는 것이다(이상옥 역주, 2003: 251)."[14]
>
> 공자께서 말씀하셨다. "명기明器를 만든 자는 상례의 도를 아는 자이다. 기물은 갖추어졌으나 실용적이지 않다. 슬프도다, 죽은 자가 산 사람의 기물을 사용한다는 것은 사람을 순장殉葬하는 것과 비슷하지 아니한가. 원래 명기라는 것은 신명의 도로써 대우하는 것이다. 도거塗車와 추령芻靈은 예로부터 있던 것으로, 말하자면 명기이다." 공자께서는 "추령을 만든 자를 어질다고 하고, 나무인형을 만든 자를 어질지 않다"고 하셨으니 "마치 산 사람을 사용하고 있는 것 같지 않은가(이상옥 역주, 2003: 311)."[15]

공자는 산 자가 망자의 기물을 사용하는 것을 매우 부정하게 여겼다. 망자는 혼백이 분리되어 있는 존재이므로, 그에게 제사지낼 때 사용하는 기물은 모두 신명神明의 원리를 따르기 때문이다. 반면 산 자는 혼백을 모두 갖춘 존재로 실용적인 물건을 사용해야 한다. 따라서 그가 평소에 사용하는 물건을 제사지낼 때 기물로 활용하는 것 또한 법도에 맞지 않다. 뿐만 아니라 이러한 행위는 순장殉葬과 유사하여 산 자에게 불길하게 여겼다.

선진유가는 상례와 제례에서만큼은 망자 역시 산 자와 같이 대우해야 한다고 보았다. 하지만 양자는 이질적인 특성을 지니고 있으므로 서로 다른 예법과 물건이 사용될 필요가 있다고 보았다. 혼백이 분리된 망자와 그렇지 않은 산 자는 엄연히 다른

14) 『禮記』「檀弓」上: 孔子曰, "之死而致死之, 不仁而不可爲也. 之死而致生之, 不知而不可爲也. 是故竹不成用, 瓦不成味, 木不成斲, 琴瑟張而不平, 竽笙備而不和, 有鐘磬而無簨虡, 其曰明器, 神明之也."

15) 『禮記』「檀弓」下: 孔子謂, 爲明器者知喪道矣, 備物而不可用也. 哀哉, 死者而用生者之器也, 不殆於用殉乎哉! 其曰明器, 神明之也. 塗車芻靈, 自古有之, 明器之道也. 孔子謂爲芻靈者善, 謂爲俑者不仁, 不殆於用人乎哉.

존재이고, 이들이 사용하는 물건이 완전히 구별되어야 하기 때문이다. 그렇지 않고서 무분별하게 양자를 동일하게 대우하는 것은 망자를 충분히 공경하지 못하는 것일 뿐만 아니라 산 자에게도 합당하지 못한 것이라 생각하였다.

『예기』에서 선진유가는 혼백의 구분을 통해 영혼을 설명하였다. 이들의 설명에 의하면 사람이 살아 있을 때는 혼백이 모두 갖추어져 있지만, 죽으면 혼백이 분리되어 혼은 하늘로 올라가고 백은 땅으로 내려간다. 상례와 제례는 망자의 혼백을 모두 섬김으로써 음양의 원리를 존중하고자 하였다. 하지만 상례와 제례를 통해 선진유가는 산 자는 혼백을 모두 갖춘 존재이며, 망자는 혼백이 분리된 존재라는 점을 다시 한 번 확연하게 구분하였다. 이들은 양자의 존재방식이 상이함에 따라서 양자의 거처나 용기用器도 분리되어야 함을 강조하였다. 이처럼 상례와 제례에 보이는 영혼관은 혼백의 구분으로 설명할 수 있으며, 그 가운데 음양 조화의 원리와 존재방식 구분의 원리가 작용함을 알 수 있다.

2) 생사관: 생사의 연속성

선진유가는 산 자와 망자의 존재방식은 뚜렷하게 구분했으나, 양자가 연속적 관계에 있다는 것을 인정하였다. 이들의 생사관은 하나의 삶이 죽음을 맞이하더라도 후대의 삶이 그것을 전승하는 구조를 지녔다. 삶과 죽음에 대한 선진유가의 이와 같은 이해방식은 '생명연속형'으로 정리될 수 있다. 선진유가에서 죽음은 현세와의 완전한 단절을 뜻하지 않는다. 그가 지녔던 생명력은 후손들을 통해 지속될 수 있기 때문이다. "생명연속형은 피할 수 없는 죽음을 이성적으로 이해하고, 현실적 삶에 충실하면서 조상의 대를 잇는 일이 바로 생명을 이어가는 것으로 생각하는" 유형이다(석법성, 2004: 124). 이는 개체나 영혼의 불멸성을 주장하지는 않지만, 한 개체의 죽음이 후손의 삶을 통해 계속될 수 있음을 강조하는 입장이다.

이러한 관념은 상례와 제례에 대한 선진유가의 태도에서 잘 드러난다. 『예기』에서 선진유가가 상례와 제례를 중시했던 것은 산 자가 자신의 생명력이 망자로부터 비롯되었다는 사실을 인지하고, 그 사실을 상당히 중요하게 여기고 있었기 때문이다. 산 자가 다시 망자가 되더라도 상례와 제례가 대대로 이어진다면, 그 생명력은 또 다른 후손에 의해 연속될 수 있으며 생명의 연속성은 꾸준하게 기억될 수 있다. 망자와 산 자 간의 상관성을 추구하는 것이 유가 사생관의 특징이며, 이는 상례와 제례로 실현된다(정영희, 2009: 238). 이처럼 망자가 이미 세상을 떠났음에도 불구하고 그 삶의 방식이 후대에 유사한 양태로 전승된다는 사실이 선진유가 생사관의 본질이라 할 수 있다.

> 군자가 말하였다. "음악은 사물이 생산되는 근원에 대해서 사람이 그것을 즐기는 데서 비롯된 것이고, 예는 사람들이 각자의 선조를 잊지 않고 이에 경의를 표하는 데에서 비롯된다. 옛 사람들의 말 가운데 이런 말이 있다. '여우가 죽을 때에는 머리를 제가 살던 굴이 있는 언덕을 바로 향한다." (이 또한) 인仁한 것이다(이상옥 역주, 2003: 207).'"16)

이 대목에서 악樂이 사물의 생산 근원을 즐기는 데서 비롯된

16) 『禮記』 「檀弓」 上: 君子曰, "樂樂其所自生. 禮不忘其本." 古之人有言曰, "狐死正丘首." 仁也.

것과는 달리 예禮는 자기 자신의 근원인 선조를 잊지 않는 마음에서 발단되었다고 설명된다. 즉, 자신의 조상들을 기억하고 그들의 지난 삶이 현세에 여전히 남아 있다는 것을 인정히는 데서 인仁한 마음이 시작된다는 것이다. 이러한 설명은 예의 행위 주체와 조상들의 생명력 간의 연속성이 있음을 일깨우려는 시도이다.

생명의 연속성을 통해 선진유가는 망자를 삶에서 완전히 결별한 사람으로 이해하지 않았으며, 오히려 그들을 살아 있던 당시의 지위 계급을 통해 그대로 존중하려 하였다. 따라서 망자가 현세에서 형성했던 관계들은 그가 사망한 이후에도 지속되는 경향이 있었다(김미영, 2009: 345). 즉, 상례와 제례의 핵심은 그것이 "살아 있는 사람과 죽은 사람이 서로 교류하는 문화적 장치"라는 점이라 할 수 있다(이용범, 2010: 328). 생사가 연속된다는 인식은 망자를 낯설게 여기지 않게 하였고, 망자의 모습을 살아 생전의 그것과 동일시하게 하였다. 이와 같은 인식은 상례와 제례에 보이는 망자에 대한 태도에서 한층 구체적으로 드러난다.

> 자유가 말했다. "사람이 죽으면 그 시체를 사람들이 꺼려하며, 아무런 능력이 없다고 하여 그를 등지고 멀어져간다. 그래서 유체에 의복을 입히고 누삽을 만들어서 관을 꾸며, 사람들로 하여금 죽은 자를 꺼리거나 싫어하지 않도록 한다. … (중략) … 이렇게 하는 동안에 보본반시報本反始하는 생각이 저절로 일어나게 되어 사람으로 하여금 죽은 자를 배반하지 않게 한다(이상옥 역주, 2003: 322)."17)

이미 혼백이 분리된 망자는 혈색이 엳어지고 사지가 굳어진

17) 『禮記』「檀弓」下: 予游曰, "人死, 斯惡之矣. 無能也, 斯倍之矣. 是故制絞衾, 設蔞翣, 爲使人物惡也. (중략) 自上世以來, 未之有舍也, 爲使人勿倍也."

다. 이러한 외관은 산 자가 망자를 두렵고 낯설게 여기도록 한다. 『예기』에서 선진유가는 이러한 사실 때문에 망자와 산 자 간의 심리적 거리가 멀어지는 것을 경계하였다. 따라서 상례에서 가장 우선해야 할 것은 망자를 염하고 관을 만드는 것이다. 이러한 행위는 그를 꺼리거나 싫어하거나 배반하지 않게 한다. 또한 망자에 대한 예우는 그가 산 자와 연결된 사람이며, 그의 생명이 산 자를 통해 영속됨을 일깨우게 한다.

뿐만 아니라 이 구절에서는 상례가 '보본반시報本反始'를 일깨워준다는 점을 강조한다. 즉, 생명 연속성의 각성은 근본을 잊지 않고 보답하며報本 그 시초를 돌아보게 하는反始 윤리적 관점을 가능케 한다는 것이다. 제사 의식을 통해 예의 행위자는 스스로의 기원을 생각하게 되고, 그것을 잊지 않을 수 있다. 따라서 상례는 "내가 어디에서 나왔는가를 되돌아보게 하는 사회문화적 기제"의 일종이라 할 수 있다(이욱, 2011: 478). 이와 유사하게 제례에서도 고인을 돌아보고 그를 생생하게 기억하는 행위가 요구된다.

제사에 앞서서 재계가 행하여지는데 이것은 마음속에서 하는 치재(致齊)와 외물에 대한 산재(散齊)가 있다. 재계하는 동안에는 항상 생전에 기거하던 모습이나 담소, 지망, 호오, 취미 등의 추억에 젖어 있기 때문에 재계가 3일만 계속되면 드디어 고인의 모습이 끊임없이 눈앞에 떠오르게 된다. 이리하여 마침내 제삿날이 되어서 묘의 방안으로 들어서면 반드시 고인의 영혼이 그 자리에 있는 것처럼 느껴지게 되며, 제례가 끝나고 문을 나가려고 할 때면 반드시 엄숙한 기분에 젖어 고인의 음성을 듣는 느낌이 들며, 문밖에 나가 들으면 반드시 방안에서 고인의 탄식 소리가 들려오는 것 같은 것이다. 그러므로 고대의 현왕들의 효심이라는 것은 부

> 모의 안색이 내 눈에서 잊혀지는 일이 없고 부모의 음성은 내 귀에서 잊혀지는 일이 없으며, 부모의 마음이나 희망 등을 항상 내 마음에 간직하고 있었으므로, 내 효애의 마음이 골몰하면 부모의 영혼이 눈앞에 떠오르고, 효경의 정성을 다히면 영혼이 그에 감응한다(이상옥 역주, 2003: 1166-1167).[18]

제례에서는 3일 간의 목욕재계에서부터 고인에 대한 상념을 통해 그를 기억하고 추모하는 것이 요구된다. 제례의 전반적인 과정을 통해 고인은 여전히 살아 있는 사람들의 삶 속에 생생하게 존재하는 것처럼 여겨지게 된다. 이는 앞서 살펴본 바 있는 시신에 대한 처우보다 한층 구체적인 것으로, 후손이 고인을 다시금 자신의 삶 속으로 안내하는 과정이라 할 수 있다. 이와 같은 일련의 과정은 고인이 죽은 이후에도 그가 여전히 후대의 삶에 영향력을 끼치고 있음을 각성하게 한다.

이처럼 선진유가는 기일을 불길하게 여기지 않았으며, 기일에는 평소에 하던 일을 하지 않도록 하였다. 즉, 고인을 기리는 시간을 가지면서 살아 있는 자의 "마음이 한 곳으로 쏠려 다른 사사로운 일에 마음을 기울일 수 없게"[19] 함으로써 생사가 긴밀하게 연결되어 있다는 사실을 기억하게 하고자 하였다(이상옥 역주, 2003: 1167).

생사가 이러한 방식으로 연속된다는 사실은 '효孝'라는 덕목을

18) 『禮記』「祭義」: 致齊於內, 散齊於外. 齊之日, 思其居處, 思其笑語, 思其志意, 思其所樂, 思其所嗜. 齊三日, 乃見其所爲齊者. 祭之日, 入室, 僾然必有見乎其位. 周還出戶, 肅然必有聞乎其容聲. 出戶而聽, 愾然必有聞乎其嘆息之聲. 是故先王之孝也, 色不忘乎目, 聲不絶乎耳, 心志嗜欲不忘乎心. 致愛則存, 致慤則著.

19) 『禮記』「祭義」: 君子有終身之喪, 忌日之謂也. 忌日不用, 非不祥也, 言夫日, 志有所至, 而不敢盡其私也. 참조.

강화하는 결과를 낳았다. 앞의 인용구에서 효성은 '부모의 안색이 내 눈에서 잊혀지는 일이 없고 부모의 음성은 내 귀에서 잊혀지는 일이 없으며, 부모의 마음이나 희망 등을 항상 내 마음에 간직'하는 것이라 설명하였다. 이러한 설명에서 효행은 "인간의 삶과 죽음을 잇는 생명의 영원한 교량 역할"을 하는 것으로 이해된다(석법성, 2004: 268). 즉, 효란 부모의 죽음 이후에도 부모의 존재를 생생하게 느끼고 그들에 대한 기억을 꾸준하게 지속할 수 있는 상태를 가리킨다. 이는 앞서 살펴본 바와 같이 선진유가는 인간은 내세에서 영원히 존재하는 것이 아니라 후손에 의해 끊임없이 그 생명력이 이어진다고 이해하기 때문이다.

따라서 상례와 제례에서는 혈연이 상당히 중요한 문제로 대두된다. 천지신명이나 성인聖人에 대한 제사는 그 공덕功德의 대소에 따라 제사의 형식이 결정된다. 그에 반해 조상에 대한 제사에는 그와 같은 기준을 세우지 않는다. "조상과 후손, 부모와 자식의 관계는 공덕으로 형성되는 것이 아니라 '존재의 연속성'에 기인한다(이욱, 2011: 482)." 이는 조상들은 이미 혈연을 통해 후손들에게 생물학적 생명력을 전수하였으며, 대를 이은 가르침을 통해 정신적인 유산을 전승하였기 때문이다. 상례와 제례는 이처럼 굳건한 혈연적 관계에 기반한 효 덕목을 강조한다.

『예기』 상례·제례의 생사관은 한 마디로 생사의 연속성이라 일괄할 수 있다. 망자의 죽음은 산 자의 삶을 통해 지속되어 그 생명력을 이어갈 수 있고, 산 자의 삶 역시 망자에게서 전수받은 생명력을 기반으로 형성될 수 있기 때문이다. 상례와 제례는 망자가 남긴 생물학적·정신적 유산을 보존하고 기억할 것을 요구한다. 이 과정에서 부자父子관계를 기본 축으로 하는 혈연관계가 부각되며, 효라는 덕목의 중요성이 강조되었다.

03 상례喪禮·제례祭禮의 교육적 기능

1) 비탄의 표출과 조절

죽음과 상실을 예상했든 혹은 예상하지 못했든 사랑하고 아끼던 물건, 동물, 사람이 상실되거나 사망하게 되면 살아남은 사람의 대부분이 비탄과정grief process이라는 정서적 반응을 겪게 된다. 비탄과정은 삶을 살아가는 동안에 많든 적든 누구나 겪게 되는 과정이며, 인간이라면 누구나 겪으면서 극복해 나가야 할 삶의 과제이다. 비탄이라는 정서적 반응에 사전 대비하고, 그 비탄과정으로부터 하루 빨리 정상적인 삶으로 복귀할 수 있도록 도와주는 교육이 비탄교육이다(Deeken, 2001/전성곤 역, 2008: 86). 그렇다면 선진유가의 상례·제례에서는 이러한 비탄과정을 어떻게 극복하고 있는지 그리고 그러한 상례·제례가 어떻게 비탄교육으로서의 역할과 기능을 수행하고 있는지 살펴보고자 한다.

상례·제례는 망자를 보낸 슬픔의 감정을 표출하는 데서 비롯되었다. 즉, 일차적으로 상례와 제례는 인간이 지닌 본연의 감정을 자연스레 드러내어 충분히 슬퍼할 수 있는 제도적 장치였다고 할 수 있다. 선진유가는 "예의 출발은 근본적으로 개개인의 진정한 내심을 기초로" 하고 있다는 점을 이해했기 때문이다(석법성, 2004: 262). 특히 선진유가는 가까운 사람, 특히 부모를 잃은 슬픔을 잘 이해하고 있었으며, 상례와 제례가 지닌 감정 표출의 기능을 긍정하였다.

아버지가 죽은 최초에 아들은 마음에 슬픔이 지극하여 막다른 골목에 이르러 눈앞에 캄캄한 것 같고, 빈소를 설치하고 나면 눈을 급히 두리번거리며 무엇을 잃고 찾아도 찾아내지 못하는 것 같으며, 이미 장사하고 나면 마음이 허전하여 허둥지둥 무엇이 오기를 바라건만 오지 않는 것 같고, 소상에 이르러서는 세월이 빠른 것을 개탄하며, 대상이 되면 마음이 텅 빈 것 같다(이상옥 역주, 2003: 202).[20)]

자로가 말하였다. "내가 부자께 들으니, '상례는 애도함이 부족하고, 예가 남음이 있기보다는 예가 부족할지언정 애도함이 지극하니만 못하고, 제례는 공경함이 부족하고, 예가 남음이 있기보다는 예는 부족할지언정 공경함이 지극하니만 못하니라'라고 하셨다(이상옥 역주, 2003: 233)."[21)]

자공이 부모상에 대해 여쭈었다. 공자께서 말씀하셨다. "공경하는 것이 제일이요, 슬퍼하는 것이 그 다음이요, 자기 몸을 해치는 것이 제일 아래니 얼굴빛은 그 정情에 맞도록 하고, 슬픈 모양은 그 상복에 맞도록 해야 한다(이상옥 역주, 2003: 1070)."[22)]

악정樂正 자춘子春의 어머니가 죽었다. 자춘이 5일 동안 먹지 않더니 이렇게 말하였다. "나는 예에 3일 동안으로 되어 있는 것을 억지로 5일 동안 먹지 않은 것을 후회한다. 내가 우리 어머니의 상에서부터 나의 실지의 정情대로 하지 못한다면 나는 어디에 나의 실지의 정을 쓰겠는가? (이상옥 역주, 2003: 380)"[23)]

---

20) 『禮記』「檀弓」上: 始死, 充充如有窮. 既殯, 瞿瞿如有求而弗得. 既葬, 皇皇如有望而弗至. 練而慨然, 祥而廓然.

21) 『禮記』「檀弓」上: 子路曰, "吾聞諸夫子. 喪禮, 與其哀不足而禮有餘也, 不若禮不足而哀有餘也. 祭禮, 與其敬不足而禮有餘也, 不若禮不足而敬有餘也."

22) 『禮記』「雜記」下: 子貢問喪, 子曰, "敬爲上, 哀次之, 瘠爲下. 顏色稱其情, 戚容稱其服."

23) 『禮記』「檀弓」下: 樂正子春之母死, 五日而不食, 曰, "吾悔之, 自吾母而不得吾情, 吾惡乎用吾情?"

첫 번째 구절은 아버지를 잃은 슬픔을 설명한다. 선진유가가 아들의 슬픔이 지극하다는 것을 충분히 이해하고 있음을 보여주는 대목이다. 두 번째와 세 번째 구절은 상례와 제례에서 이러한 정서가 보다 본질적인 것임을 지적한다. 네 번째 구절은 효자로 이름난 자춘이 모친상을 치르면서 자신의 마음의 자연스러운 슬픔을 드러내지 못하고 과도한 예법으로 도리어 비례非禮를 행했음을 자책하는 내용이다. 이 구절들은 모두 슬픔이라는 자연스러운 정서를 드러내는 것을 긍정하고 있다.

이와 같이 선진유가는 비탄의 정서를 충분히 해소하고, 그것을 자연스럽게 드러내도록 하는 것을 상례와 제례의 중요한 기능으로 보았다. 『의례』「상복경전」 주註에서 정현은 다음과 같이 설명하였다. "(상복은) 천자 이하의 죽음에 서로 복服을 하면서 친소親疎와 융쇄隆殺에 따라 상복과 기간을 정하는 예이다. 이는 지극한 애통함을 문식하는 것이다(김용천 역주, 2013: 19)."[24] 이처럼 상례와 제례의 "실질적인 의의는 내적인 슬픔을 밖으로 표현하는 데 있다(공병석, 2013: 168)." 이는 충분한 비탄을 느끼는 것이 슬픔의 은폐나 지연보다 유익하다는 죽음교육의 입장과도 상통한다(Kubler-Ross & Kessler, 1959/김소향 역, 2007: 237).

그런데 비탄에 대한 선진유가의 입장에서 주목해야 할 또 다른 지점은 이들이 한편으로는 비탄에 대한 감정 표현을 엄격하게 절제하고 있다는 부분이다. "인간 윤리에 따라 본연적으로 느껴야 할 슬픔과 놀라움과 같은 원초적 감정의 표현은 동시에 이성적 규율의 엄격한 통제 하에 있다(정창수, 2013: 68)." 즉, 비탄에 대한 양가적 입장이 있다는 점에 주목할 필요가 있다. 『예기』

24) 『儀禮』「喪服經傳」: 鄭目錄云, "天子以下, 死而相喪, 衣服年月親疎隆殺之禮也, 喪必有服, 所以爲至痛飾也."

는 다음과 같이 전한다. "상장喪葬의 예는 애척哀戚의 지극함을 나타내는 방법이다. 그 애척함을 절제하는 것은 효자의 슬퍼하는 심정에 따라 점차로 조금씩 변하도록 만들어졌다. 군자는 생生을 생각하는 자이다(이상옥 역주, 2003: 299-300)."[25] "가슴을 치고 뛰는 것은 애통함이 지극하기 때문이다. 가슴 치고 뛰는 횟수를 계산하는 것은 애통을 절제하기 위한 절문節文이다. … 어깨를 드러내는 때도 있고, 옷을 입는 때도 있는 것은 슬픔을 절제하는 것이다(이상옥 역주, 2003: 303)."[26] 즉, 슬픔의 감정은 초기 단계에 고착되어서는 안 되며, 점진적으로 절제되어야 할 대상으로 이해된다.

일정 수준 이상의 비탄을 절제하는 과정에서 상례와 제례는 크게 두 가지 기능을 수행한다고 할 수 있다. 첫째, 자연적 정서와 인위적 예법 간의 조화를 가능하게 한다. 선진유가는 개인의 자연스러운 감정의 발흥과 인간이 제정한 예법 간에는 충분한 조화가 필요하다고 보았는데, 이러한 조화가 바로 상례와 제례라는 의례를 통해 가능한 것이다.

> 자유가 말했다. "예는 애통하는 정을 쇠미하게 만드는 것이 있고, 일부러 최질 같은 것을 만들어 슬픈 마음을 흥기시키는 것이 있다. 만약 자기 심정이 내키는 대로 곧바로 경솔하게 행하는 자가 있다면 그것은 오랑캐의 도이다. 중국의 예도는 그렇지 않다. 원래 사람의 마음은 기쁘면 도연陶然해져서 즐거우며, 즐거우면 노래를 부르고, 노래를 부르면 몸이 움직이고, 몸이 움직이면 춤추게 되고, 춤추면 마음이 앙양되고, 마음이 앙양되면 이윽고 마음이 아프고, 아프면 탄식하고, 탄식하면 가슴을 두드리게 되고, 가슴을 두드리면 춤춘다는 식으로 변화한다. 그러므로 이를

25) 『禮記』「檀弓」下: 喪禮, 哀戚之至也. 節哀, 順變也. 君子念始之者也.

26) 『禮記』「檀弓」下: 辟踊, 哀之至也, 有算, 爲之節文也. … 有所袒, 有所襲, 哀之節也.

> 조절하는 것을 예라고 한다(이상옥 역주, 2003: 322)."[27]
>
> 변 땅의 어떤 사람이 그의 어머니가 죽자 어린아이의 울음처럼 절제 없이 울고 있었다. 공자께서 말씀하셨다. "그 우는 것이 슬프기는 하다. 그러나 저렇게 하여서는 남이 본받을 수 없다. 대체로 예라는 것은 남에게 전할 수 있고 남이 본받을 수 있어야 한다. 그러므로 울부짖음과 몸부림치는 일에도 절도가 있는 것이다(이상옥 역주, 2003: 246)."[28]

앞의 두 구절에서는 상례와 제례에서 감정의 억제가 정서와 예법을 통합하고 있다는 사실을 입증한다. 자신이 내키는 대로 행하는 것은 자연스러운 모습일지는 모르나, 경솔한 행동이자 오랑캐의 예절로 이해된다. 뿐만 아니라 그러한 행동은 남이 본받을 수 있는 것이라는 예의 속성과도 부합되지 않는다. 상례와 제례에서 절제된 감정표현은 개인의 정서와 보편적인 예절 간의 상호적인 조화를 이끌어 낼 수 있다.

둘째, 한층 중요한 차원에서 상례와 제례는 감정의 조절과 일상으로의 회복 기능을 담당한다. 상례와 제례는 일상적인 삶과는 완전히 다른 방식으로 진행된다. 하지만 여기에는 역설적인 의미가 있는데, 바로 이 과정이 산 자가 비일상적인 방식을 통해 망자를 떠나보내고 정상적인 삶으로 돌아오는 과정이라는 점이다. 상례와 제례는 "근친이 죽기 이전의 삶에서 죽은 이후로의 삶으로 옮기기 위해 거쳐야 하는 하나의 '이행시기'로서의 특

27) 『禮記』「檀弓」下: 予游曰, "禮有微情者, 有以故興物者, 有直情而徑行者, 戎狄之道也. 禮道則不然, 人喜則斯陶, 陶斯咏, 咏斯猶, 猶斯舞, 舞斯慍, 慍斯戚, 戚斯歎, 歎斯辟, 辟斯踊矣. 品節斯, 斯之謂禮."

28) 『禮記』「檀弓」上: 弁人有其母死而孺子泣者. 孔子曰, "哀則哀矣, 而難爲繼也, 夫禮爲可傳也, 爲可繼也, 故哭踊有節."

징을 지닌다(정창수, 2013: 69-70).” 상례와 제례가 복귀와 회복으로 기능한다는 것은 다음과 같은 구절들을 통해 알 수 있다.

> 상중의 사람이 지켜야 할 예절은 몸이 헐고 수척한 정도가, 뼈가 드러날 정도가 되어서는 안 되고, 시력과 청력이 쇠잔해져서는 안 되며, 계단으로 오르내리지 않으며, 나가고 들어갈 때에 문의 한가운데를 통과하지 않는다. 상중의 사람이 지켜야 할 예절은 상주喪主의 머리에 부스럼이 있으면 머리를 감으며, 몸에 종기가 있으면 몸을 씻으며, 병이 있으면 술도 마시지 않고 고기도 먹지 않는다. 상喪을 견디어내지 못하는 것은 곧 자손에게 자애하지 못하고 부모에게 효도하지 않는 것에 견주게 되는 것이다(이상옥 역주, 2003: 107).[29]
>
> 상장의 예를 후하게 거행하기 위해 거택을 근심하게 만들지 않으며, 거상에 지나치게 야위도록 하여 몸이 위태롭게 만들지 않는다. 상장의 예를 위하여 살아갈 집을 근심하지 않도록 하지 않는 것은 집이 없으면 사당이 있을 수 없기 때문이고, 상중에 몸을 위태롭게 만들지 않는 것은 몸이 없으면 후손이 없게 되기 때문이다(이상옥 역주, 2003: 359-360).[30]
>
> 자사께서 말씀하셨다. “(초략) … 상은 3년 동안을 가장 극진하게 한다. 이미 장사한 뒤에도 어버이를 잊지 않는다. 그러므로 군자는 종신토록 근심은 있어도 하루아침에 갑자기 일어나는 우환은 없다. 또 어버이의 기일에는 슬퍼하고 음악을 금한다(이상옥 역주, 2003: 188).”[31]

---

29) 『禮記』「曲禮」上: 居喪之禮, 毁瘠不形, 視聽不衰, 升降不由阼階, 出入不當門隧. 居喪之禮, 頭有創則沐, 身有瘍則浴, 有疾則飮酒食肉, 疾止復初. 不勝喪, 乃比於不慈不孝.

30) 『禮記』「檀弓」下: 喪不慮居, 毁不危身. 喪不慮居, 爲無廟也. 毁不危身, 爲無後也.

31) 『禮記』「檀弓」上: 子思曰, “喪三日而殯, 凡附於身者, 必誠必信, 勿之有悔焉耳矣, 三月而葬, 凡附於棺者, 必誠必信, 勿之有悔焉耳矣, 喪三年, 以爲極, 亡則弗之忘矣. 故君子有終身之憂, 而無一朝之患. 故忌日不樂.”

상례를 거행하는 사람은 그 슬픔을 절제하여 자신의 몸을 돌볼 필요가 있는데, 이는 자신의 몸이 상할 정도로 슬픔에 빠지는 것은 후대를 건사하지 못하는 결과로 이어져서 도리어 불효가 될 가능성이 있기 때문이다. 자신의 삶을 제대로 영위하지 못하고 후손을 남기지 못하는 것은 망자와 현세와의 연결고리를 끊는 일이 되어버린다. 따라서 상례와 제례 과정은 슬픔을 확실하게 떨쳐내고 다시 일상으로 복귀하는 이행기로 기능하는 것이다.

또한 자사의 언사에서 보듯이 상례와 제례는 갑작스럽게 발생하는 비탄을 줄여준다. "상례와 제례에서 슬픔을 표현하는 최종적인 목적은 망자를 영원히 그리워하는 것이며, 산 자는 고통을 이겨냄으로써 망자에게 더 깊은 정을 바치는 것이다(공병석, 2013: 174)." 즉, 상례와 제례는 망자와의 점진적인 이별 과정으로, 남겨진 사람들의 비탄을 조절하고 완충하는 기능을 수행할 수 있다는 것이다. 여기에서 상례와 제례를 통해 부모를 극진하게 장사지냄으로써 오히려 정서적인 회복이 훨씬 수월해질 수 있음을 알 수 있다.

서구의 비탄교육 가운데 웨스트버그가 제안한 비탄의 10단계[32]에 의하면 마지막 8~10단계는 슬픔에서 현실로 돌아가고, 새로운 삶을 받아들이며, 현실을 인정하는 과정이다(Westberg, 1962/고도원·키와 블란츠 역, 2008). 이와 유사하게 퀴블러-로스와 케슬러는 비탄이 치유의 힘을 지니고 있다는 점을 강조하면서, 비탄 이후에는 비극적 감정뿐만 아니라 "희망, 재조정, 참여 그리

32) 웨스트버그의 '비탄의 10단계'는 다음과 같다(Westberg, 1962/고도원·키와 블란츠 역, 2008). ① 충격, ② 감정의 표출, ③ 우울함과 외로움, ④ 질병, ⑤ 공황상태, ⑥ 죄책감, ⑦ 분노, ⑧ 현실로 돌아가기, ⑨ 희망의 발견, ⑩ 현실 인정.

고 치유의 시간"이 오게 된다는 점을 설명한다(Kubler-Ross & Kessler, 1959/김소향 역, 2007: 297). 『예기』의 상례와 제례 역시 궁극적으로는 그 과정을 통한 삶의 복귀에 목적을 두고 있다.

특히 『예기』의 상례와 제례는 상당히 구체적이고 현실적인 근거를 통해 정신적·신체적 복귀의 필요성을 역설하고 있다. 『예기』는 지나친 비탄은 도리어 고인과 산 자를 연결하는 생명의 연속성을 해치고, 사회적으로 통용되는 예법을 벗어난다는 점을 강조한다. 이는 죽음교육의 내용에서 비탄의 충분한 분출과 적절한 조절이 동시에 필요하다는 주장을 뒷받침하는 또 다른 근거로 작용할 수 있다. 이러한 점은 비탄교육의 필요성을 밝히는 동시에 동양적 비탄교육 특성을 이해하는 바탕이 된다.

2) 종교적 체험을 통한 도덕성 확충

상례와 제례는 본래 종교적인 행위이며 따라서 종교적 기능을 담당하였다. 또한 이를 담당하던 선진유가의 유자들도 본래 "종교인이라서 상례나 초혼의례에 대한 종교적 식견이 있었다(加地伸行, 1993/이근우 역, 2002: 147)." 이들은 예악을 중시했을 뿐만 아니라 관혼상제에 관여하기도 하였다. 『설문해자說文解字』에서도 "유儒란 부드럽다는 유柔로, 술사의 칭호"33)라고 밝히고 있다. 여기에서 술사란 "초기의 무巫·사史·축祝·복卜에서 분류되어 나온 지식인들로 예의의 사무를 관장하였을 뿐만 아니라 예를 가지고 사람들을 가르친" 사람들을 뜻한다(柳肅, 1990/홍희 역, 2012: 130).

---

33) 儒, 柔也. 術士之稱.

이처럼 초기에는 종교적 제의를 담당하던 유가는 점차 그 관심을 인간사로 전환하게 되었다. 즉, "원시종교신앙을 인정人情의 상도常道로" 변화시킨 것인데, 이러한 변화로 인해 제시 의식의 구심점 또한 망자에서 산 자로 옮겨지게 되었다(공병석, 2013: 177). "돌아가신 분을 삼가 잘 보내드리고 예전에 돌아가신 선조를 잘 추모하면 백성의 덕德이 후한 곳으로 돌아갈 것"[34]이라는 의식이 바로 이러한 변화의 대표적인 예다. 즉, 제사를 잘 지내는 것은 망자의 내세보다 살아 있는 자의 현세, 특히 그 도덕성에 깊이 관여한다는 것이다. 따라서 상례와 제례라는 종교적 경험에 참여하고, 그 세목을 실천하는 것은 도덕성 확충을 위해 크게 강조되었다.

> 대체로 천하의 예는 다섯 가지 목적이 있다. 첫째, 사물의 시초를 되돌아보도록 사람을 지도하는 것이다. 둘째, 사람의 마음을 귀신과 통하게 하는 것이다. 셋째, 친화를 증대하고 재물의 이용을 촉진하는 것이다. 넷째, 도의를 크게 흥하도록 하는 것이다. 다섯째, 겸양의 미풍을 조장하는 것이다. 시초를 되돌아본다면 사물의 기본이 존중될 것이고, 귀신에게 통하게 되면 그 마음은 모든 손위를 존경할 것이며, 친화가 증대되어 재물의 이용이 촉진되면 서민의 생활원칙이 확립될 것이고, 도의가 크게 흥하면 상하의 충돌이 생기지 않으며, 겸양의 미풍이 왕성하면 투쟁은 사라질 것이다(이상옥 역주, 2003: 1180-1181).[35]
>
> 천자가 상제를 교郊에서 제사하는 것은 간소하나 오직 공경할 뿐이다. 그것은 공경함의 극치이다. 천자 제후가 종묘에서 제사하는 것은 죽은 조상을 섬기기를 산 조상 섬김과 같이하므로, 이는 어버이를 효로써 섬

34) 『論語』「學而」: 曾子曰, "愼終追遠, 民德歸厚矣."

기는 인仁의 실천이다. 그러므로 종묘의 제사는 인仁의 극치이다. 상례에는 염하고 입관하는 모든 일을 반드시 성신을 다하는 것이니 그것은 충실함의 극치이다. 장례에는 의복과 기구를 완전히 갖추어 부족함이 없게 하는 것이니, 어버이를 사랑하는 성심의 발로이다. 그러니 그것 또한 인仁의 극치이다. 빈객이 폐백을 쓰는 것은 사람이 지켜야 할 마땅한 도리이므로 의義의 지극함이다. 그러므로 군자가 인의의 도를 살리는 데는 예가 근본인 것이다(이상옥 역주, 2003: 689).[36)]

군자가 말하였다. "마음에 경험이 없는 일에 대해서는 그 일을 당해도 무엇인지를 모른다. 그와 마찬가지로 미리 예의범절을 배우지 않으면 일을 당했을 때 무엇을 어떻게 처리해야 할지를 모른다. 무슨 일을 하든 혹은 말을 하든 예를 알고 있지 않으면 이쪽의 경의가 상대방에게 통하지 않으며 신뢰를 받지 못한다. 즉, 예는 사람과 또는 사람과 신을 연결하기 위한 여러 행위의 근본일 것이다(이상옥 역주, 2003: 681)."[37)]

첫 번째 인용문에서 예의 목적이 사물의 시초에 대한 복고覆考, 사람과 귀신의 교통, 친화 증대와 재물 이용의 촉진, 도의의 발흥, 겸양 미풍 조성 등임을 알 수 있다. 이러한 목적을 통해 사물의 존중, 위계질서의 확립, 생활원칙의 확립 등이 달성될 수 있다. 보편적 예는 곧 상례와 제례에도 적용될 수 있다. 그중에서도 보본반시 정신의 고양을 통한 사물 존중, 사람과 귀신의

35) 『禮記』「祭義」: 天下之禮, 致反始也, 致鬼神也, 致和用也, 致義也, 致讓也. 致反始, 以厚其本也. 致鬼神, 以尊上也. 致物用, 以立民紀也. 致義, 則上下不悖逆矣. 致讓, 以去爭也.

36) 『禮記』「禮器」: 祀帝於郊, 敬之至也. 宗廟之祭, 仁之至也. 喪禮, 忠之至也. 備服器, 仁之至也. 賓客之用幣, 義之至也. 故君子欲觀仁義之道, 禮其本也.

37) 『禮記』「禮器」: 君子曰, "無節於內者, 觀物弗之察矣. 欲察物而不由禮, 弗之得矣. 故作事不以禮, 弗之敬矣. 出言不以禮, 弗之信矣. 故曰, "禮也者, 物之致也."

교통을 통한 위계질서 확립, 도의의 발흥을 통한 상하 간의 융화 등이 상례와 제례의 의의와 상통한다. 특히 인간과 신적 존재의 관계를 통해 인간 세계 내 질서를 확립하고자 하는 목적은 상례와 제례를 통해 도달될 수 있는 부분이다.

두 번째 구절은 상례와 제례는 공경함과 충실함의 극치이며, 그 자체로 인仁의 실천임을 밝히고 있다. 상례와 제례라는 종교적 체험을 통해 공경함敬·인함仁·충실함忠·마땅함義과 같은 도덕적 덕목들이 고양된다. 최초에는 이러한 덕목들이 신적 존재에 대한 태도에서 비롯되었기 때문에 종교적인 결과물에 가깝다고 할 수 있다. 하지만 이러한 태도를 숙달한 사람은 동일한 마음가짐을 다른 사람, 특히 공경해야 할 대상에게 지닐 수 있게 된다. 즉, 종교적 체험을 통해 타인에 대한 도덕적 태도를 지닐 수 있음을 설명하는 대목이라 할 수 있다.

유사한 맥락에서 마지막 구절에서는 신적 존재를 통해 예법을 미리 배우는 것이 예의 실천의 근본임을 밝히고 있다. 여기에서 공자는 예법을 미리 배워두지 않으면 자신의 충실함을 상대에게 전하기 어려움을 설명한다. 상례와 제례를 통한 예법 숙달은 다른 사람에 대한 예의범절을 예비적으로 연습할 수 있게 한다. 즉, 신적 존재에 대한 예의범절을 갖추는 경험은 다른 사람에 대한 예법 행위를 한층 용이하게 할 수 있다.

상례와 제례에서 행하는 도덕은 실행하기 어려운 도덕은 아니다. 사람들은 상례와 제례에서의 의례를 통해 그 행위의 의미와 거기에 내포된 의미를 파악하게 되는데, 이는 인간의 도덕성을 확충하는 계기가 된다. 에임스Roger T. Ames가 지적했던 바와 같이 "예는 교육을 받지 않으면 미숙하게 남아 있을 인간을 확충하여 영적 체험의 역동적 핵심으로 만드는 인간교육의 과정"이다

(Ames, 2004/장원석 역, 2005: 119). 즉, 유학의 종교적 체험은 대체로 '성장 및 확충'과 관계된다고 할 수 있다(Ames, 2004/장원석 역, 2005: 141). 상례와 제례 행위를 통해 사람은 "자연스럽게 그것에 내재되어 있을 것으로 기대되는 내면적 태도 또는 정신"을 획득하게 된다(정창수, 2013: 80).

무덤에 가서는 봉분 위에 올라가지 않으며, 장송葬送을 도울 때는 반드시 상여의 줄을 잡는다. 상에 임해서 웃지 않으며, 남에게 읍揖할 때는 반드시 그 위치에서 비켜나서 해야 한다. 영구靈柩를 바로보고 노래하지 않으며, 곡하는 곳에 들어갈 때에 나가는 것 같은 걸음걸이를 하지 않으며, 음식을 대하여 탄식하지 않는다. 이웃에 상사가 있으면 방아 찧는 노래로 장단을 맞추지 않으며, 마을에 빈소가 있으면 거리에서 노래하지 않으며, 무덤에 가서 노래하지 않으며, 곡일에는 노래하지 아니한다. 상을 보내는 데는 지름길을 경유하지 않으며, 남의 상에 임해서는 반드시 슬퍼하는 빛이 있어야 하고, 상여의 줄을 잡고는 웃지 않으며, 음악에 대하여 탄식하지 않는다(이상옥 역주, 2003: 112).[38)]

공자께서 말씀하셨다. "절한 뒤에 머리를 조아리는 것은 예절의 순서이다. 머리를 조아린 뒤에 절하는 것은 애통함이 지극하기 때문이다. 3년의 거상 기간에 나는 그 애통이 지극한 것을 좇겠다(이상옥 역주, 2003: 186)."[39)]

목공穆公의 어머니가 죽었을 때, 목공은 사람을 보내어 증신曾申에게 묻기를, "어떻게 해야 합니까?"라고 하였다. 이에 "나는 아버지曾子로부터 이렇게 들었습니다. '곡읍으로 슬픔을 나타내고, 재참齋斬의 상복으로 진심을 나타내고, 죽 외에는 먹지 않는다. … (후략)'(이상옥 역주, 2003: 191)"[40)]

공자가 위나라에 있을 때 장사지내는 사람이 있었다. 공자가 보고 말씀하셨다. "잘하는구나. 저 상주의 하는 모습이 모두 법도로 삼을 만하다. 너희들은 명심하여라." 자공이 물었다. "부자께서는 무엇을 잘한다고 하시는 겁니까?" 공자께서 말씀하셨다. "그가 갈 때에는 사모하는 것 같더니, 그가 돌아올 때에는 의심을 하는 것 같다." 자공이 말하였다. "어찌 속히 돌아가 우제虞祭를 거행하는 것만 하겠습니까?" 공자께서 말씀하셨다. "너는 명심하여라. 나는 능히 저렇게 행하지 못하였다(이상옥 역주, 2003: 222)."41)

『예기』에 나타나는 상세한 행위 예시들은 기계적이거나 반복적인 허례허식에 그치지 않는다. 상례와 제례를 행하는 행위 양식에는 그것을 행함으로써 얻을 수 있는 도덕적 태도가 포함되어 있다고 여겨진다. 다시 말해 이러한 행위들에는 "바른 행동의 실천이 곧 바른 감정과 바른 생각의 형성에 기여한다는" 생각이 내포되어 있다는 것이다(정창수, 2013: 203). 상례·제례의 학습과 실행을 통해 행위 주체의 심리적 태도와 도덕의식에 적극적인 영향력이 발휘된다(정창수, 2013: 197). 이러한 설명에 의하면 상례와 제례라는 종교적 의례는 도덕성의 근간을 마련하는 단초가 될 수 있다.

---

38) 『禮記』「曲禮」 上: 適墓不登壟. 助葬必執紼. 臨喪不笑. 揖人必違其位. 望柩不歌, 入臨不翔. 當食不歎, 鄰有喪, 舂不相, 里有殯, 不巷歌. 適墓不歌, 哭日不歌. 送喪不由徑, 送葬不辟塗潦. 臨喪則必有哀色, 執紼不笑, 臨樂不歎, 介冑則有不可犯之色.

39) 『禮記』「檀弓」 上: 孔子曰, "拜而后稽顙, 頹乎其順也. 稽顙而后拜, 頎乎其至也. 三年之喪, 吾從其至者."

40) 『禮記』「檀弓」 上: 穆公之母卒, 使人問於曾子, 曰, "如之何?" 對曰, "申也聞諸申之父, 曰, "哭泣之哀, 齊斬之情, 饘粥之食."

41) 『禮記』「檀弓」 上: 孔子在衛, 有送葬者而夫子觀之, 曰, "善哉爲喪乎! 足以爲法矣. 小子識之!" 子貢曰, "夫子何善爾也?" 曰, "其往也如慕, 其反也如疑." 子貢曰, "豈若速反而虞乎?" 子曰, "小子識之, 我未之能行也."

상례와 제례는 일차적으로 종교적 의례의 일종이다. 하지만 이는 신적 존재에 대한 종교행위일 뿐만 아니라 일상적 대상에 대한 예법의 기반으로 여겨진다. 또한 상례와 제례에서 행위 주체가 특정한 예법을 행함으로써 그 행위 주체의 심리적 태도에 유의미한 영향력이 발휘된다. 종합하자면 제사 의식이라는 종교적 실천을 통해 거기에 내포된 도덕적 기제들을 습득하는 것이 가능하다고 정리해 볼 수 있다.

서구적 죽음교육 모델에서 상례·제례는 주로 고인의 시신 처리에서부터 고인의 죽음을 현실로 받아들이는 것, 고인의 죽음에 의한 세계의 분열을 극복하는 것, 일상으로의 복귀 등의 기능을 담당한다(이이정, 2011: 286-289). 『예기』는 여기에서 한층 더 나아가서 상례·제례의 행위자가 의식을 행하는 가운데 예의범절을 숙달하고 도덕의식을 고양할 것을 요구한다. 즉, 『예기』 상례·제례의 죽음교육은 종교적 의례를 통한 도덕행위의 숙련과 그러한 행위에 포함된 도덕의식 및 도덕정서의 고취를 포함한다고 할 수 있다. 이는 죽음교육을 통해 보편적인 도덕교육까지 가능하다는 것을 예시하는 것으로, 죽음교육의 지평을 넓히는 하나의 단초가 된다.

3) 의례를 통한 규제와 분별

상례와 제례는 모든 사람들이 행하는 보편적 관습이었으나, 모든 사람에게 완전히 동일한 양식으로 적용되지 않는다. 『예기』에는 "천자로부터 서인에 이르기까지 상례는 죽은 자의 신분에 좇고 제례는 산 사람의 신분에 좇는다"[42]는 점이 명시되어 있다(이상옥 역주, 2003: 411). 이는 예의 기본적인 원리와 상통한다.

"예라는 것은 친소에 따라 정하고, 혐의스러운 것을 해결하며, 같고 다른 것을 구별하고, 옳고 그른 것을 밝히는 것"[43]이자, "군신의 도를 밝히고 부자의 정을 두텁게 하며 형제의 사이를 화목하게 하고, 상하의 질서를 정제하며 부부 사이를 구별하는 것"[44]이기 때문이다(이상옥 역주, 2003: 42; 626).

상례와 제례를 통한 분별은 크게 두 가지로 나누어 볼 수 있다. 첫째는 존비尊卑의 구분이다. 이는 망자와 산 자의 지위의 높고 낮음, 신분의 귀하고 천함 등에 따른 분별이다. 전자는 망자 생전의 사회적인 신분을 죽음 이후의 시점까지 확장하는 것이다. 후자는 제사를 지내는 예법 행위자의 지위를 통해 그 예법을 규정하는 것이다. 양자 모두 질서체계를 통해 산 자가 행할 수 있는 예법을 철저히 분별하는 방식을 취한다.

상례와 제례에서의 쓰임과 빈객의 접대는 (예의 주체의 지위나 신분에 따른) 적절함이 있어야 한다(이상옥 역주, 2003: 663).[45]

천자는 천신지기를 제사지내고, 제후는 사직을 제사지내는 것이 옛날부터의 상례이다(이상옥 역주, 2003: 629).[46]

제후는 감히 선조인 천자를 종묘에 제사지내지 못하며, 대부는 감히 선조인 국군을 가묘에 제사지내지 못하는 풍습이다. 즉, 대부가 선조인

42) 『禮記』「王制」: 自天子達於庶人. 喪從死者, 祭從生者.

43) 『禮記』「曲禮」上: 夫禮者, 所以定親疏, 決嫌疑, 别同異, 明是非也. 禮, 不妄說人, 不辭費. 禮, 不踰節, 不侵侮, 不好狎. 修身踐言, 謂之善行. 行修言道, 禮之質也. 禮聞取於人, 不聞取人. 禮聞來學, 不聞往教. 참조.

44) 『禮記』「禮運」: 以正君臣, 以篤父子, 以睦兄弟, 以齊上下, 夫婦有所. 是謂承天之祐. 참조.

군공君公의 묘를 집에 설치하는 것은 예가 아니다. 그러한 비례非禮의 일은 환공桓公으로부터 시작되었다(이상옥 역주, 2003: 703).[47)]

천자는 사후 7일에 염습하여 일곱 달 만에 장사지내며, 제후는 사후 5일에 염습하여 다섯 달 만에 장사지내며, 대부와 사 및 서인은 사후 3일에 염습하여 석 달 만에 장사지낸다. 3년의 상을 지키는 것은 천자로부터 서인에 이르기까지 통용된다. 서인은 줄을 달아가지고 하관하며, 장사를 비 때문에 중지하지 않으며, 봉분을 만들지 않고 묘역에 나무도 심지 않으며, 상주에 거상하는 일 이외에 다른 일을 하지 않는다(이상옥 역주, 2003: 411).[48)]

천자, 제후, 대부, 사, 서인 등은 모두 당대 신분체계의 일종이다. 각 신분이 제사 대상 혹은 주체가 될 경우 이들이 지켜야 할 법도는 모두 다르다. 이와 같은 복잡한 절차와 규제들은 망자와 산 자의 신분과 지위를 철저하게 분별하는 기능을 한다. 이는 기존의 질서체계와 지배이념을 공고화하는 역할을 하기도 하였다. 상례와 제례에 보이는 규제들은 예가 "광범위한 생활 영역에서 개인 및 집단의 신분에 따라 그들의 행동과 생활양식을 규제하는 규율의 체계"로 기능함을 잘 보여 주는 예시라 할 수 있다(정창수, 2013: 106).

두 번째는 친소親疎에 의한 구분이다. 이는 주로 망자와 산 자

---

45) 『禮記』「禮器」: 喪祭之用, 賓客之交, 義也.

46) 『禮記』「禮運」: 故天子祭天地, 諸侯祭社稷.

47) 『禮記』「郊特牲」: 諸侯不敢祖天子, 大夫不敢祖諸侯, 而公廟之設於私家, 非禮也, 由三桓始也.

48) 『禮記』「王制」: 天子七日而殯, 七月而葬. 諸侯五日而殯, 五月而葬. 大夫士庶人三日而殯, 三月而葬. 三年之喪自天子達. 庶人縣封, 葬不爲雨止, 不封, 不樹. 喪不貳事.

간의 관계가 얼마나 가까웠는지 혹은 멀어졌는지에 따른 분별이다. 혈연관계인지 아닌지의 여부에 따라서 예법은 엄격하게 규제되고, 혈연관계라 할지라도 얼마나 가까운 관계인가에 따라서 예법은 또 다시 분별된다. 친소의 정도에 따라서 상복을 입는 방법부터 상복을 입는 기간, 상례의 방식, 조문의 방식, 심지어는 심리적 태도까지도 결정된다.

> 사람의 상에 복을 입는 데는 여러 가지로 차이가 생기지만 거기에는 여섯 가지의 이유가 있다. 첫째, 친족의 친연親緣의 정도에 따른 것, 둘째, 존비의 차등에 따른 것, 셋째, 어머니나 처의 친족일 경우 그 명名의 차이에 따른 것, 넷째, 여자의 친족으로 아직 집에 있느냐 이미 출가했느냐의 차이에 따른 것, 다섯째, 장유의 차등에 따른 것, 여섯째, 종복從僕이기 때문에 정식 복장과 다른 것 등이다(**이상옥 역주**, 2003: 909).[49)]
>
> 산 사람을 아는 자는 조문弔問하고 죽은 사람을 아는 자는 슬퍼한다. 산 사람을 알고 죽은 사람을 알지 못하면 조문할 뿐 슬퍼하지 않으며, 죽은 사람을 알고 산 사람을 알지 못하면 슬퍼할 뿐 조문하지 않는다(**이상옥 역주**, 2003: 110).[50)]
>
> 어버이를 섬기는 데는 어버이의 허물을 덮어 숨기는 일은 있으나 범안하여 극간하는 일은 없어야 하며, 좌우에 가까이 나아가 부지봉양하되 일정한 한도가 없으며, 어버이를 위하여 죽기에 이를 만큼 매우 힘든 일을 수행하고, 어버이가 죽으면 상주로서 애훼지절을 극진하게 해야 하며, 3년 동안 상을 지켜야 한다. 임금을 섬기는 데는 범안하여 극간하는 일은 있으나 임금의 허물을 덮어 숨기는 일은 없어야 한다. 좌우에 나아가 받들어 섬기되 일정한 한도가 있다. 죽음에 이를 만큼 임금을 위해 힘든 일에 복무하며, 임금이 죽으면 어버이의 상에 비방比方하게 3년 동안 상을 지켜야 한다. 스승을 섬기는 데는 범안하여 극간하는 일도 없고, 스승

의 허물을 덮어 숨기는 일도 없어야 한다. 좌우에 가까이 나아가 봉양하되 일정한 한도가 없으며, 죽음에 이를 만큼 스승을 위한 일에 노고를 바치며 스승이 죽으면 마음속으로 3년 동안 상을 지켜야 한다(이상옥 역주, 2003: 181-182).[51)]

부모의 상에는 이미 기한이 찼어도 슬픔을 계속하며 형제의 상은 기한이 차기 전에 슬픔을 거둔다(이상옥 역주, 2003: 1073).[52)]

첫 번째 구절은 산 자와 망자 간의 관계에 따라 상복을 입는 방식이 달라질 수 있음을 밝히고 있다. 두 번째 구절은 조문객과 망자 간의 관계에 따른 문상의 예를 설명한다. 이 두 가지 예시는 가깝고 먼 관계에 따라서 산 자가 취해야 할 예법 양식이 다르다는 것을 보여 준다. 이를 통해 친소 정도에 따라 상복과 같은 복식服飾에서부터 슬픔과 같은 정서적 측면까지 예법으로 규정되고 있음을 알 수 있다.

세 번째 구절과 네 번째 구절은 임금-부모-스승, 부모-형제와 같은 가까운 관계 중에서도 부모가 가장 가깝다는 사실을 통해 이들의 관계를 다시 한 번 구별한다. 유사한 예는 공자와 그 제자들의 관계에서도 보인다. 공자는 그의 제자인 안회와 자로

---

49) 『禮記』「大傳」: 服術有六. 一曰親親, 二曰尊尊, 三曰名, 四曰出入, 五曰長幼, 六曰從服.

50) 『禮記』「曲禮」上: 知生者弔, 知死者傷. 知生而不知死, 弔而不傷, 知死而不知生, 傷而不弔.

51) 『禮記』「檀弓」上: 事親有隱而無犯, 左右就養無方, 服勤至死, 致喪三年. 事君有犯而無隱, 左右就養有方, 服勤至死, 方喪三年. 事師無犯無隱, 左右就養無方, 服勤至死, 心喪三年.

52) 『禮記』「雜記」下: 親喪外除, 兄弟之喪內除.

가 죽은 뒤에도 아들의 상을 당한 것처럼 행했으나, 상복은 입지 않았다. 마찬가지로 공자가 죽은 뒤에도 그의 제자들은 자공의 제안에 따라 아버지의 상을 당한 것처럼 행했으나, 상복은 입지 않았다.[53] 즉, 가까운 관계 내에서도 친소에 따라 엄격한 분별이 필요하다는 것을 상례와 제례를 통해 분명하게 교육될 수 있었음을 알 수 있다. 특히 아무리 가까운 관계일지라도 혈연관계가 아닐 경우에는 그와 동일한 예법을 취해서는 안 된다는 사실이 강조되고 있다.

이와 같은 차등적 원칙은 생사에 대한 연속성 개념에 의해 성립되었다고도 할 수 있다. 앞서 설명한 바와 같이 망자의 삶은 죽음 이후에도 그 후손을 통해 보존될 수 있다. 따라서 그 삶의 영속성을 담보할 수 있는 후손의 역할이 상당히 중요하다고 할 수 있으며, 이는 부자관계에 중요성을 부여한다. 이러한 이유로 선진유가에서는 모든 사람이 동일한 의례를 행할 수 있었지만, 모든 사람이 섬겨야 할 보편신이 존재하지 않았다. 오히려 "신을 만나는 데에 사회적 신분과 혈연이 중요한 요소"가 되었다(이욱, 2002: 92).

『예기』에서 상례와 제례는 엄격한 규제를 통해 분별적 기능을 수행하고 있는 것으로 설명된다. 여기에서 분별은 크게 두 가지 방식으로 나누어진다. 하나는 존비尊卑의 구별로, 망자와 산 자의 기존 신분에 따라서 행해야 할 예법이 다르다는 것이다. 이는 다분히 사회적·정치적 성격을 지닌 것이라 할 수 있다. 다른 하나는 친소親疎의 구별로, 망자와 산 자의 멀고 가까움에 따라서 예법에서부터 심리적인 태도가 규정된다는 것이다. 이는 생물학

53) 『禮記』「檀弓」上: 孔子之喪, 門人疑所服. 子貢曰, "昔者夫子之喪顔淵, 若喪子而無服, 喪子路亦然, 請喪夫子若喪父而無服." 참조.

적·정서적 성격을 지닌 것이라 할 수 있다. 이처럼 상례와 제례를 통한 규제는 의도적이었든 그렇지 않았든 신분 질서의 공고화를 위한 수단으로 이용되기도 하였고, 혈연관계를 한층 강화하는 결과를 야기하기도 하였다.

이러한 내용은 상례와 제례를 통한 일종의 사회화socialization의 과정으로, 죽음교육의 또 다른 측면에 해당된다고 할 수 있다. 즉, 이는 상례와 제례의 과정이 개인의 신체적·인지적·정서적 회복을 담당할 뿐만 아니라 사회 내의 질서와 규범을 직·간접적으로 습득하게 하는 기능을 할 수 있음을 시사한다. 여기에서 죽음교육의 목적과 내용에 일상으로의 복귀라는 당면 과제 이외에도 사회화 기능 등의 추가적인 내용이 포함될 가능성을 찾아볼 수 있다.

04 결론

본고는 『예기』 독해와 분석을 통해 상례와 제례에 대한 선진유가의 죽음관을 도출하고, 상례와 제례의 교육적 기능의 탐색을 통해 그 교육적 의의를 살펴보고자 하였다. 상례와 제례를 통해 본 선진유가의 죽음관은 크게 두 가지로 나누어 볼 수 있었다. 우선 선진유가의 영혼론은 혼백의 구별로 설명할 수 있다. 선진유가는 영혼론 자체를 부정하지는 않았다. 이는 혼백의 구별로 설명할 수 있는데, 여기에서 혼백은 양음을 대표하는 것이다. 사람이 살아 있을 때는 혼과 백이 얽혀 있었으나, 사람이 죽으면서 이들은 흩어지게 된다. 그 결과 혼은 하늘로 올라가고

백은 땅으로 내려가며, 혼은 신령의 무리로 들어가고 백은 땅에서 썩게 된다. 이들은 혼백을 통해 망자와 산 자의 존재방식을 분별하였다.

한편, 선진유가의 생사관은 생사의 연속성이라는 독특한 관념으로 설명된다. 선진유가는 망자가 현세에서 형성했던 관계들은 그가 사망한 이후에도 지속될 것이라 이해하였다. 이러한 입장은 '생명연속형'으로 설명된다. 즉, 선진유가는 죽음이 현세와의 완전한 단절이라고 이해하지 않았다. 망자의 삶은 그의 후손들을 통해 지속될 수 있기 때문이다. 상례는 망자가 산 자와 연결된 사람이라는 것을 깨우치게 한다. 제례의 과정 역시 고인을 살아 있는 사람들의 삶 속에 불러일으키게 한다.

상례와 제례의 교육적 기능은 크게 세 가지로 정리된다. 첫째, 상례와 제례는 비탄의 표출과 조절을 가능하게 하였다. 여기에는 비탄에 대한 양가적인 입장이 전제된다. 우선 선진유가는 가까운 사람을 잃은 슬픔을 잘 이해하였으며, 상례와 제례가 지닌 감정 표출의 기능을 긍정하였다. 이때 상례와 제례의 의의는 내적 슬픔을 외부로 표출하게 하는 데 있다. 하지만 다른 한편으로 선진유가는 비탄에 대한 감정 표현을 엄격하게 절제하고 있었다. 슬픔의 감정은 점진적으로 절제되어야 할 대상으로 이해되었다. 비탄이 절제됨으로써 상례와 제례는 크게 두 가지 기능을 수행하였다. 하나는 자연적 정서와 인위적 예법 간의 조화를 가능하게 한다는 점이다. 다른 하나는 상례와 제례는 감정의 조절과 일상으로의 회복 기능을 담당했다는 것이다. 상례와 제례 과정은 슬픔을 떨쳐내고 다시 일상으로 복귀하는 이행과정이었다. 즉, 상례와 제례는 망자와의 점진적인 이별로, 남겨진 사람들의 비탄을 조절하는 기능을 하였다. 이는 비탄을 자연스럽게 표출하되 결과적으로는 비탄에서 회복하여 일상으로 복귀하게 하는 비탄교육의 과정이다.

둘째, 상례와 제례라는 종교적 경험에 참여하고, 그 세목을 실천하는 것은 도덕성 확충을 위해 크게 강조되었다. 사람들은 상례와 제례에서의 의례를 통해 거기에 내포된 의미를 파악하게 되는데, 이는 인간의 도덕성을 확충하는 계기가 된다. 상례와 제례 행위를 통해 사람은 해당 행위 양식에 내재되어 있을 것으로 기대되는 내면적 태도를 획득하게 된다. 상례와 제례를 학습하고 그것을 실행함으로써 행위 주체의 도덕의식은 적극적으로 성장할 수 있었다. 이러한 의미에서 상례와 제례는 종교적 의례를 체득하는 사회화 과정이자 도덕적 성숙의 계기라 할 수 있다.

셋째, 상례와 제례는 분별과 규제의 기능을 수행하였는데, 여기에서 분별은 크게 두 가지로 나누어 볼 수 있다. 하나는 존비尊卑의 구분이다. 이는 망자와 산 자의 지위의 높고 낮음, 신분의 귀하고 천함 등에 따른 분별이다. 복잡한 절차와 규제들은 망자와 산 자의 신분과 지위를 철저하게 분별하는 기능을 했고, 이는 기존의 질서체계와 지배이념을 공고화하였다. 다른 하나는 친소親疎에 의한 구분이다. 이는 주로 망자와 산 자 간의 관계가 얼마나 가까웠는지 혹은 멀었는지에 따른 분별이다. 이와 같은 차등적 원칙은 생사에 대한 연속성 개념에 의해 성립되었다고도 할 수 있다. 존비尊卑의 구별이 사회적·정치적 성격을 지닌 것이라고 한다면, 친소親疎의 구별은 생물학적·정서적 성격을 지닌 것이라 할 수 있다.

『예기』 상례와 제례는 죽음에 대한 처우가 동양에서 사회문화적으로 어떠한 의미를 지니고 있었는지를 고찰할 수 있게 하며, 그 자체로 동양의 전통적 죽음교육의 교육목적 및 교육내용을 구성한다. 따라서 이는 동양의 죽음교육 전승을 추찰하게 하는 하나의 예시이자 죽음에 대한 동양적 사유의 시발점이다. 이처럼 『예기』의 상례·제례는 죽음에 대한 교육철학적 의이를 지닌다고 할 수 있다.

뿐만 아니라 『예기』의 상례·제례는 현 시점의 죽음교육론 구성과 이해에도 많은 도움을 줄 수 있다. 죽음교육론의 출발은 서구적 사유에 기반하고 있다. 따라서 기존의 죽음교육론에만 의존하여 동양, 특히 한국의 죽음교육론을 새로이 구성하는 데는 어려움이 따른다. 한편 『예기』의 상례·제례는 동양적 죽음교육의 원형이라는 점에서 기존의 서구 모델에 적절한 대안을 제안할 수 있다는 가능성을 지닌다. 이러한 측면에서 상례·제례의 교육적 의의를 다음과 같이 설명해 보고자 한다.

첫째, 선진유가의 상례·제례 죽음론은 한국에서의 죽음교육론을 구성하는 본바탕이 될 수 있을 것이다. 기존의 죽음교육론은 주로 서구 철학적 기반에서 시작되었다. 따라서 그 세부논의들 가운데는 동양과 한국에 그대로 적용하기 어려운 부분들이 존재한다. 그와 같은 이질적인 부분들을 극복하고 한국인의 죽음사유의 원형을 탐색하기 위해서 동양 전통의 죽음관인 선진유가의 죽음론에 대한 검토를 통해 죽음교육에 대한 의의를 구할 수 있다.

둘째, 상례와 제례에 보이는 비탄에 대한 입장을 통해 비탄교육의 방향을 모색해 볼 수 있다. 죽음교육의 화두 가운데 하나는 바로 남겨진 사람들의 비탄을 조절하는 것이다. 선진유가는 상례와 제례 과정을 통해 비탄을 충분히 표현하되, 점진적으로 일상에 복귀할 것을 촉구하였다. 이는 남겨진 사람들을 위한 비탄교육의 이론적 근거가 될 수 있으며, 새로운 비탄교육 모델을 모색하게 한다.

셋째, 죽음이라는 종교적 경험을 통한 도덕교육의 실천을 모색해 볼 수 있다. 선진유가에서 상례와 제례는 죽음을 다루는 종교적 행위로 종결된 것이 아니라, 도덕성을 확충하는 계기로 작용하였다. 이는 죽음교육이 죽음을 어떻게 다룰 것인가라는 문제에만 천착할 것이 아니라, 오히려 죽음이라는 사건을 통해 그 사건을 다루는 사람들의 내면적 정서와 도덕의식에 영향력을 끼쳐나가는 방향으로도 나아갈 수 있음을 시사한다.

참고문헌 REFERENCE

공병석(2013). 『예기 상례의 인문관』. 서울: 학고방.

김덕균(2004). 효의 관점에서 바라본 선진유가의 사생관과 제사의식의 실제. 『효학연구』 1. 290-303.

김미영(2009). 관혼상제에 투영된 유교적 세계관. 『비교민속학』 39. 331-360.

김용천 역주(2013). 『의례 역주』(6). 서울: 세창출판사.

석법성(2004). 『사망학 : 죽음과 삶의 지혜』. 서울: 운주사.

이상옥 역주(2003). 『예기』(상·중·하). 서울: 명문당.

이용범(2010). 죽음, 또 다른 시작. 김선자 외(편). 『아시아의 죽음 문화』. 서울: 소나무.

이욱(2002). 제사의 종교적 의미에 대한 고찰. 『유교사상문화연구』 16. 79-106.

이욱(2011). 조상제사의 의미와 기억의 의례화. 『국학연구』 19. 473-501.

이이정(2011). 『죽음학 총론』. 서울: 학지사.

이춘식(2007). 『중국 고대의 역사와 문화』. 서울: 신서원.

정병석(2008). 논어와 장자에 보이는 죽음관. 『동양철학연구』 55. 45-77.

정병석(2013). 유가의 죽음 담론을 통해 본 삶과 죽음의 연속. 『유교사상문화연구』 51. 63-90.

정영희(2009). 유가의 생사관을 통해 본 죽음교육. 『교육철학』 38. 219-249.

정창수(2013). 『예의 본질과 기능: 『예기』의 사회학적 서설』. 서울: 성균관대학교출판부.

최영찬 외(2003). 『동양철학과 문자학』. 서울: 아카넷.

加地伸行(1993). 『沈默の宗教 儒教』. 이근우 역(2002). 『침묵의 종교 유교』. 서울: 경당.

溝口雄三 外 編(2001). 『中國思想文化事典』. 김석근 외 역(2011). 『중국 사상 문화 사전』. 서울: 책과 함께.

柳肅(1990). 『禮的精神: 禮樂文化與中國政治』. 홍희 역(2012). 『예의 정신: 예악 문화와 정치』. 서울: 동문선.

『論語』

『禮記』

『儀禮』

『周禮』

Ames, R. T.(2004). 장원석 역(2005). 『동양철학, 그 삶과 창조성』. 서울: 성균관대학교출판부.

Deeken, A.(2001). 『生と死の教育』. 전성곤 역(2008). 『인문학으로서의 죽음교육』. 고양: 인간사랑.

Kubler-Ross, E. & Kessler, D.(1959). *On grief and grieving: finding the meaning of life through the five stages of loss*. 김소향 역(2007). 『상실 수업 : <인생수

업> 두 번째 가르침』. 파주: 이레.

Westberg, G. E.(1962). *Good grief.* 고도원·키와 블란츠 역(2008). 『굿바이 슬픔: 슬퍼하라. 그리고 아름답게 떠나보내라!』. 서울: 두리미디어.

공자 '지천명(知天命)'의 죽음교육 의의

08

이진영/강선보

본 논문은 『한국교육학연구』 21-2호(2015)에 게재되었던 내용을 「공자의 생사관을 통해 본 지천명(知天命)의 죽음교육 의의: '知天命'을 중심으로」를 수정·보완하였습니다.

01 들어가며

오늘날 한국사회에서 죽음과 임종의 의미에 대한 탐구는 개인과 사회에 더욱 도전적인 과제가 되어가고 있다. 한국인의 평균수명은 해마다 증가하고 있지만 대다수 사람들의 죽음과정은 병원이나 의사에게 일방적으로 떠넘겨지고 있다. 임종을 앞둔 환자들을 위해 지출되는 비용은 삶의 질을 높이는데 기여하지 못하고 있으며, 남겨진 자들의 삶을 오히려 압박하고 있다.

삶과 죽음을 생물학적 상태로만 인식하는 현대의 관심과 사유는 인간의 삶과 죽음 그리고 인간적인 삶과 죽음을 본질적으로 다룰 수 없다. 인간의 삶과 죽음에는 도덕성에 대한 관점이 개입되어야만 한다. 이를 기반으로 우리는 삶과 죽음을 전체적으로 조망할 수 있고 유의미한 토대를 확보할 수 있다. 그렇다면 우리는 삶과 죽음을 생물학적 상태로만 인식하는 관점을 어떻게 도덕적 관점으로 돌릴 수 있을까? 이것은 오늘날의 생사학thanatology이 당면하고 있는 가장 중요한 문제라고 할 수 있을 것이다. 한국죽음학회에서는 "사람은 누구나 죽는다. 신비롭게도 사람은 자신이 죽는다는 사실을 미리 안다. 그리고 그 앎이 삶을 변화시켜 준다. 현재 삶의 질서를 바로 잡아주기도 하고, 더 윤리적인 삶으로 이끌기도 한다. 그 변화를 긍정적인 방향으로 이끌어 풍요롭게 살다가 품위 있는 죽음을 맞이하도록 인도하는 학문이 넓은 의미의 '죽음학thanatology'이다"라고 죽음학을 규정하고 있다(한국죽음학회 웰다잉가이드라인 제정위원회 저, 2013: 144).

인간은 죽음을 의식하면서 죽음에 이르는 존재이다. 인간의 실존과 죽음에 대해 실존주의 철학자 하이데거(Martin heidegger,

1889-1976)는 인간의 현존을 '죽음을 향한 존재the experience of progressing toward death'로 파악하면서 죽음을 '실존의 본래성에 도달하는 기반' 및 '세계의 집에 존재하지 않음의 체험the experience of not being at home in the world'으로 묘사하였다. 하이데거는 "끝난다는 것은 반드시 자기완성을 의미하지 않는다. 더욱 절실한 물음은 도대체 어떤 의미에서 죽음은 현존재의 종말로 파악되는가 하는 것이다 … 죽음이 끝남을 의미한다면 인간 존재는 사물로 정립되고 만다. 죽음에 있어서 인간 존재는 완성되는 것도 아니며, 하물며 끝나거나 사물처럼 다루어 질 수는 없다. 오히려 인간 존재는 존재하는 한 부단히 이미 자신의 '아직 아님'으로 있다. 이와 마찬가지로 인간 존재는 이미 언제나 자신의 종말로 있다. 죽음이란 말이 의미하는 끝남은 결코 인간 존재의 종말이 아니라 이 존재자가 '죽음에 이르는 존재'라는 것"이라고 하면서 인간에게 있어서 죽음의 의미를 정의하였다(하이데거 저, 소광휘 역, 1995: 351-352).

그러므로 죽음을 다루는 방법은 인간의 삶의 질을 결정하는데 큰 영향을 미친다. 죽음의 문제가 현재의 삶 속에서 큰 의미를 지닌다면 죽음의 문제란 현재의 삶을 올바르게 살기 위해 다루어야 할 중요한 교육문제가 되기 때문이다(강선보, 2003: 15). 죽음이 중요한 교육문제로 주목받고 있는 현실 속에서 우리나라의 바람직한 죽음교육 모델을 찾는 일 역시 시급한 일이다. 이러한 교육모델을 결정하는데 있어서 바람직한 방향 중의 하나는 오랫동안 폭넓게 공유해온 문화적 전통과 가치 속에서 대안을 모색해 보는 일일 것이다. 유학의 정신적 세계관은 우리나라 사람들의 가치관에 지대한 영향을 끼치면서 오랜 세월 도덕적 행위의 기준이 되어왔다. 그러므로 오늘날 역시 사람들은 상당 부분 유교의 도덕적 가치관의 영향 아래 살아가고 있다고 해도 과언이 아니다.

유교는 전통적으로 현실적 삶에 대한 관심이 중심 주제이며 삶의 실천성에 무게 중심을 두고 있다. 그러므로 유교는 죽음과 임종 그리고 사후의 문제에 있어서는 상대적으로 관심이 적은 것으로 생각되고 있다. 그러나 유교의 죽음은 상례·제례와 맞물려 유교문화담론의 중심에 있으며, 태어남부터 죽음에 이르는 과정을 전체적으로 받아들이고 있다. 이런 점에서 유교 전통속의 인간 역시 삶과 죽음을 의식하고 의미를 부여하며 죽음에 이르는 존재라 할 수 있다. 공자는 기존 사회질서가 무너져가던 춘추시대(B.C 770−B.C 476) 속에서 도덕적 사회를 지향하면서 이를 지탱할 도덕군자의 양성에 힘을 기울였다. 공자의 "아침에 도를 들으면 저녁에 죽어도 괜찮다"(『논어』「리인」8)라는 말은 삶과 죽음을 일관하고 있는 공자의 사유를 압축적으로 나타내고 있다. 공자는 도덕군자의 가치관을 형성하는 체계 속에 삶과 죽음에 대한 자연스러운 통찰력을 심어 놓았다. 공자는 죽음을 회피하거나 삶과 죽음을 대립적으로 파악하지 않았으며, 고유한 유교적 사유 체계 속에서 삶과 죽음의 실현을 통해 자신을 고양시키고자 하였다. 공자가 추구하고자 한 삶은 현실을 뛰어 넘거나 현실과 단절된 삶이 아니었다.

그러므로 여기에서는 오늘날의 생사학이 당면하고 있는 죽음교육의 도덕성 문제를 유교 담론을 대표하는 공자의 지천명을 통해서 살펴보고자 한다. 공자는 『논어』 여러 곳에서 천天과 명命 그리고 천명天命이라는 단어를 통해서 자신의 생사관을 나타내고 있다. 공자는 70대에 인생을 뒤돌아보면서 "나는 열다섯 살에 배움에 뜻을 두었고, 서른 살에 삶의 목표가 섰고, 마흔 살에 의혹이 없었으며, 쉰 살에 천명天命을 알았고, 예순 살에 귀로 듣는 것은 잘 알게 되었고, 일흔 살에 마음에 하고자 하는 바를 따라도 어긋남이 없었다"라는 일목요연하고 함축적인 문장으로 자신의 인생을 요약했다. 이 여섯 단계 중에서 '지천명知天命'은 공자의 생사관이 가장 의미심장하게 드러나는 곳이라 할 수 있다. 이에 따라 『논어』에 나타난 공자의 생사관을 재구성하고, 이를 바탕으로 공자의 '지천명'에 담긴 죽음교육의 의의를 살펴보고자 한다. 이러한 모색 속에서 유학 전통의 생사관이 현대 생사학의 당면과제에 자연스럽게 연결되는 지점이 있을 것이며, 유학 전통에서 논의될 수 있는 죽음학의 담론을 확장시킬 것으로 생각한다.

02 공자의 생사관

1) 삶을 아직 모르는데 어찌 죽음을 알겠는가未知生 焉知死의 의미

공자의 생사관을 이야기할 경우 가장 대표적으로 언급되는 구절 중의 하나가 공자와 자로의 대화이다. 공자의 생사관을 연구하고 있는 일부 논문들은 공자가 죽음보다는 삶의 문제에 관심을 갖고 있었으며, 죽음의 문제를 뒤로하고 삶의 문제에 자신의 관심을 집중했다고 보고 있다. 이 문답으로 인하여 공자는 죽음 혹은 죽음 이후의 세계보다는 주로 현실세계에 대해서 관심을 지닌 것으로 인식되어 왔다.

> 자로가 귀신을 섬기는 것에 대해 물었다. 공자께서 "사람을 잘 섬기지 못한다면 어떻게 귀신을 섬기겠는가?" 하셨다. 자로가 "감히 죽음을 묻겠습니다"하자, 공자께서 "삶을 아직 모르는데 어찌 죽음을 알겠는가?" 하셨다(『논어』 「선진」 11).

이 문장을 잘 이해하려면 대화가 진행되는 맥락을 세심하게 살펴보는 것이 무엇보다 중요한 것으로 보인다. 『논어』에 나타난 공자의 말은 주로 제자와의 대화를 통해서 나타나는데, 이는 제자의 자질에게 적합한 맞춤식의 교육방법인 인재시교人材施教적 성격을 강하게 띠고 있기 때문이다. 자로는 굳세고 강한 기질과 행동으로 인해 온당한 죽음을 얻지 못할까봐 공자가 걱정했던 인물이다. 실제로 자로는 위衛나라의 난難에서 비참한 죽음을 당해 공자가 무척 애통해했다. 그러므로 이 문장은 공자가 항상 행동과 몸가짐을 걱정하던 자로에게 주는 가르침의 맥락에서 먼저 살펴보아야 한다.

이 문답에 대해 주자는 "귀신 섬김을 물음은 제사를 모시는 뜻을 물은 것이요, 죽음은 사람에게 반드시 있는 것이니, 알지 않으면 안되므로 모두 절실한 질문이다. 그러나 정성과 경건함으로 사람을 섬길 수 없다면 결코 귀신을 섬길 수 없다. 처음으로 거슬러 올라가 삶이 무엇인지 알지 않으면 결코 마지막終으로 돌아가 죽음이 무엇인지 알 수 없다. … 대개 저승과 이승, 생과 사는 애당초 두 이치가 없으나, 다만 배움에는 순서가 있어 등급을 뛰어넘을 수 없는 것이다. 그러므로 부자께서 이와 같이 말씀해 주신 것"(『논어집주』 「선진」 1)이라고 하였다. 주자는 귀신 섬기는 일보다 사람 섬기는 일이 급선무이며, 삶을 알고 난 후에야 죽음을 알 수 있다는 배움의 순서가 갖고 있는 중요성을 언급하고 있다.

공자는 “중등 이상의 사람에게는 높은 도리를 말해 줄 수 있고, 중등 이하의 사람에게는 높은 도리를 말해줄 수 없다”(『논어』「옹야」19)고 하였다. 여기에서 공자는 배움의 순서를 중히 여겨서 결코 상대방의 자질과 단계를 뛰어넘는 가르침은 주지 않는 것을 원칙으로 언명하고 있다. 공자의 제자들이나 후대의 유학자들도 이러한 배움의 원칙을 중요하게 여기고 있다. 공자는 자로가 사람을 섬기는 것과 삶에 집중해야 할 단계이지 귀신을 섬기는 것과 죽음에 집중할 단계는 아니라고 보았다. 그래서 공자는 등급을 뛰어넘는獵等 가르침은 주지 않고 단지 이 말로서 자로를 깊이 깨우치려 한 것으로 보인다.

이러한 공자의 원칙은 제자 번지樊遲와의 대화에도 보인다. 공자는 번지가 지智에 대하여 묻자 “사람이 지켜야 할 도리를 힘쓰고 귀신을 공경하되 멀리한다면 지智라 말할 수 있다”(『논어』「옹야」20)고 하였다. 이 문답에 대해 정자는 “사람들이 귀신을 많이 믿으니 이는 미혹된 것이요, 믿지 않는 자는 또 공경하지 않으니 능히 공경하되 멀리할 수 있다면 지라고 말할 수 있다”(『논어집주』「옹야」20)고 하였다. 주자는 “인도人道의 마땅한 바에 오로지 힘을 쓰고 귀신의 알 수 없는 것에 미혹하지 않는 것은 지자의 일이요, 일의 어려운 것을 먼저 하고 그 효과의 얻음을 뒤에 함은 인자의 마음이니, 이는 반드시 번지의 결함에 따라 말씀해주신 것일 것”(『논어집주』「옹야」20)이라고 하였다. 주자는 공자께서 번지의 재질을 파악하고 사람이 지켜야 할 도리에 힘쓰는 것이 먼저 해야 할 일임을 강조했다고 보았다.

공자는 먼저 살아있는 사람을 섬기는 일이나 현실에서의 삶을 충실하게 하면 다음으로 귀신 섬기는 일이나 죽음에 대해서도 알 수 있다고 하였다. 즉, 공자는 살아있는 사람을 섬기는 일을 통해서 귀신 섬기는 일을 파악했으며, 삶을 통해서 죽음을 파악하였다. 이는 공자가 삶과 죽음을 이질적 차원이 아닌 동일한 차원으로 인식하고 있었음을 알 수 있다. 공자는 '사람을 섬김'과 '귀신을 섬김'은 상례와 제례를 중시하는 현실의 실천적 삶으로 연결시켰다. 동시에 공자는 '삶을 앎'과 '죽음을 앎'은 죽음이 군자의 삶에서 갖고 있는 의미와 이치를 추구하는 도덕성의 문제로 연결시켰다. 그런데 공자의 이러한 죽음 인식이 도덕성과 결부되는 것은 공자가 추구한 보편적 도덕관과 관련이 매우 깊다. 공자가 일평생 고민했던 것은 운명에 집착하는 삶이 아니라 삶의 참된 가치인 도덕에 대한 사명을 인식하고 행동하는 삶이었다. 이를 바탕으로 공자는 생사관에 있어서 인간 주체의 관점에서 죽음을 재정립했다고 볼 수 있다.

공자는 유학의 도덕적 성격을 확고히 하여 새로운 패러다임을 제시한 인물로 평가된다. 차이런호우蔡仁厚는 군자와 소인이 정치력의 유무에 따라 구분되던 패러다임은 공자에 의해 도덕성의 유무로 바뀌었으며, 이러한 공자의 해석은 문화적으로 큰 공헌을 하였다고 보았다(蔡仁厚, 1999: 41). 공자는 보편적 덕을 갖춘 도덕적 인물로 군자를 상정했다. 공자에게 군자란 이미 도덕적으로 완성된 존재器가 아니라 호학을 통해서 도덕적인 완전함을 향해 나아가는 가능성의 존재不器였다. 공자는 군자의 삶에서 '사람 섬김'과 '귀신 섬김'은 상례와 제례를 중시하는 실천적 현실의 삶으로 의식화하였다. 동시에 공자는 '삶을 앎'과 '죽음을 앎'은 죽음이 군자의 삶에서 갖는 의미를 추구하는 도덕성의 문제로 내재화하였다. 공자의 생사관은 공자가 추구한 보편적 도덕관을 실현할 군자를 통하여 '죽음의 도덕성'이라는 차원에서 구체적으로 나타나게 된다.

2) 군자의 죽음의 도덕성에 대한 인식

공자가 군자의 삶에 의식화하고 내재화한 죽음의 도덕성에 대한 인식은 산 자의 죽은 자에 대한 정신적 태도와 이러한 태도가 반영된 상례와 제례를 중시하는 실천적 삶으로 나타난다. 상례와 제례에 임하는 공자의 태도는 다음과 같다.

> 공자께서는 상사喪事가 있는 자의 곁에서 음식을 먹을 때에는 배부르게 먹은 적이 없으셨다. 상사에 임함에 슬퍼져 달게 먹을 수가 없어서이다. 공자께서는 이날에 조곡弔哭을 하시면 노래를 부르지 않으셨다(『논어』「술이」 9).
>
> 제사를 지내실 적에는 선조가 계신 듯이 하셨으며, 신神을 제사지낼 적에는 신神이 계신 듯이 하셨다(『논어』「팔유」 12).

위의 인용문에서 공자는 자신이 상례와 제례에서 예와 경건함을 다했듯이 제자들에게도 같은 모습과 태도를 보고자 했음을 알 수 있다. 또한 공자는 상례와 제례에서의 진심을 중요하게 생각했다. 공자는 다음과 같이 말하였다.

> 윗자리에 있으면서 너그럽지 않으며, 예禮를 행함에 경건하지 않으며, 초상에 임하여 슬퍼하지 않는다면, 내가 무엇으로 그를 관찰하겠는가?(『논어』「팔유」 26)
>
> 임방이 예禮의 근본을 묻자, 공자께서 말씀하셨다. "훌륭하다! 질문이여! 예禮는 사치하기보다는 차라리 검소하여야 하고, 상喪은 형식적으로 잘 치르기보다는 차라리 슬퍼하여야 한다(『논어』「八佾」 4).

공자는 초상에서 형식적인 절차보다는 진심으로 슬퍼하고 애통함을 그 무엇보다 중요하게 여겼으며, 이러한 진정성을 그 사람을 평가하는 중요한 잣대로 사용하였다. 그러므로 공자는 제자인 재아가 삼년상을 치르는 것은 일 년만 되어도 너무 길다고 했을 때 인하지 못하다고 안타까워 한 것이다(『논어』「양화」 21). 이러한 공자의 상례와 제례에 대한 인식은 증자曾子가 "부모의 초상에 예를 다하고愼終, 조상의 제사에 성의를 다하면追遠, 백성이 감화되어 덕이 두터울 것이다.(『논어』「학이」 9)라고 한 신종추원愼終追遠이라는 말에 압축되어 있다.

또한 공자의 죽음의 도덕성에 대한 인식은 공자가 백이伯夷와 숙제叔齊를 평가한 부분에서 찾아볼 수 있다.

> "백이와 숙제는 어떠한 사람입니까?" 하고 물었다. 공자께서는 "옛날의 현인이시다"라고 대답하셨다. 자공이 "백이와 숙제는 원망하셨습니까?"하고 물었다. 공자는 "인仁을 구하여 인仁을 얻었으니, 다시 어찌 원망하였겠는가"라고 대답하셨다.(『논어』「술이」 14)

> 제경공齊景公은 네 마리의 말이 끄는 마차 천 대를 소유하였으나, 죽는 날에 사람들이 덕德을 칭송함이 없었고, 백이와 숙제는 수양산 아래에서 굶주렸으나 사람들이 지금에 이르도록 칭송하고 있다(『논어』「안연」 12).

위의 인용문에서 공자는 군자의 죽음에 도덕성을 부여하였다. 공자는 생전에 영화를 누리고 살았던 제경공의 죽음보다 백이와 숙제의 죽음을 도덕을 추구하여 성취한 삶의 결과 혹은 완성으로 간주하고 있다. 공자는 인을 추구하는 삶을 살았던 도덕군자의 표준으로서 백이와 숙제의 죽음을 평가하고 있음을 알 수 있다.

유학 전통에서 사死는 세 가지 맥락으로 분류할 수 있다. 첫째, 죽음은 육체적 생명을 지닌 개체의 소멸을 의미하는 생물학적 죽음으로, 실제 경험되는 자연적 죽음과 인위적 죽음으로 구분된다. 타인에 의한 인위적 죽음은 '벌로서의 죽음'일 경우 개인에 가해진 사회적 죽음의 의미를 아울러 살필 수 있다. 둘째, 죽음은 죽음에 대한 심리적 공포가 삶에 의미를 부여하는 힘으로 사용되었다. 셋째, 죽음은 인간을 포함한 모든 개념事象의 성쇠의 법칙과 사생이라는 말의 존재론적 의미가 드러나는 맥락에서 사용되었다(이시우, 2012: 450-451).

중국 고대 전통에서는 평생 몸을 잘 간수해 천수를 다하는 노인의 죽음을 높이 평가했다. 공자 이후의 유교 전통에서는 죽음이 갖고 있는 도덕적 성격이 더욱 부각되었다. 따라서 수기치인의 임무를 완수하고 삶을 마치는 군자의 도덕적 죽음을 더 높이 평가했으며 죽음을 사死와 종終으로 구별하고 있다.

서민의 죽음을 사死라 한다(『예기』 「곡례」).

군자의 죽음을 종終이라 하고, 소인의 죽음을 사死라 한다(『예기』 「단궁」).

종을 높이 평가하는 관점은 인간이라면 누구나 죽을 운명이지만 죽어가는 자와 그 죽음을 지켜보는 자 사이에는 죽음에 대한 생각이 중요하게 고려되었음을 시사한다. 죽음은 삶의 완성이자 새로운 시작이 되고 있다. 유학 전통은 개인이 수신의 차원에서 한평생 맡은 바의 일을 성실하게 완수하고 덕행을 쌓는 것을 중시했다. 그러므로 종일終日과 종신終身 등 '종'이라는 말이 특별한 의미를 갖는 의미로 사용되었다. 이는 자공이 공자에게 "한 가지 말해 주실 것으로서 종신終身토록 행할 만한 것이 있습니까?"(『논어』 「위령공」 23)라고 물은 것과 공자께서 "군자는 밥을 한 그릇 먹는 동안에도終食之間 인仁을 떠남이 없다"(『논어』 「이인」 5)고 한 것에 잘 나타난다.

이에 따라 죽음은 형기적 생사관과 도의적 생사관으로 분류할 수 있다. 형기적 생사관이란 타고난 기질에 따른 요사夭死, 노사老死, 병사病死, 횡사橫死 등으로 나누는 것이다. 도의적 생사관이란 천명으로 인간에게 주어진 인의예지라고 하는 도덕적 본성의 구현 여부에 따라 삶과 죽음을 보는 관점을 말한다. 죽음의 도덕적 성격을 중시하는 유학이 관심을 둔 것은 도의적 생사관이다. 유학은 도의적인 천명의 완수 여부에 따라 죽음을 질곡사桎梏死, 절의사節義死, 고종명考終命으로 나누고 있다. 질곡사는 죄를 짓거나 혹은 억울한 누명을 쓰고 죽는 경우이다. 절의사는 살신성인

殺身成仁 또는 사생취의捨生取義를 이룬 죽음으로서 백이와 숙제를 들 수 있다. 고종명은 내성의 덕을 쌓고 외왕의 길을 가서 천명을 완수하고 천수를 누린 다음 의연하게 평상적인 모습으로 최후를 맞이하는 것이다(윤용남, 2010: 437-442).

유학에서는 죽음의 형태로서 인의예지의 덕을 온전히 실현하고, 인간에게 주어진 천수를 온전히 누리고 일상 가운데 편안한 임종을 맞이하는 고종명考終命을 죽음에 대한 최고의 이상으로 간주하고 있다. 죽음을 맞이한 증자曾子의 다음과 같은 태도는 전형적인 고종명의 사례로 볼 수 있다.

> 증자가 병이 위중하자 제자들을 불러 말씀하였다. "나의 발과 손을 보아라. 『시경』에 '이르기를 두려워하고 조심하여, 깊은 못에 임한 듯이 하고, 엷은 얼음을 밟는 듯이 하라'고 하였다. 이제서야 나는 이 몸을 훼손시킬까 하는 근심에서 면한 것을 알겠구나, 제자들아!"(『논어』「태백」 3)

앞의 인용문은 증자의 일생이 '효'로 일관되어 있음을 알려주는 문구이면서, 동일한 맥락에서 증자의 수양방법이 반성하고 성찰하는 것을 중요하게 여겼다는 것을 말해준다. 증자는 평생을 자신을 반성하는 일을 수양의 중요한 덕목으로 삼았다. 증자는 "나는 날마다 세 가지로 내 몸을 살핀다. 남을 위하여 일을 도모해 줌에 충성스럽게 하지 않았는가. 벗과 더불어 사귐에 성실하게 하지 않았는가. 전수받은 것을 익히지 않았는가(『논어』「학이」 4)" 그리고 "경계하라 경계하라. 너에게서 나온 것이 너에게로 돌아간다"(『맹자』「양혜왕하」 12)고 하였다. 이러한 증자의 수양은 공자가 이상적으로 생각한 군자의 삶의 방법이었다.

에드가 모랭은 문화의 존재, 즉 지식 완수, 규범, 조직의 규칙

등 공동 유산의 존재는 옛 세대들이 죽었기 때문에 그리고 끊임없이 그 문화를 새 세대에게로 전달해야만 하기 때문에 의미를 가진다고 보았다. 즉, 그는 문화는 재생산으로서만 의미를 가지고, 재생산이라는 용어는 죽음에 관련하여 온전한 의미를 가진다고 하였다(에드가 모랭, 김명숙 역, 2000: 9). 유학은 보통 사람들의 일상적인 생활 속에서 일어나는 그들의 행위와 활동에 직접적인 영향을 발휘하려는 것을 궁극적인 목적으로 삼고 있다. 그러나 공자는 죽음에 도덕적 의미를 부여함으로써 문화적인 면에서 다양한 담론을 재생산하는 긍정적 기능을 했다. 공자 이후의 유교 전통에서는 죽음이 갖고 있는 도덕적 성격이 더욱 부각되었다

공자는 상례와 제례를 중시하는 실천적 삶 속에서 진심으로 슬퍼하고 애통해하는 진정성을 죽음의 도덕성을 인식하는 중요한 잣대로 사용하였다. 또한 공자는 백이와 숙제의 죽음에 있어서 도덕을 추구하여 성취한 삶의 완성으로 간주하고 있는 점에서 군자의 도덕적 죽음을 높이 평가하고 있다. 공자는 죽음이 갖고 있는 도덕적 성격을 부각시켰기 때문에 유학 전통에서 죽음은 삶의 완성이자 새로운 시작이 되었다.

03 공자의 지천명知天命 인식

1) 천과 명의 성격 변화

『논어』에는 천, 명 그리고 천명이 함께 사용되고 있는데, 이러한 단어의 쓰임은 공자에 와서 의미가 전환되면서 그 성격 역시 변화하고 있다. 중국 전통의 천론을 대표하는 『서경』에서 하늘은 천명미상天命靡常과 복덕일치福德一致의 천으로서 군주의 유덕有德 여부에 따라 통치권을 주거나 빼앗는 도덕적 명령의 원칙성을 갖고 있다. 천명미상의 하늘은 하늘이 군주에게 명을 주었으나 그 명은 고정된 것이 아니라 군주의 덕의 여부에 따라 옮겨 다닌다는 것이다. 복덕일치의 하늘은 덕을 갖춘 인간에게 복을 내리며, 덕을 갖추지 못한 인간에게는 화를 내린다는 것으로 하늘은 도덕적이고 주재적 성격을 띠고 있다.

『서경』에서의 하늘은 오직 천자인 군주 1인과 제한적으로 교섭하기 때문에 그 덕은 하늘이 군주에게 요구하는 것이었으며, 여기에 내성외왕內聖外王적 사고의 연원이 있다. 그런데 주대周代에 성립된 『시경』에서 하늘은 만물을 조화·생성하는 존재의 근원으로서, 도덕의 근원으로 정립되고 인간을 포함한 모든 만물이 근원천根源天으로부터 본성의 덕을 부여받고 태어나는 것으로 변화한다(임헌규, 2012: 399-400). 그리고 『논어』에서도 하늘은 만물을 조화·발육하는 존재 근거이면서 윤리적 도덕의 원천으로 나타나고 있으며, 만물의 존재 근원인 하늘이 도덕적 법칙을 인간 본성의 존재 근거로 인간에게 부여한 것으로 나타나고 있다. 이에 따라 인간이 하늘에게 부여받고 태어난 본성은 마땅히 실현해야 할 행위규범이 되었다.

운명천에 대한 대응은 공자에 와서 새롭게 정립되었다. 『논어』에서 운명천이 본격적으로 나타나는 이유 중 하나는 하늘과 소통하는 인간이 군주 일인이 아니라 사士계급으로 대상이 확장되었다는 점에 있다. 공자는 사랑하는 제자인 안연이 죽었을 때 운명천으로서의 하늘을 받아들이는 모습을 보인다.

> 안연이 죽자 공자께서 말씀하셨다. "아! 하늘이 나를 상하게 하였구나! 하늘이 나를 상하게 하였구나!(『논어』 「선진」 8)

안연의 죽음에서 공자는 자신의 심정을 하늘로 향한 탄식과 원망으로 드러냈다. 공자는 자신이 그토록 아끼던 제자인 안연의 죽음을 접했을 때에 하늘을 향한 자신의 원망을 드러내면서 제자가 짧은 생을 마칠 때까지 어떠한 것도 할 수 없었던 자신의 무력함을 탄식하고 있다. 여기서 공자의 하늘을 향한 탄식은 인격적 존재로서의 하늘이 인간의 삶을 주관하고 지배한다는 것에 대한 탄식이 아니다. 이 탄식은 인간의 자연생명이 유한하다는 것과 사람의 노력으로 피할 수 없는 한계 상황이 있다는 것에 대한 것으로, 하늘은 인간의 한계상황에 대한 운명천의 성격을 띠고 있다.

한편 다음의 공자의 하늘에 대한 언급은 운명천과 사명천의 관점을 동시에 나타낸다.

> 나에게 잘못이 있다면 하늘이 나를 버리시리라. 하늘이 나를 버리시리라(『논어』「옹야」28).
>
> 하늘에게 죄를 지으면 빌 곳이 없다(『논어』「팔유」13).

위의 첫 번째와 두 번째 인용문에서 하늘은 덕이 없는 것에 대해서 나에게 벌을 내리는 운명천의 하늘이다. 이러한 하늘의 특성은 인간의 부덕한 행위에 대하여 응보하는 하늘로 도덕적 주재성을 갖고 있으나, 덕에 대한 복의 응보는 없이 부덕에 대한 화의 응보만을 보인다는 점에서 『서경』에 나타난 부덕과 유덕에 대해 응답하는 도덕적 주재천의 모습과는 다르다고 본다. 그래서 유가의 선하게 살아도 인과응보의 보상이 없는 세상관은 『논어』에 나타난 이러한 관점에서 비롯된 것으로 보는 의견이 있다(김교빈, 2006: 2).

그러나 여기서 하늘은 좀 더 적극적으로 해석될 수 있다. 나에게 잘못이 있다면 나는 하늘에 의해 버림받고 나는 내 죄를 하소연 할 곳이 없기 때문에 그렇기 살지 않기 위해 하늘은 나에게 사명을 내리는 하늘로도 볼 수 있다. 공자가 하늘을 말한 구절은 순수하게 운명천을 의미하는 것도 있지만, 대개는 운명천 자체를 받아들여 자기를 한계 짓는 것이 아니라 오히려 사명을 부여하는 하늘의 의미가 강한 것으로 보인다.

공자는 도덕천과 운명천 사이에 나타난 모순의 해결을 시도하는 과정에서 운명천을 받아들이면서 사명천의 성격을 강화하였다. 공자는 운명천을 인정하면서 사명천으로서 하늘을 더욱 적극적으로 받아들이고 있다. 『논어』에는 사람에게 도덕적 원칙을 실현하게 하는 사명을 부여하는 사명천의 모습이 나타난다. 이에 따라 하늘을 논하는 것은 인간의 행위규범인 인륜과의 관계를 탐색하는 것으로 새롭게 해석되었다. 하늘을 사명천으로 받아들이는 공자의 인식은 다음에 잘 나타나 있다.

> 문왕이 이미 별세하셨으니, 예악과 제도가 이 몸에 있지 않겠는가. 하늘이 장차 이 예악과 제도를 없애려 하셨다면 뒤에 죽는 사람이 이 예악과 제도에 참여하지 못하였을 것이다. 그러나 하늘이 이 예악과 제도를 없애려 하지 않으셨으니, 광 땅 사람들이 나를 어떻게 하겠는가(『논어』「자한」5).
>
> 하늘이 나에게 덕을 주었으니, 환퇴가 나에게 어찌하겠는가(『논어』「술이」 22).

하늘이 나에게 사명을 부여할 수 있는 것은 도덕적 근원으로서 도덕천의 특성을 인간에게 부여했기 때문이다. 운명천을 인정한 사람은 도덕천의 모습을 자신에게 내재화함으로써 사명천을 받아들이게 된다. 『논어』에 이르러 하늘의 도덕적 원칙은 적극적으로 인간에게 반영되었다. 이에 따라 인간은 운명천을 인정함과 동시에 사명천을 받아들이게 되었다.

공자가 하늘을 사명천으로 인식하는 부분은 공자의 배움의 방법을 대표하는 하학상달(下學上達)의 논리에서 결정적으로 나타나고 있다.

하늘을 원망하지 않으며 사람을 탓하지 않고, 아래로 인간의 일을 배우면서 위로 천리를 통달하니, 나를 알아주는 것은 하늘일 것이다." (『논어』「헌문」37)

이에 대해 주자는 "그 말씀의 뜻을 깊이 음미해보면 그 가운데 사람들은 스스로 미처 알지 못하고 하늘만이 홀로 알 수 있는 묘妙가 있음을 볼 수 있다"(『논어집주』「헌문」37)라고 하여 공자가 하학下學·상달上達을 학문學問의 요점으로 받아들이면서 이를 하늘이 주신 사명으로 인식하고 있음을 강조하고 있다.

죽음에 대한 공자의 이해는 명命에서도 잘 나타나 있다. 천명에서 명령의 주체는 하늘로서 하늘이 어떠한 존재인가에 따라 명의 성격과 내용을 결정하게 된다. 명은 상하의 위계를 전제로 하여 거역할 수 없는 필연성의 성격을 갖고 있기 때문이다(이택용, 2014: 59). 그런데 '인간에 대한 신의 명령'이라는 관념이 사실상 실체가 아니라 사태에 대한 인간의 해석이라는 점에서 해석자인 인간이 달라지면 신神과 명命의 함의 역시 달라질 수밖에 없다(이택용, 2014: 24). 즉, 하늘의 입장에서 본 주재적인 천명이 아니라 인간의 입장에서 파악한 운명적 성격의 천명 개념이 등장하게 된다. 운명은 천과 천명에 대한 인간의 대응태도를 뜻하므로 명의 개념은 천과 천명에 순응하는 운명과 이에 굴복하지 않는 사명의 관점이 제기되며, 여기서 사명은 도덕적 성격을 갖는다.

『논어』에는 명에 있어서 운명과 사명이 동시에 나타나고 있다. 쉬푸관徐復觀은 "『논어』에서 명만을 말한 곳에서 가리키는 것은 흔히 외재적 운명이지만, 천명은 내재에 관련된 것으로 깊은 경외와 강렬한 책임감을 나타낸다"고 하였다(徐復觀, 1969: 83-90).

이 말은 『논어』에서 명이 단독으로 쓰였을 때는 운명의 의미를 갖지만 천명으로 쓰였을 때는 사명의 의미가 강하다는 것으로 이해된다. 공자에게 군자란 호학하여 덕을 쌓음으로서 가능태로서의 존재를 현실태로 적극적으로 바꾸어 나가는 사람이다. 그러므로 군자에게 명은 운명보다는 더욱 적극적 의미를 가진 사명의 의미가 강하다. 공자는 형이상학적 발언보다는 일상적 실천에 힘썼지만 일상적 실천의 근본으로서 천과 명의 개념을 확장·심화시켜 유학의 도덕적 성격을 확고히 하였다.

공자는 명의 성격을 죽음과 운명이 관련되어 있다는 운명론運命論과 죽음과 사명이 관련되어 있다는 사명론使命論으로 보고 있다. 제자인 안연과 백우伯牛에 대하여 공자가 사용한 명은 운명에 대하여 어찌할 수 없는 사람의 불가항력을 말하여 운명론의 모습을 보인다.

애공哀公이 "제자 중에 누가 배움을 좋아합니까?" 하고 묻자, 공자께서 대답하셨다. "안회라는 자가 배움을 좋아하여 노여움을 남에게 옮기지 않으며 잘못을 두 번 다시 저지르지 않았는데, 불행히도 명命이 짧아 죽었습니다. 그리하여 지금은 없으니, 아직 배움을 좋아한다는 자를 듣지 못하였습니다."(『논어』 「옹야」 2)

백우가 병을 앓자, 공자께서 문병하실 적에 남쪽 창문으로부터 그의 손을 잡고 말씀하셨다. "이런 병에 걸릴 리가 없는데, 명인가보다. 이런 사람이 이런 병에 걸리다니! 이런 사람이 이런 병에 걸리다니!"(『논어』 「옹야」 8)

도가 장차 행해지는 것도 명이며 도가 장차 폐해지는 것도 명이니, 공백료가 그 명을 어떻게 하겠는가(『논어』 「헌문」 36).

위의 첫 번째 인용문에 나타난 명은 수명의 뜻으로 사용되었으며, 두 번째와 세 번째 인용문에 나타난 명은 사생과 부귀 그리고 도의 행해짐과 폐해짐 같이 인간의 힘이 미칠 수 없는 운명의 뜻으로 사용되었다. 이때의 명은 하늘이 주신 운명을 원망하지 않고 받아들인다는 의미가 강하다. 공자는 곤란하고 위험한 일을 만났을 때 명을 말하였는데, 공자가 사용하는 명은 인간의 삶에 한계 상황이 있다는 점을 강조하기 위한 것이었지, 인간의 삶이 태어나면서부터 미리 정해져 있고, 그러한 삶을 총체적으로 지배하는 필연적 법칙이 있다는 점을 인정한 것은 아니었다. 이에 대해 주자도 "명命은 태어날 때 애초에 부여받은 것이니 지금 옮길 수 있는 것이 아니요, 하늘은 행위하지 않으면서도 행위하니, 내가 결코 어찌할 수 있는 것이 아니다. 다만 순종해 받아들여야 할 뿐"(『논어집주』 「안연」 5)이라고 하여 명의 운명적 성격을 말하고 있다.

운명을 바르게 받아들이는 법을 알고 실천한다는 것은 군자의 조건으로서 일정한 함의를 갖는다. 『논어』에서 운명을 받아들이는 자세로서 강조하고 있는 것은 하늘을 원망하지 않고 사람을 탓하지 않는 것이다. 운명은 운명대로 진행되지만 인간은 인간대로 자신의 길을 가는 실존적 비장함이 드러난다. 명에 대한 이러한 태도는 운명론보다는 사명론에 기반한 새로운 도덕관이 『논어』에서 수립되었음을 알려주고 있다.

공자는 운명론과 사명론을 수용하며 명과 군자와의 관계를 정립한다.

> 명을 알지 못하면 군자가 될 수 없다(『논어』 「요왈」 3).

위의 인용문에서 공자는 명과 군자를 연결하여 명은 군자가 받아들이는 사명의 의미가 강하며, 명을 아는 것이 군자의 조건으로 제시되고 있다. 공자의 지명知命은 인간은 운명을 타고 났으나, 이에 굴하지 않고 자기의 사명을 알았을 때 비로소 군자가 될 수 있다는 것으로, 이는 사명의 인식 여부에 따라 군자와 소인이 나누어진다는 근거가 된다. 그러므로 운명을 받아들이고 사명을 실천함은 호학하는 군자의 조건으로서 분명한 함의를 갖는다.

이에 대해 정자는 "명命을 안다는 것은 명이 있음을 알고서 믿는 것이다. 명을 알지 못하면 해를 보면 반드시 피하고, 이익을 보면 반드시 따를 것이니, 어떻게 군자라 하겠는가?"(『논어집주』「요왈」 3)라며 군자와 명에 대한 공자의 입장을 지지하고 있다. 리쩌허우李澤厚는 지명知命에 대하여 "우연을 따르는 중에도 자기에게 속하는 필연을 건립해서 인간 주체성의 숭고함과 강대함을 드러내는 것"이라고 정의하고 있다(李澤厚, 2004: 535).

공자의 명에 대한 입장이 운명과 사명의 통합적 입장으로 움직이는 것은 공자가 70대에 자신의 인생을 돌아보며 정리한 여섯 단계의 글 중 '지천명'에서 그 의미심장하고 핵심적인 뜻을 살펴볼 수 있다.

2) 군자가 도달한 천과 명의 합일점

공자는 인간의 운명과 사명의 자연스러운 통합을 '지천명知天命'을 통해 정리한 것으로 보인다. 공자는 73세의 나이로 파란만장한 일생을 마감하였는데, 70대에 일목요연하고 함축적으로 자신이 덕에 나아간 순서를 여섯 단계로 나누어 다음과 같이 개괄했다.

> 나는 열다섯 살에 배움에 뜻을 두었고, 서른 살에 서고, 마흔 살에 의혹이 없었으며, 쉰 살에 천명天命을 알았고, 예순 살에 귀로 듣는 것은 잘 알게 되었고, 일흔 살에 마음에 하고자 하는 바를 따라도 어긋남이 없었다(『논어』 「위정」 4).

공자는 스스로를 지자, 군자, 성인이라고 칭하는 어색한 표현을 피하면서, 한평생 추구하고 성취했던 바를 18자의 함축적이고 절제된 글로 품위있고 아름답게 술회하였다. 공자의 다른 여러 덕성들을 잠시 한쪽으로 놓아두고, 단지 어휘의 선택과 의미의 전달이라는 언어능력만을 놓고 보아도, "인류가 생긴 이래로 공자만한 분이 있지 않았다"라는 맹자의 찬사에 깊은 공감을 느낀다(이상우, 2010: 678). 공자가 여섯 단계로 구분한 '어른되기' 과정은 자신의 수양이 어떤 차원으로 승화되는지를 보여 주며, 인성의 성숙도를 살펴볼 수 있는 중요한 대목이다. 15년이 넘는 기간의 배움을 바탕으로 10년 정도를 주기로 삶의 경험을 통한 질적 측면의 전환이 번뜩이고 있다(신창호, 2014: 97).

공자의 여섯 단계는 다음과 같이 재구성해 볼 수 있다.

> 공자는 열다섯 살 무렵에 삶의 철학을 배우는데 뜻을 두었다. 그리고 삶의 지혜와 기술이 담겨있는 『시경』, 『서경』, 『역경』, 『예기』, 『춘추』를 3년에 한 권씩 15년에 걸쳐 익혔다. 배움에 뜻을 두었다면 그만둘 수가 없으니 마치 음식에 굶주린 것처럼 해야 하고, 조금이라도 느긋하면

곧 뜻이 서지 않은 것이다.

서른 살 즈음에는 삶의 목표가 섰다. 립立은 단단히 붙든다는 말로 세상의 모든 사물이 나를 동요시키지 못함이니 세상의 부귀와 빈천이 나를 흔들거나 바꾸거나 굽히지 못한다.

지키는 바가 굳건한데 완색하고 함양해서 10년 공부를 더하니 마흔 살 무렵에는 자연의 질서와 인간의 법칙을 깨달아 사물의 당연한 것에 대하여 의혹함이 없으며, 아는 것이 분명하여 지킴을 일삼을 필요가 없었다.

쉰 살 무렵에는 세상이 어떻게 이루어지는지 그 근원인 자연의 법과 인생의 사명감을 알았다. 천명은 천도가 흘러가 사물에 부여된 것이니 곧 사물이 마땅히 그러한 이유이다. 배움이 불혹에 도달하고 또 진보하면 무궁하지 않음이 없고 성은 다하지 않음이 없다는 것을 알게 된다.

예순 살 무렵에는 세상사에 관해 귀로 듣는 것은 무엇이나 훤하게 알아차리게 되었다. 천명을 안다는 것은 생각하여 얻는 것이지만, 이순은 생각하지 않아도 얻는 것이다. 도리가 원숙해져서 남이 말하는 것을 들으면 곧 깨닫는다.

일흔 살 무렵에는 하고 싶은 대로 행동해도 법도에 어긋나는 일이 없었으니 편안히 여겨 행하고 애쓰지 않아도 맞았다(『논어집주』(성백효 역주, 서울: 전통문화연구회), 『한글논어』(신창호, 서울: 판미동)를 참고함).

공자는 배움의 진보와 덕의 나아감을 여섯 단계로 나누어 말했는데, 배움의 전환점은 바로 사십의 불혹에서 오십의 지천명으로 넘어오는 단계에 있으며, 무게중심은 지천명에 있다. 공자가 오십에 지천명하게 되었다는 것은 천명을 아는 것이 군자임을 판단하는 가장 분명한 기준이 된다고 여긴 것으로 보인다.

공자가 오십에 이르러 지천명했다고 하는 것을 수긍할 수 있는 하나의 단서가 있다.

> 공자께서 말씀하셨다. 하늘이 나에게 몇 년을 더하게 하여 오십에 『주역』을 배운다면 큰 허물은 없을 수 있을 것이다(『논어』「술이」 16).

유가의 우주관을 제시하고 있는 『주역』에 따르면, "한 번 음하고 한 번 양하는 것을 도"(『주역』「계사전」)라고 하였다. 『주역』은 만물이 운행·변화하는 법칙에 관한 이론이다. 만물의 운행·변화는 큰 흐름이 있어서 인력으로 어찌할 수 없는 천명의 영역에 속한 것이며 인위가 작용할 수 있는 것은 제한된다. 만물의 흐름에 법칙이 있어서 개인의 생사와 부귀에 일정한 운명이 있다고 한다면 외물의 변화를 앞에 두고 일희일비하는 것은 어리석은 일일 것이다. 이렇게 볼 때 지천명은 운명을 아는 것에만 국한된 일은 아니라고 봐야 한다. 공자는 "아침에 도를 들으면 저녁에 죽어도 괜찮다"라고 하며, 자신이 만물의 근원과 인간의 본성에 대한 궁극적인 통찰에 도달했음을 암시하고 있다. 지천명은 공자가 세계와 인간의 근원에 대한 궁극적인 통찰에 도달하여 자신의 명을 통합적 관점에서 주재할 수 있게 되었음을 의미한다.

지천명의 의미는 공자가 설정한 군자와 천명의 관계에서 구체적으로 나타난다. 공자에게 군자란 호학자로서 배움을 통해 성인을 희구하는 자이며, 형이상학자에 통달하여 천명의 본성으로 자기정립을 이루며, 인의예지의 덕으로 자기실현을 추구하는 가능성의 존재이며, 항상 열린 가능성의 존재로서 자기동일성의 정립을 추구하는 창조적 자유인이며, 학문에 종사하면서 통치자의 자질을 함양하여 백성의 이익과 교화에 봉사하는 존재이다(임헌규, 2011: 144). 천명을 알고 모르는 차이는 남은 잘 알 수 없지만 공자 자신에게는 아주 분명한 사실이었을 것이다. 천명을 모르면 군자가 될 수 없다고 하였기 때문이다.

공자의 지천명 인식은 군자와 소인을 구분하는 다음의 구절에서 좀 더 살펴볼 수 있다.

> 군자는 세 가지 두려워함이 있으니, 천명天命을 두려워하며, 대인을 두려워하며, 성인의 말씀을 두려워한다. 소인小人은 천명을 알지 못하여 두려워하지 않는다. 대인을 함부로 대하며 성인聖人의 말씀을 업신여긴다(『논어』「계씨」 8).

공자는 군자와 소인의 구분을 대인 그리고 천명, 성인을 들어서 설명하였다. 세상에는 군자가 덕을 갖추었지만 사람들이 알아주지 않는 사태가 발생하는데 이것이 바로 운명이다. 그러나 군자의 명은 여기서 멈추지 않고 운명을 받아들이면서 자신의 사명을 향해 나아간다. 운명을 받아들이고 사명을 실천함은 군자의 조건으로서 분명한 함의를 갖는다. 그렇기 때문에 군자는 천명을 두려워한다.

『중용』에서는 천명과 성의 관계에서 "천명을 성이라 하고, 본성에 따르는 것을 도라 하고, 도를 닦는 것을 교라 한다"(『중용』 1)고 하였다. 이는 지천명의 관점에서 다음과 같이 의미의 폭을 넓혀 볼 수 있다. 만물의 존재 근원인 하늘이 인간에게 법칙과 본성을 존재근거로 부여했다. 이렇게 천명으로 부여받고 태어난 본성의 덕이 인간이 마땅히 구현해야 할 행위규범이 된다. 이 본성에 따라 가는 삶이 바로 인간의 길이다. 이러한 인간의 길을 닦아 놓은 것이 바로 성인의 가르침이다. 천명에 순응하는 것으로 이는 운명을 받아들이면서 사명을 향해 나아감을 의미한다.

모든 인간은 천명의 본성을 타고 났는데 그 본성을 알았을 때 비로소 군자가 될 수 있는 근거를 확보한다. 그러므로 지천명이란 본성의 덕을 인식하고, 본성의 덕에 따라 인간의 길을 가는 것이다. 공자에게는 이러한 천명에의 순응을 파란만장한 자신의 인생경험을 통하여 확신했던 시기가 바로 오십대이다.

공자가 오십에 자각한 천명이란 바로 인간 본성에 순응하여 가는 군자의 자아실현의 길이다. 공자는 일상생활에서 지천명을 실천하고자 하였다. 그러므로 이렇게 천명에 순응하는 군자는 남이 자신을 알아주지 않는 운명적 사태에 대하여 성내거나 슬퍼하지 아니한다. 공자는 지천명에 이르러 아래와 같은 원숙한 인격적인 경지에 도달했다. 그래서 공자는 다음과 같이 말했다.

> 남이 나를 알아주지 못함을 걱정하지 말고, 자신의 능하지 못함을 걱정해야 한다(『논어』 「위령공」 32).

위의 인용문에서 공자는 사명을 향해 나아가는 주체적 관점에서 능동적으로 자신의 삶을 성찰하고 있다. 공자의 지천명은 인간이면 당연히 해야 할 일을 마땅히 해야 하는 소당연所當然의 단계에서 하늘과 인간이 각자 다른 직분을 가지고 있음을 인식하는 소이연所以然의 단계로 옮아가 나의 즐거움을 지키는 일상적 단계에 도달한 경지이다. 소당연이 소이연으로 심화되지 않으면 진정한 주체성의 확립은 불가능하다.

부자의 친親과 군신의 의義 등이 소당연의 칙則이기는 하지만, 거기에 곧바로 도덕적 입법의 근거가 있다고 본다면 그것은 깊은 의미를 이해하지 못한 채 반타율적·피제약적인 것에 이끌려가서 그 리를 대상화하고 고정화하는 결과를 가져오게 된다. … 소당연의 리는 대상적·반자율적임에 비하여 소이연의 리는 구성적·순자율적이다(아라키 겐고, 심경호 역/2000, 311-313). 소당연에서 소이연을 거쳐 일상성으로 돌아오는 것이 유학의 현실성과 본래성의 기본구조이다.

또한 공자는 지천명에 이른 군자의 단계는 다음 인용문과 같이 '지나침過과 모자람不及'이 없는 경지에 도달했음을 언급했다.

> 공자께서 말씀하셨다. 군자는 천하의 일에 있어서 오로지 주장함도 없으며, 그렇게 하지 않는다는 것도 없어서 의義를 따를 뿐이다"(『논어』「리인」 10).
>
> 공자는 네 가지의 마음이 전혀 없으셨으니, 사사로운 뜻이 없으셨으며, 기필 하는 마음이 없으셨으며, 집착하는 마음이 없으셨으며, 이기심이 없으셨다(『논어』「자한」 4).
>
> 나는 이와 달라서 가可한 것도 없고 불가不可한 것도 없다"고 하셨다(『논어』「미자」 8).

지천명은 이러한 공자의 언명이 가능한 것은 천명을 아는 군자로서 인격적 완성의 단계에 이르렀음을 말해준다. 공자가 오십에 지천명하게 되었다는 것은 운명과 사명으로서의 천명을 아는 것이 군자임을 판단하는 가장 분명한 기준이 된다고 여긴 것으로 보인다. 지천명 개념은 공자학 전체의 토대를 이루는 것으로 삶의 조건을 주체적으로 실현하는 과정에서 인간 실존을 드러내는 인식과 실천이 만나는 지점이라 할 수 있다.

즉, 공자의 지천명知天命은 명에 대하여 제대로 대응하는 법을 알고, 실천에 옮길 수 있는 태도이다. 공자는 운명이 있지만 자신의 운명에 굴복하지 않고 자신의 도덕적 가치체계를 근거로 사명에 따라 행동함을 지천명으로 말하였다. 공자는 운명과 사명의 자연스러운 통합을 지천명을 통해 정리한 것으로 보인다.

04 지천명知天命의 죽음교육 의의

죽음교육은 일상적 삶에 안주해 있는 현대인에게 죽음에 대한 인식을 새롭게 하여 삶과 죽음이 불가분의 관계로 연결되어 있음을 알게 한다. 또한 죽음교육은 능동적으로 자신의 삶을 재구성하여 삶과 죽음의 존엄성을 일상 속에서 실천함을 목표로 하고 있다. 현대인은 중세의 신적 권위에 대항하여 인간 이성과 경험을 강조했던 이성 중심의 시대인 근대로부터 탄생했다. 이성 중심의 사고는 경험·실험·관찰을 중시하는 산업사회를 탄생시켰으며, 현대산업사회의 물신화 경향은 필연적으로 인간 소외와 인간성 상실을 초래했다. 현대산업사회 속에서 인간은 평균수명의 연장이라는 선물을 받았지만, 소외된 삶으로부터 더욱 인간의 죽음은 분리되어 죽음은 고통과 불안을 상징하는 것으로 전락하고 있다. 그 결과 죽음과 분리된 인간의 삶은 참을 수 없는 가벼운 것으로 되어가고 있다.

이렇게 횡적으로 현대인의 삶의 방식을 이어받고 있는 한국인의 가치관을 또 다른 종적인 축을 기준으로 살펴보면 한국인의 사고체계에서 우위를 점하고 있는 것은 '유학'의 세계관이다. 특히 근·현대로 이어지는 조선시대는 더욱 더 유학적 세계관이 공고했던 시기로 볼 수 있다. 이성과 개인의 존중을 사고의 중심에 놓는 서양인에 비해서 동양인은 개인과 전체가 어우러지는 관계적 삶을 중시하는 풍토 속에서 살아왔다. 서양은 개인을 주체로 정립하지만 동양은 공동체적·유적 관계 속의 개인을 중요시 하여 유학적 인간은 자신을 관계적·공동체적 존재로 먼저 파악한다. '수신제가치국평천하'라는 가치체계는 개인의 삶이 사회와 혼연하게 맞물리는 가치관을 나타내는 하나의 예라고 할 수 있다.

유학은 인간과 사회관계에 있어서 현실적이고 실천적인 배움의 지향점을 두고 있다. 공자의 '지천명'은 능동적으로 자신의 삶을 재구성하는 과정 속에서 다음과 같은 죽음교육의 의의를 갖고 있는 것으로 이해된다.

첫째, 공자가 오십 무렵에 도달한 '지천명'의 단계는 바로 '배움學'으로부터 시작되었다. 이는 삶과 죽음의 능동적 재구성을 배움으로부터 시작해야 하는 중요한 정신적 태도를 보여 주는 것이다. 공자의 '쉰 살에 천명을 알았다知天命'는 말은 15세에 '배움에 뜻을 두었다志于學'로 시작되는 공자의 삶에 있어 일생동안 호학好學한 자신의 삶에 대한 하나의 언명으로 보인다. 공자는 "10호쯤 되는 조그만 읍에도 반드시 나처럼 충성스럽거나 믿음이 있는 사람이 있겠지만, 나처럼 배우기를 좋아하는 사람은 없을 것"(『논어』「공야장」 27)이라고 하였다. 호학은 공자의 삶을 관통하는 하나의 요소였다. 공자는 자신만큼 배움을 좋아하는 사람은 없을 것이라며, 자신의 정체성을 형성하는 요소 중의 하나로 호학을 꼽았다.

정자는 공자의 여섯 단계의 배움에 대하여 "공자는 나면서부터 아신 자이다. 그런데도 배움으로 말미암아 이르렀다고 말씀하신 것은 후인을 권면하여 나아가게 하신 것"(『논어집주』「위정」 4)이라고 하여 배우는 자들이 등급을 뛰어넘지 않고 매일매일 더해서 나아가야 하는 법을 보인 것으로 해석하였다. 지천명은 공자가 추구해왔던 삶이 호학을 기반으로 하나의 방식으로 정착되면서, 확고하고 안정적인 사고의 기반이 자연스럽게 마련되었음을 나타낸다.

공자가 생각한 이상적 인격의 대표적인 실현자는 군자였다. 공자는 성인을 희구하여 끊임없이 호학好學하는 군자에 관심을 집중했다. 호학은 고독한 실존에서 출발한 공자의 일생이 실존의 비본래성을 탈피하여 실존의 본래성을 회복하는 과정을 여실히 밝히는 하나의 지표가 되고 있다. 공자가 결코 쉽게 지천명할 수 있었던 것은 아니었다. 공자는 호학의 자세로 '민첩하게 구함敏以求之'(『논어』「술이」 19)과 '즐거움이 그 가운데 있음[낙재기중樂在其中'(『논어』「술이」 15)의 정신으로 무장하고 호학에 접근했다. 공자는 오십 무렵에 이르러서야 군자라고 일컫어질만한 수준에 도달했다. 공자의 지천명은 호학으로 일관하면서 지우학·이립·불혹의 단계에서 쉬지 않고 점진적으로 진행되어 온 결과이며, 이는 이후 이순·종심소욕불유구의 경지로 이어지고 있다.

둘째, 공자는 지천명을 통하여 현실적으로 도달가능한 주체적인 도덕적 인간형을 제시하고 있다. 이는 주체적 관점을 통해 삶과 죽음의 능동적 재구성에 다가가려는 죽음교육의 목적과 밀접하게 맞닿아 있는 부분이다. 공자 이전의 천명은 덕에 비례하여 하늘이 군주에게 내리는 운명적 성격을 갖고 있었지만, 공자에게 천명은 내재화된 일상적이고 보편적인 덕으로 전환되었다. 이러한 보편적인 덕은 군자를 통해서 실현되게 된 것이다. 공자는 운명과 사명을 구분하면서 인간 주체의 관점에서 자신의 삶을 사명으로 이끌고 있다. 공자는 천명을 인식하는 것에 따라 군자가 될 수 있는 가능성과 소인이 될 수 있는 가능성으로 나누고 있다. 천명을 자각하면 공자가 이상적으로 제시한 군자가 될 가능성이 생긴 것이다.

셋째, 공자의 지천명은 운명과 사명을 통합하여 군자가 추구해야 할 도덕성의 단계, 내용 그리고 방법을 나타내고 있다. 이는 자신을 관계적 존재로 파악하는 인간이 실천해야 하는 인仁의 단계를 말한다. 공자의 '인仁' 사상은 인간의 선천적인 고유한 본성에 기초하고 있다. 공자가 일평생 고민했던 것은 운명에 집착하는 삶이 아니라 삶의 참된 가치인 사명을 깨닫지 못하고 죽는 삶, 즉 인을 이루지 못하고 죽는 삶이었다. 인은 사람을 사랑하는 것으로 인간의 본성에서 나타나는 자연스러운 사랑은 바로 가족이 가장 자연스러운 배경이 된다. 가족 간의 사랑은 인간의 가장 자연스러운 감정이다. 자식의 부모에 대한 가장 자연스러운 감정인 효孝와 부모의 자식에 대한 가장 자연스러운 감정인 자慈 그리고 형제 간의 가장 자연스러운 감정인 제弟를 기본으로 도덕성의 기초를 확립하고 이를 사회로 확대하는 것이 군자와 사명이다.

05 맺음말

오늘날 생사학이 당면하고 있는 죽음교육의 도덕성 문제를 유학 담론을 대표하는 공자의 '지천명' 개념을 통해서 풀어보고자 하였다. 현재 한국은 세계에서 가장 빠른 속도로 노령화가 진행되고 있는 사회로서, 노년과 관련된 죽음에 대한 새로운 관점의 전환을 요구하고 있다. 한국의 근대화와 현대를 지탱해온 개인주의, 자유주의 그리고 경쟁주의는 죽음의 문제에 대한 보편적 통찰을 제시하기에는 충분하지 않다. 그 대안 중의 하나로서 한국인의 사유에 오랫동안 영향을 끼친 공자의 지천명을 통해 죽음에 대한 관점을 제시했다.

공자는 여섯 단계로 자신의 일생을 함축적으로 표현하고 있는데, 이 중 지천명은 공자의 생사관을 가장 집약적으로 보여 주는 곳이라 생각된다. 공자의 생사관을 연구하고 있는 일부 논문들은 공자가 죽음보다는 삶의 문제에 관심을 갖고 있었으며, 죽음의 문제를 뒤로하고 삶의 문제에 자신의 관심을 집중했다고 보고 있다. 이 문답으로 인하여 공자는 죽음 혹은 죽음 이후의 세계보다는 주로 현실세계에 대해서 관심을 지닌 것으로 인식되어 왔다. 그러나 공자는 살아있는 사람 섬기는 일을 통해서 귀신 섬기는 일을 파악하고, 삶을 통해서 죽음을 파악하고자 했던 것으로 삶과 죽음을 서로 다른 차원이 아닌 동일한 차원으로 인식하고 있었다. 공자는 '사람 섬김事人'과 '귀신 섬김事鬼神'은 상례와 제례를 중시하는 실천적인 현실의 삶으로, '삶을 앎知生'과 '죽음을 앎知死'은 죽음의 도덕성 문제로 의식화시켰다.

죽음에 대한 공자의 이해를 가장 잘 나타내고 있는 단어는 명과 천으로서, 공자는 운명론과 사명론에 기반한 새로운 인식을 성립하였다. 공자 이전의 문헌에서 만물을 화생하는 하늘은 덕의 구현 여부에 따라 인간에게 화복을 부여하는 운명천의 성격이 강하다. 그러나 공자는 하늘을 운명천과 함께 도덕천으로서 더욱 적극적으로 받아들이고 있으며, 하늘은 도덕천으로서 공자에게 사명을 제시하고 있다.

공자의 명에 대한 입장이 운명론과 사명론의 통합적 입장으로 움직이는 것은 공자가 70대에 자신의 인생을 돌아보며 정리한 여섯 단계의 글 중 '지천명'에서 그 의미심장하고 핵심적인 뜻을 살펴볼 수 있다. 공자는 배움의 진보와 덕의 나아감을 여섯 단계로 나누어 말했는데, 배움의 전환점은 바로 사십의 불혹에서 오십의 지천명으로 넘어오는 단계에 있다고 생각된다. 공자가 오십에 지천명하게 되었다는 것은 오십에 이르러서야 군자라고 일컬어질 만한 수준에 도달하였다는 것을 뜻한다. 공자가 오십에 자각한 천명이란 바로 인간 본성의 덕에 순응하여 인간의 길을 가는 것을 의미하며 이는 바로 군자의 자아실현의 길이다.

『논어』는 "배우고 때때로 익히면 즐겁지 아니한가"(『논어』「학이」 1)로 시작해서 "명命을 알지 못하면 군자가 될 수 없다"(『논어』「요왈」 3)로 끝을 맺고 있다. 군자의 자기 정립을 가장 중요한 배움의 요체로 삼고 있는 유학에서 배움의 즐거움과 명을 앎은 군자가 배우기를 간절히 기대한 것이다. 이를 통해 군자는 '지천명'의 단계에 이르러야 그 이름에 걸맞는 바르고 선한 삶을 영위할 수 있었다.

공자가 오십 무렵에 도달한 '지천명'의 단계는 바로 '배움學'으로부터 시작되었는데, 이는 삶과 죽음의 능동적 재구성을 배움으로부터 시작해야 하는 중요한 정신적 태도를 보여 주는 것이다. 또한 공자는 지천명을 통하여 현실적으로 도달가능한 주체적인 도덕적 인간형을 제시하고 있는데, 이는 주체적 관점을 통해 삶의 능동적 재구성에 다가가려는 죽음교육의 목적과 밀접하게 맞닿아 있는 부분이다. 그리고 공자의 지천명은 운명론과 사명론을 통합하여 군자가 추구해야 할 도덕성의 내용과 방법을 나타내고 있는데, 이는 자신을 관계적 존재로 파악하는 인간이 실천해야 하는 인仁의 단계를 말한다.

공자는 이러한 지천명을 통해서 평생교육으로서 죽음교육의 가능성을 제시하고 있다. 사람은 자신이 왜 살아가는지의 존재이유에 대한 정체성을 확보하는 가치지향적인 삶을 추구한다. 이러한 삶의 모습은 각성한 인간 그리고 품위있는 인간을 완성해 가기 위한 평생의 과정 속에 존재한다. 군자는 삶을 성장과 변화의 과정으로 인식하며 적극적인 일상의 주체로 살아간다. 군자의 평생의 자기수양은 유한한 삶의 운명에 대한 수용과 생명에 대한 지속적 탐색을 통해 수기와 치인으로 삶을 운명과 사명의 균형 있게 구성한다. 평생 동안 진행되는 자기수양의 과정 속에서 삶과 죽음은 지속적으로 재구성된다. 삶은 죽음으로 자연스럽게 연결된다.

지천명知天命은 공자의 생사관 전체의 토대를 이루는 것으로, 이는 인간의 생사관에 중요한 파장을 만들었다. 이에 따라 지천명 개념의 탐색은 유학 전통의 생사관이 현대 생사학이 당면하고 있는 도덕성의 과제에 자연스럽게 연결될 수 있는 지점이라고 생각한다.

참고문헌 REFERENCE

강선보(2003). 실존주의 철학에서 본 죽음과 교육. 『교육문제연구』 19.

김교빈(2006). 죽음에 대한 유교의 이해. 『철학연구』 75.

김동인 외 역(2009). 『세주 완역 『論語集註』대전』 1·2·3·4. 서울: 한울.

박석(2010). "和光同塵"의 관점에서 본 孔子의 "耳順"의 재해석. 『중국문학』 62.

성백효 역주(1990/2007). 『論語集註』. 서울: 전통문화연구회.

송인창(2011). 『천명과 유교적 인간학』. 서울: 심산.

신창호(2010). 유교의 교육적 특징 고찰. 『유교문화연구』 15.

신창호(2014). 『한글논어』. 서울: 판미동.

아라키 겐고 저. 김경호 역(2000). 『불교와 유교』. 서울: 예문서원.

에드가 모랭 저. 김명숙 역(2000). 『인간과 죽음』. 서울: 동문선.

윤용남(2010). 유가의 생사관과 죽음에 대한 태도. 『철학논총』 59.

이동윤·강선보(2016). 죽음교육의 필요성에 관한 연구. 『교육문제연구』 58.

이상우(2010). 『논어』「爲政」편 제4장 '지우학(志于學)' 구절에 대한 텍스트 중심의 해석. 『동양철학』 34.

이시우(2012). 주역의 죽음담론을 위한 시론. 『철학논총』 69.

이택용(2014). 『중국고대의 운명론』. 서울: 문사철.

임정신·윤창국(2019). 노년 계층이 인식하는 '잘 늙어감'의 의미에 관한 현상학적 접근. 『평생교육학연구』 25-2.

임헌규(2011). 공자의 군자론과 철학의 이념. 『동방학』 20.

임헌규(2012). 天命과 倫理. 『온지논총』 30.

임헌규(2014) 유교적 생사관과 죽음에 이르는 태도. 남명학 19권.

정동호 외(1987). 『죽음의 철학-현대철학의 논의를 중심으로』. 서울: 청람.

정병석(2008). 『논어』와 장자에 보이는 죽음관. 『동양철학연구』 55.

퀴블러 로스 저. 성염 역(1979). 『인간의 죽음』. 서울: 분도출판사.

하이데거 저. 소광휘 역(1995). 『존재와 시간』. 서울: 경문사.

『論語集註』

『論語』

『周易』

『中庸』

李澤厚(2004). 論語今讀. 北京: 三聯書店.

傅偉勳. 전병술역(2001). 『죽음, 그 마지막 성장』. 화성: 청계.

徐復觀(1969). 中國人性論史(先秦篇). 臺北: 臺灣商務印書館.

蔡仁厚(1999). 『孔孟荀哲學』. 臺北: 學生書局.

찾아보기

국문색인

가분체 146
가족구조의 변화 34
감각적 기호 147
개인 146
게마라 178
공자 273, 312
관리사회 142
군자 316
궁극적 난파 25
귀신 섬김 340
규제 293
기독교 91

내세의 관문 15
내세의 삶 113
네페쉬 99
노년기 117
노년기의 죽음대비교육 265
노트 54
니체 39, 223

대중매체 35
도덕성 확충 287
도의적 생사관 319
뒤르켐 40
들뢰즈 137
디스펠더 34
디켄 30

로쉬 하사나 206
로스 53, 60, 253
루아흐 99
루크레티우스 21

마이모니데스 188
마이클 샌델 67
맥태거트 139
메치니코프 50
묘제 272
무지의 자각 222
미술교과서 231
미쉬나 178

배움 337, 341
베르그손 137
변혁 모형 258
보본반시 277
부가 모형 258
부정 252
부정과 고독 62
분노 252
분별 293
불가지론 21
불가지의 대상 19
불교 219
비본래적인 삶 227
비탄과정 280
비탄교육 78, 280

사교계의 기호 147
사람 섬김 340
사랑의 기호 147
사명론 327

사회적 인간 228
사회화 299
삶의 동인 23
삼례 268
상례 267
생명력 224
생명연속형 274
생사관 274, 312
생사학 309
생철학 223, 234
샤릴 호크 29
선진유가 266
선험성 151
세네카 22
세속적인 죽음 221
세인 25
셸리 케이건 56, 67
소시니안주의자 95
소크라테스 16, 223
쇼펜하우어 223
수용 66, 252
순교 197
쉬로심 193
쉬바 193
슐라이허막허 95
스올 97, 194
스트릭랜드 34
신명 273
신체적 존재 225
실존 24, 230
실존주의 234
심신일원론 21

안락사 37
안토니 51
알레스 55
앎 143
애도일기 153
야스퍼스 24
에디 55
에피쿠로스 19
엡스타인 196
역할 연기 82
영 교육과정 214
영혼관 269
예비적 우울감 65
예술적 기호 147
오경 176
우울 65, 252
운명론 327
윌리엄스 163
유가 265
유교 311
유대인 175
윤리문제의 대두 37
의례 293
인간의 의지 224
인식 143
일시적 생성 140

자아실현 31
자연 224
제례 267
존비의 구분 294
종교적 관점 217
죽음 14
죽음각성운동 51
죽음교육 28, 131
죽음교육과정 81
죽음교육론 265

죽음교육상담협회 54
죽음의 과정 252
죽음의 단계이론 60
죽음의 이해 29
죽음학 13, 50, 309
지천명 322

청소년기의 죽음교육 265
초인 225
총체적 존재 225
친소에 의한 구분 295

카디샤 190
카뮈 37
칼 로저스 32
케투빔 177
코르 55, 58
코메니우스 92, 109
퀴블러로스 49
크리아 191
키르케고어 24

타나크 176, 179
타하라 192
타협 252
탈근대성 160
탈무드 178
토라 176
티쿤 올람 185
파이펠 13, 51
파인 51
풀톤 52
프쉬케 99

하나님과의 단절 93
하이데거 25, 309
하학상달 325
학습 143
한계상황 24
할라카 182
합성 141
현대 시간론 137
현존재 26, 227, 230
형기적 생사관 319
혼백의 구분 269
혼의 분리 99
환상의 무의식 234
희망 252
히가키 141

영문색인

Omnes 110
Omnia 110
Omnino 110

저자 약력

강선보

고려대학교 대학원 졸업(교육학박사)
이스라엘 벤구리온 대학교 및 미국 위스콘신 대학교 연구교수
고려대학교 학생처장, 사범대학장 겸 교육대학원장, 교무부총장
한국교육학회장
현 고려대학교 교육학과 교수

저서 및 논문
마르틴 부버의 「만남」의 교육(양서원, 1992), 교육학개론(공저, 박영사, 1997), 교육철학(공저, 박영사, 1998), 전인교육의 이론과 실제(공역, 원미사, 2001) 외 다수

마은종

고려대학교 대학원 졸업(교육학박사)
고려대학교 교육문제연구소 연구교수
한국교육철학학회 총무이사
현 고려대학교, 서원대학교 강사

저서 및 논문
헤르바르트의 인성교육론 연구(박사학위논문), 볼르노 철학에서 죽음과 교육의 관계(한국교육문제연구) 외 다수

심민수

고려대학교 대학원 졸업(교육학박사)
총신대학교 목회신학전문대학원 졸업(신학박사)
이스라엘 히브리대 박사후 연수
백석대학교 신학대학원 교수 역임
현 미국 미드웨스턴 침례신학대학원 교수

저서 및 논문
키에르케고어의 실존사상과 교육(압바암마), 새로운 패러다임의 한민족 정체성 교육을 위한 민족 교육 모델 연구(교육문제연구) 외 다수

심승환

Loyola University of Chicago 대학원 졸업(철학박사)
부산외국어대학교 교양교직학부 교수
현 안양대학교 교양대학 교수
　한국교육학회 사무국장
　한국교육철학학회 감사

저서 및 논문
인간의 삶과 배움(박영사), A Study on the Significance of Spiritual Learning and Teaching through Augustine's Confessions(Religious Education) 외 다수

이동윤

고려대학교 대학원 졸업(교육학박사)
가톨릭대학교, 서울시립대학교, 전주교육대학교 등 강사
현 강남대학교, 경희대학교, 고려대학교 등 강사

저서 및 논문
교육사상의 역사(공저), 넬 나딩스의 행복교육론에 관한 연구 외 다수

이유정

고려대학교 대학원 졸업(교육학박사)
현 강남대학교, 고려대학교, 삼육대학교, 한경대학교 강사

저서 및 논문
순자의 교육사상 연구: 교육의 내적 근거와 외적 기준을 중심으로(박사학위논문), 『주역』「계사」에 나타난 괘상(卦象)의 형성·해석 원리와 교화의 가능성(교육철학연구) 외 다수

이응모

고려대학교 대학원 졸업(교육학박사)
총신대학교 강사
성림교회 부목사
현 고려대학교 교육대학원 강사

저서 및 논문
아우구스티누스의 '마음'에 나타난 교육의 의미 외 다수

이진영

고려대학교 대학원 졸업(교육학박사)
사단법인 유도회 한문연수원 장학생반 졸업
현 사단법인 독서당 고전교육원 장학생반 교수
　전주교육대학교 강사

저서 및 논문
맹자 수양론에서 선단확충의 의미, 우산지목의 확장을 통해 본 마음공부론 고찰 – 『맹자』에서 『심경부주』로의 성리학적 인식을 중심으로 외 다수

이화식

고려대학교 대학원 졸업(교육학박사)
육군 대위, 법무부 공무원
중고등학교 교사
현 단국대학교 강의전담조교수

저서 및 논문
중고등학교 미술교과서, 정의의 관점에서 미술 교육 : 노직, 롤스, 샌델을 중심으로 외 다수

최승현

고려대학교 대학원 졸업(교육학박사)
현 충북대학교 교육학과 교육철학전공교수
한국교육철학학회 학술위원

저서 및 논문
바이로이드적 생명(역서, 그린비), 역사적 담론으로서의 인성교육론(교육철학연구) 외 다수

죽음과 교육

초판 1쇄 인쇄 / 2019년 9월 25일
초판 1쇄 발행 / 2019년 9월 30일

공저자 / 강선보 · 마은종 · 심민수 · 심승환 · 이동윤 · 이유정 · 이응모 · 이진영 · 이화식 · 최승현
발행인 / 이 중 수
발행처 / **동 문 사**

서울특별시 서대문구 홍제원 1길 12
(홍제동 137-8)
Tel : 02)736-3718(대), 736-3710, 3720
Fax : 02)736-3719
등록번호 : 1974.4.27. 제9-17호
가격 : 20,000원

ISBN : 979-11-6328-128-3 (93370)
E-mail : dong736@naver.com
www.dongmunsa.com